珍藏本·增订本

纪念版

汉译世界学术名著丛书

狱中札记

（第一卷）

历史唯物主义和克罗齐哲学

〔意〕安东尼奥·葛兰西　著

田时纲　译

Antonio Gramsci
IL MATERIALISMO STORICO E
LA FILOSOFIA DI BENEDETTO CROCE
本书根据意大利 Editori Riuniti 出版社 1979 年版译出

汉译世界学术名著丛书
（120年纪念版·珍藏本）
增订本出版说明

2017年10月，为纪念商务印书馆创立120周年，本馆推出“汉译世界学术名著丛书”（120年纪念版·珍藏本），计七百种。近五六年来，仰赖学界同人倾力支持，订正旧译，增补新译，拓展新著，积累日多。为满足读者需要，本馆在七百种的基础上，继续推出“汉译世界学术名著丛书”（120年纪念版·珍藏本·增订本）三百种。至此，“汉译世界学术名著丛书”累计出版已达千种。

今后，本馆将继续推进丛书的翻译出版工作，在积累单本名著的基础上陆续分辑刊行，汇印出版。为促进中外文明互鉴、推动我国学术发展，使“汉译世界学术名著丛书”这项对我国学术文化有基本建设意义的重大工程发挥更大作用，诚望海内外学术界、翻译界继续给予支持，帮助我们把这套丛书出得更好。

商务印书馆编辑部

2024年2月

汉译世界学术名著丛书
（120 年纪念版·珍藏本）
出 版 说 明

2017 年 2 月 11 日，商务印书馆迎来 120 岁的生日。120 年前，商务印书馆前贤怀揣文化救国的理想，抱持“昌明教育，开启民智”的使命，立足本土，放眼寰宇，以出版为津梁，沟通中西，为中国、为世界提供最富智慧的思想文化成果。无论世事白云苍狗，潮流左右激荡，甚至战火硝烟弥漫，始终践行学术报国之志，无改初心。

迻译世界各国学术名著，即其一端。早在 20 世纪初年便出版《原富》《天演论》等影响至今的代表性著作，1950 年代后更致力于外国哲学和社会科学经典的译介，及至 1980 年代，辑为“汉译世界学术名著丛书”，汇涓为流，蔚为大观。丛书自 1981 年开始出版，历时三十余年，迄今已推出七百种，是我国现代出版史上规模最大、最为重要的学术翻译工程。

丛书所选之书，立场观点不囿于一派，学科领域不限于一门，皆为文明开启以来，各时代、各国家、各民族的思想与文化精粹，代表着人类已经到达过的精神境界。丛书系统译介世界学术经典，引领时代思想，为本土原创学术的发展提供丰富的文化滋养，为推动中国现代学术和现代化进程做出了突出的贡献。

为纪念商务印书馆成立120周年，我们整体推出“汉译世界学术名著丛书”120年纪念版的珍藏本，寄望既利于文化积累，又便于研读查考，同时向长期支持丛书出版的译者、编者和读者致以敬意。

两甲子后的今天，商务印书馆又站在了一个新的历史时间节点上。我们不仅要铭记先辈的身影和足迹，更须让我们的步伐充满新的时代精神。这是商务人代代相传的事业，更是与国家和民族的命运始终紧密相连的事业。我们责无旁贷，必须做好我们这代人的传承与创造，让我们的努力和成果不仅凝聚成民族文化的记忆，还能成为后来人可以接续的事业。唯此，才能不负前贤，无愧来者。

商务印书馆编辑部

2017年10月

译　　序

一

安东尼奥·葛兰西（Antonio Gramsci，1891—1937）是意大利共产党创始人和总书记，是国际工人运动的杰出活动家、英勇无畏的反法西斯战士，也是20世纪最富独创性的马克思主义理论家之一。

1891年1月22日，葛兰西出生在撒丁岛阿莱斯镇的一个小资产阶级家庭。他从小生活在屈辱、贫困之中，12岁辍学，干了两年繁重的体力活儿，亲身体验到社会的不平等。在高中的一篇作文中，他满怀对中华民族的深切同情，有力地谴责了帝国主义侵华战争，并表达了对社会革命的渴望。

1911年11月，葛兰西以优异的成绩获都灵大学奖学金，在语言文学系学习。由于营养不良、劳累过度，时常病魔缠身、头疼欲裂，但他战胜贫病，顽强刻苦学习，成绩优异，受到教授器重。

1913年，葛兰西加入社会党。1915年4月在通过大学最后一门考试后，开始职业革命家生涯。1916年至1918年，他为《前进报》《人民呼声》撰写文章。1919年5月，葛兰西创办《新秩序》

周刊；后领导工厂委员会运动，开展同党内“左”、右倾机会主义的斗争，受到列宁的赞扬。1921 年，葛兰西同帕尔米罗·陶里亚蒂等人创建意大利共产党；1922 年任意大利共产党驻共产国际代表。1924 年，创办《团结报》，主张北方工人同南方农民联盟反抗法西斯暴政；当选意共总书记。1925 年，他为意共“三大”起草决议，清算波尔迪加机会主义路线。

在国际共产主义运动中，葛兰西坚持独立自主路线。他坚持真理，独立思考，不盲从，不跟风。1926 年 10 月 14 日，他受意共政治局委托起草致联共（布）中央的信。葛兰西敏锐地察觉联共（布）党内危机加剧并存在分裂危险，必将影响列宁的党的团结和威信，从而对国际共运产生严重后果。为此，他向以斯大林为首的多数派大声疾呼：“你们正在摧毁你们的事业，你们在倒退”；他呼吁多数派不要“采取过激措施”，不要希望在“斗争中大获全胜”。应当说，葛兰西的担心是有根据的，其看法颇具前瞻性。在这封信中，葛兰西还精辟地分析了新生工人国家面临的困难和危机：“在历史上从未见过一个统治阶级整体上生活条件低于被统治阶级和从属阶级的某些分子和阶层。历史把这种前所未有的矛盾留给了无产阶级；无产阶级专政的巨大危险恰恰在于这种矛盾，尤其在那些资本主义没有充分发展、不能统一生产力的国家更是如此。”

1926 年，葛兰西撰写《关于南方问题的几个论题》。正当他组织反法西斯总罢工时，11 月 8 日被捕，后被法西斯特别法庭判处 20 年监禁。

在狱中，葛兰西时刻关注外面的斗争。他决心把监狱当作特殊战场，继续战斗。在狱中，他热爱生活，热爱生命。他写信让亲人寄来花卉种子，种在4平方米的土地上，看它们生根、开花。受伤的麻雀飞到他的窗前，他小心翼翼地替它包扎，精心护理，使其痊愈。康复的麻雀在他手上跳来跳去，成了他的狱中伙伴。

在狱中，他从未以领袖自居，积极参加难友们成立的公共食堂的劳动：削土豆，择生菜，做青菜汤。他把监狱当作课堂，组织政治犯文化补习学校，亲自教授历史、地理；他自己参加德语班学习。

葛兰西没有忘记法西斯检察长气急败坏的狂吼："我们要使这个头脑20年不能工作！"1929年2月，当条件刚刚允许他工作时，他立即拟定了理论研究计划，向亲友索要所需的书籍和报刊资料。他要总结十几年的斗争经验与教训，探索马克思主义革新之路，让敌人的妄想彻底破产。

敌人的残酷迫害，狱中阴暗潮湿的环境，使他本来就很虚弱的体质更加恶化：他有时彻夜不眠，有时大口吐血，有时高烧不退。惨无人道的法西斯为了达到"慢性杀害"的目的，又不给以及时治疗。不仅如此，敌人还阴谋利用病痛诱其变节；说只要向墨索里尼递交请求宽恕的申请书，就可获释并充任高官。葛兰西的回答是："这是建议我自杀，然而我没有任何自杀的念头。"但他从不做无谓的牺牲，无损于革命气节又有权要求的条件从不放弃。他申请订书订报；拥有笔、纸、墨水和单人牢房，从而在物质上保障了理论研究的进行。

像刀剑一样坚韧的葛兰西战胜了难以想象的困难，从1929年至1935年写就一部《狱中札记》。这部用鲜血和生命写成的《狱中札记》共计 33 本笔记本，长达 2848 页。这是他为自己建造的非人工所为的纪念碑。

1937 年 4 月 27 日，身受法西斯残酷迫害的葛兰西突发脑溢血逝世，年仅 46 岁。

二

在苏联解体、东欧剧变、国际共运处于低潮的严峻形势下，葛兰西的威望反而更高，影响更大。主要由于早在 20 世纪 30 年代，他就批判了苏联的官方哲学和政治体制，其实践哲学和领导权理论具有前瞻性和现实意义。

1933 年至 1934 年，葛兰西认真研读了布哈林的《历史唯物主义理论：马克思主义社会学通俗教材》，撰写了批判性的笔记和评论。葛兰西不同意布哈林把马克思主义哲学分为辩证唯物主义和历史唯物主义两个独立的、相互封闭的概念体系加以叙述。他指出，布哈林的全部错误的根源在于“企图把实践哲学分为两部分，一是‘社会学’，二是系统哲学；离开历史–政治理论的哲学只能是形而上学”。他认为，以马克思主义哲学为代表的现代思想史上的伟大成果恰恰是哲学的具体历史化及哲学与历史的同一；“只有在历史唯物主义这一领域，才能消除任何机械论和一切迷信‘奇迹’的痕迹”。这里，葛兰西强调唯物辩证法和唯物史观的紧密结合，是把辩证的、历史的唯物主义，即实践唯物主义作为统一的马克思主义世界观来把握的。

同把辩证法仅看作方法论的肤浅看法相反，葛兰西认为“辩证法是新的思维方式，一种新的哲学”。他指出，布哈林把辩证法与历史–政治理论分开，“就再不能认识辩证法的重要性与意义，就把认识论、历史学与政治学的精髓贬低为形式逻辑的一个分支和一种入门的经院哲学”。因为，在辩证法（即认识论）中，历史、政治和经济的一般概念融为有机整体。

葛兰西注意从历史唯物主义研究意识和认识过程，坚决反对布哈林脱离人的实践活动和具体的社会历史条件，仅把意识看作是对物质的机械反映的形而上学观点。首先，他反对把那种“开天辟地”时的原始自然界看作认识的对象。他认为，实践不仅是人们认识的手段和检验认识的真理性标准，而且它为自己“创造”认识对象：“只有当实在与人发生关系时，我们才能认识实在。”其次，葛兰西强调主体在认识过程中的能动作用，将主体选择、需要、价值、实践结合起来考察。他认为，现象是人依靠实践和实际利益而区分的质，即根据探索世界秩序及事物分类的必要性而区分的质，不是自在自为地存在的客观的东西。总之，葛兰西反对20世纪二三十年代盛行的被动的、直观的、照镜子式的反映论。他强调自然现象并非自动闯入人的感官，人是在变革自然时才与其发生关系，而实践又与人的需要、利益密切相关。从某种意义上说，现象是由主体翻译的客观实在。诚然，他在表述时对某些概念把握不准，给人以“矫枉过正”的印象。某些西方学者甚至认为葛兰西反对列宁的反映论。但只要联系葛兰西对马赫主义的批判，就会得出他是用选择论充实并完善反映论的结论。

关于实践哲学的札记，是一位身陷囹圄的共产主义战士对马克思主义的深刻理解和独立思考。他不止一次地称马克思和恩格

斯为“实践哲学”的两个创始人。可见，“实践哲学”是葛兰西在狱中对马克思主义的特殊称谓。一方面，避免引起法西斯监狱当局的注意；更主要的是，强调马克思主义是无产阶级改造世界、争取解放的强大思想武器。他认为，马克思主义是独特而完整的新世界观，代表一个历史时代的精神。只要这个时代没有完结，只要尚未在全世界消灭资本主义和实现共产主义，它就不会过时。在他看来，这个时代要延续几个世纪。这充分表明葛兰西对共产主义革命的长期性和艰巨性有着清醒认识。

葛兰西强调对马克思主义进行整体性研究，反对对马克思主义的三个来源做形而上学、一一对应的研究，而应考察它们之间的联系及对马克思主义形成过程的全面影响。他主张应认真研究德国哲学、法国大革命和英国政治经济学之间的关系。他颇有见地地指出，德国哲学语言和法国大革命政治语言在本质上具有同一性，实践哲学 = 黑格尔 + 大卫 · 李嘉图。显然，他是在更广视野内，在唯物史观和新世界观形成上评价黑格尔、大卫 · 李嘉图和法国大革命的贡献。

葛兰西还敏锐地觉察到马克思主义哲学在新的历史条件下受到歪曲和阉割的严重情况：“在现实中依然重现关于费尔巴哈第一个提纲中受到批判的唯物主义和唯心主义彼此片面的立场，而且也和当时一样（虽然我们已达到更高的阶段），必须要在实践哲学发展的更高的阶段上的综合。”一方面，为了肯定主观能动性又避免唯我论；另一方面，避免抹杀主观能动性的机械论、庸俗唯物论，就必须“历史地”考察问题，并把实践作为哲学的基础。正是在这种意义上，葛兰西才说：“‘一元论’这一术语表达什么意义呢？当然不是唯物主义的，也不是唯心主义的，而是意味着在具体的历史行动中的对立面的同一性，即与某种组织起来的（历史化了的）'物质'，与人所改变了的自然不可分割地联系在一起的具体意义上的人的活动（历史——精神）。”在这里，葛兰西并非主张一般意义上的唯物主义与唯心主义的综合。只要我们联系他对黑格尔、克罗齐的唯心主义的批判，对布哈林、波尔迪加的庸俗唯物主义的批判，就会顺理成章地认为，他是在新的历史条件下，坚持马克思的实践的、历史的唯物主义，正是从捍卫马克思主义哲学的完整性，反对任何一种片面倾向上谈唯心主义与唯物主义结合的。要知道马克思本人在《1844年经济学哲学手稿》中首次提出他的哲学“既不同于唯心主义，也不同于唯物主义，同时又是把这二者结合的真理”。从本质上看，实践哲学是一种具有意大利传统的马克思主义观（是拉布里奥拉最早使用“实践哲学”概念的）；在20世纪30年代的特殊历史条件下，葛兰西把握马克思主义实质，强调“回归马克思”的必要性和紧迫性。

葛兰西在捍卫马克思主义的纯洁性的同时，坚决反对对马克思主义采取教条主义态度。他明确指出，既然马克思主义对现存一切事物采取革命的、批判的态度，那么它对自己也不例外。它从未把自己视为终极真理体系、绝对封闭体系，它是开放的、与时俱进的。葛兰西精辟地提出马克思主义的历史性命题，指出马克思主义要随着时代的发展不断丰富，否则就不能接受资产阶级现代思潮的挑战。与此同时，他注意坚持、宣传马克思主义对无产阶级革命具有至关重要的意义。葛兰西以理论家和政治家的慧眼敏锐地察觉到理论与实践、坚持与发展、理论创新与政治鼓动的辩证关系，对今日的马克思主义理论家、宣传家和革命家仍具有现实指导意义。

像历史上一切伟大的思想家一样，葛兰西也有着自己的局限性，突出地表现在他对“唯物主义”的误解上。他认为，“唯物主义”散发着决定论、宿命论、机械论的气味。另外，他在批判庸俗唯物主义时，对某些概念的理解和把握有偏颇，某些不确切的表述易造成模糊唯物论和唯心论界限的印象。

葛兰西启示我们：一个政治家的真正哲学应到其政治著作中去寻找。这为我们准确把握、正确评价葛兰西的哲学思想指明了方向。

俄国十月革命的胜利和列宁主义，对葛兰西政治思想的形成产生过决定性影响。十月革命胜利后，他也曾憧憬过在意大利迅速取得革命成功的美好前景。但意大利法西斯的崛起，德、奥等国社会主义革命的失败，使他不得不思考这一问题：为什么西欧工业先进国家没有继十月革命之后取得胜利？

在狱中，他联系意大利和西欧的历史和现状，对这一问题做了全面深入的探索，形成了领导权理论。围绕这一理论，葛兰西形成“市民社会”概念，提出新的革命战略——“阵地战”，强调知识分子作用，突出社会主义民主的意义。

1. 市民社会

葛兰西首先考察国家的本质。他从阶级观点出发，也认为国家是一定社会集团（阶级）的统治工具。这表明葛兰西在狭义上理解的国家同列宁完全一致。但他根据西欧的特殊社会结构和新的历史情况，对列宁的国家范畴做了补充。他指出：“国家的一般概念中有应该属于市民社会的某些成分（在此意义上可以说：国家＝政治社会＋市民社会，换言之：国家是配备有强制装甲的领导权）。”显然，葛兰西扩大了国家概念的外延。在他看来，国家不仅仅是强制机关——政治社会，还是“教育”机关——市民社会。

和马克思稍有不同，葛兰西没有单从经济关系上理解市民社会，还从上层建筑上理解市民社会。葛兰西从西方社会的现实出发，注意到教会、工会、社团、学校等“非政府”机构在对民众的教育和精神统一方面发挥的巨大威力，把它们称作“市民社会”，并同政治社会一起置于上层建筑领域。

葛兰西指出，统治阶级要维持对敌对阶级的统治，就不仅要依靠暴力和强制性的国家机器，而且要行使对被统治阶级的文化和意识形态的领导权。换言之，统治阶级通过学校教育、宗教、文学艺术、风俗习惯等手段，将其世界观灌输给被统治阶级，并使它成为公众遵守的道德规范，从而获得后者对“合法”统治的认同。显然，葛兰西扩大了国家概念的内涵，他把认同提升到国家本质的高度。而当“市民社会与政治社会脱离”时，就提出了新的领导权问题，即“国家的历史基础位移了”。

需要指出的是，在具体的历史生活中，政治社会和市民社会是统一的，市民社会是统治阶级用非暴力手段扩大和强化其权力的领域。有人强调在市民社会中出现的领导权关系的非暴力、非强制特点，却忽视了它们仍是不平等的权力关系，是强化和延续统治阶级对国家控制的关系。

2. 阵地战

葛兰西具体考察了东、西方社会结构的差异：“在东方，国家就是一切，而市民社会是原始和胶状的。在西方，国家与市民社会之间有一种正确的关系。当国家动摇时，立即出现一个强大的市民社会结构；国家仅是前沿战壕，在它后面有一系列坚固的堡垒和工事。”接着，他用形象生动的语言描述了这种特殊结构的作用：“至于最先进的国家，这里市民社会呈现非常复杂的结构，这种结构抵抗得住直接经济因素灾难性的‘侵入’：危机、萧条等，即存在对经济周期干预的手段，这里市民社会的上层建筑就如同现代战争的战壕体系。就像在战壕体系中发生的一样：疯狂的炮击仿佛摧毁了敌军的整个防御体系，但仅仅破坏了外层，在冲锋时就会发现面临着还非常有效的防线。在大的经济危机时期，政治上也有类似的情况。进攻部队不会由于危机而在空中闪电般地组织起来，更不会具有进攻精神。同时，守卫部队并没有士气低落或丢弃防线，即使在瓦砾之中，对自己的力量与前途也没有失去信心。”

在葛兰西看来，像俄国这样的东方国家，其市民社会是流动的、少层次的；工人阶级集中于少数大城市，大量的小农群众分散在农村；而沙皇国家就是一切，官僚机构庞杂，权力集中。一旦反动政权被砸烂，资产阶级政权土崩瓦解，无产阶级就可以立即成为领导和统治阶级。同东方国家相比，西方资产阶级强大得多，它们不仅拥有“前沿阵地”——反动政权，而且拥有众多的、坚固的“堡垒和战壕”——思想、文化的优势，以及学校、教会、道德观念、习惯势力等。因此，“进攻”与“防御”的关系十分复杂。所以，西方无产阶级仅仅夺取政权是不够的，而且需要攻占市民社会的一切阵地。西方社会主义革命更艰巨，所需时间更长。结论是：在西方只能打“稳扎稳打”的“阵地战”，而不能打“速战速决”的“运动战”。葛兰西借用“阵地战”和“运动战”这些军事术语，形象生动地说明两种不同的社会结构决定两种不同的革命战略。“阵地战”战略是领导权理论的深化与发展，它们之间有着紧密的内在联系：阵地战就是首先粉碎资产阶级领导权，确立无产阶级领导权，然后才有条件夺取国家政权。葛兰西告诫西方无产阶级，更要注意开展文化和意识形态的斗争；在成为统治者之前，首先做领导者。这是葛兰西从西欧革命失败的血的教训中总结出的经验。

3. 知识分子

葛兰西从领导权理论出发，对知识分子问题特别关注，也试图从全新的角度探讨知识分子及其职能问题。

葛兰西没有拘泥于传统的知识分子概念，而是根据他们特殊的社会职能进行探讨。为此，他对划分知识分子和非知识分子的通常标准提出异议。他指出：“在我看来，最通行的方法论错误，在于在智力活动内部，而不是相反，在各种社会关系体系的总和中寻找区分的标准。因为这些活动（以及它们所代表的集团）处于各种社会关系的一般总体之中。譬如，工人阶级的显著特点，并不在于它从事手工劳动，而在于它是在一定的条件下、一定的社会关系中从事这种活动。”最后，他得出结论：“可以说，一切人都是知识分子，但并不是一切人都在社会中执行知识分子的职能。”

在葛兰西看来，体力劳动与脑力劳动的分离不是绝对的。除了分工的界限外，实际上每个人都在发展某种智力活动，都具有一定的世界观和艺术鉴赏力。任何人类劳动都不可能排除“智力干预”。正是在此种意义上，葛兰西才说“一切人都是知识分子”。他似乎觉得表述不够准确，举例加以修正：“同样，每个人随时都可能煎两个鸡蛋，或缝一件上衣，但不能说大家都是厨师或裁缝。”因此，真正的知识分子是那些其“特殊职业活动重心方向”为“智力劳作”，并在上层建筑中执行“领导权”的人。这样，葛兰西把知识分子的概念扩大到社会的一切领域，指在生产、政治和文化领域中发挥组织者职能的人：不仅包括哲学家、艺术家、作家和新闻记者，也包括科学家、工程师、政府官员和政治领袖。

葛兰西接着考察知识分子的形成过程，指出知识分子并不构成独立自主的阶级，而是分别隶属于不同的阶级。但他们一经形成，就具有相对独立性，并起着特殊的社会职能。知识分子使整个阶级不仅在经济领域，而且在社会政治领域具有同质性；他们是市民社会和政治社会的活细胞，他们构建本阶级的意识形态，并使后者认识自己的使命，进而使这种意识形态成为渗透到整个社会的世界观。在意识形态的传播方面，知识分子不仅掌握宣传工具，而且肩负着在市民社会建立“意识形态结构”（如教会、教育体系、工会、政党等）的重任。同样，在政治社会中，知识分子负责管理国家机器与军队。总之，知识分子是上层建筑的“官员”。

葛兰西在“有机”知识分子和传统知识分子之间做了区分。所谓“有机”知识分子，就是新生阶级的知识分子；而传统知识分子是指与旧的经济基础相联系的知识分子。先进阶级为实现自己的战略总目标，就必须“同化”并在意识形态上战胜传统知识分子。传统知识分子又分为两类：一是在旧政治社会中充当官吏，行使“强制”职能的少数人；二是在旧市民社会中活动的广大知识分子。对于前者，施之以暴力或合法地“消除”；对于后者，只能在思想上征服、组织上同化，尤其对那些无组织的知识分子的同化更为容易。应该说，葛兰西的这一思想在社会主义革命实践中有着现实指导意义。无产阶级对于传统知识分子只能采取团结、教育的方针，任何粗暴的、简单的、过激的政策都会有损于革命事业。至于自己培养造就的知识分子，不仅应视为本阶级的力量，而且是最积极、最先进的力量。

葛兰西还从政党角度考察知识分子作用，“政党仅是建立自己的有机知识分子的方式”，“政党恰是在市民社会中执行国家在政治社会中，即在更综合、更广泛的范围内执行的功能——促成统治的社会集团的有机知识分子与传统知识分子的融合”，政党“使其作为经济因素产生、发展的成员，直至成为合格的政治知识分子、组织者，各种活动及整个市民、政治社会有机发展固有功能的组织者”。因此，政党的全体党员应当看作知识分子。这里，葛兰西从党建的高度看到文化建设、知识分子的重要性。的确，离开先进思想的指导、精神文化的巨大吸引力，党就不能发挥领导核心作用；如果党员的文化水准不高，也很难发挥骨干带头作用。

总之，葛兰西摒弃了依据所谓“知识分子活动本质”界定知识分子的方法，而从“社会关系的总和”即知识分子活动的社会功能来考察知识分子的地位。他既肯定知识分子的阶级性，又强调知识分子的独立性与中介性。他认为知识分子不仅应是具有专业知识和专业技能的人，而且应是富有崇高理想、高尚情操和文化修养的人。

4. 社会主义民主

作为共产党领袖，葛兰西高度重视社会主义民主问题。他认为，国家具有历史性，自然有形成、发展、消亡的过程。如果说国家创建初期主要作为“政治社会”存在的话，那么随着自身的发展，“市民社会”会越来越强大。由此看来，在社会主义制度下，国家的暴力和强制的因素呈逐渐减弱的趋势，而领导权和积极认同的因素逐步增强。也就是说，随着时代前进，社会主义民主建设变得日益重要。

葛兰西并不反对无产阶级国家对少数人的专政，也不反对在无产阶级专政创始时期实行“中央集权制”，但他不赞成将专政绝对化、扩大化，忽视了领导权和积极认同，从而没有真正实行民主集中制，没有抓紧社会主义民主建设。在葛兰西看来，中央集权制不是目的，而是产生国家生活新形式的手段；它并不是社会主义政治制度的理想模式和唯一模式，而是像俄国那样“市民社会”不发达国家在一定历史阶段的特殊模式。中央集权制对于“市民社会”发达的西方国家就不适合。正是由于葛兰西洞察了苏联中央集权制有压制民主、扼杀人民群众积极性和创造性的严重弊病，才强调它的暂时性和可批判性。社会主义政治制度的理想模式应建立在民主集中制原则之上，“个人和集团”的积极性同社会主义制度协调一致；但这是“发自内心”的积极认同，而不是靠“官员政府”强制和行政命令形成的表面的一致。葛兰西强调“至关重要的问题不是被动和间接的认同，而是积极的、直接的认同”。

同时，葛兰西并不否定法律、纪律的重要作用，但他反对用纪律取消个性、扼杀自由。他一针见血地指出：“个性与自由问题的提出并不是由于纪律的事实（否则，将会陷入无政府主义和独裁主义的泥坑中），而是由于支配纪律权力的存在。如果这种存在是‘民主的’……那么纪律就是民主秩序和自由的必要因素了。”

应当说葛兰西的这一思想相当深刻，并为社会主义国家的实践所证实。这里触及社会主义权力性质有可能改变的问题。如果执行纪律的权威代表人民的利益，纪律就是对公民自由与民主权利的保障。相反，当权威只代表少数人的利益，法律和纪律就会践踏民主、扼杀自由。

葛兰西告诫执政的共产党千万不要压制历史上的新生力量：“如果一个政党努力使被剥夺权利的反动势力受到法制的约束，并把落后的群众提高到新法制的水平，那么这个党的作用就是进步的。相反，如果它企图压制历史上的有生力量，它的作用就是退步的……当党是进步的政党时，它的行动是民主的（民主集中制意义上的民主）；当党是退步的政党时，它的行动是‘官僚式’的（官僚主义集中制意义上的官僚）。”

值得注意的是，在东欧剧变后，有的西方学者乐于把葛兰西说成社会民主主义者或民主社会主义者。实际上葛兰西严格区分资产阶级民主和社会主义民主。他一贯批判资产阶级民主的不平等性、排他性与局限性，认为资产阶级民主国家也要由无产阶级国家取代。更重要的是，葛兰西强调社会主义与民主的密不可分的关系：没有社会主义，就不会有真正的民主；没有民主，也不会有真正的社会主义。在他看来，民主不仅是手段，更是目的，是社会主义的本质所在。

今天，国外马克思主义研究者盛赞葛兰西实践哲学是反教条主义的典范，实践哲学批判把马克思主义哲学庸俗化和机械化的倾向，从而回归本质意义上的马克思主义哲学，使它更具开放性、革命性，更能适应时代的要求和资产阶级思潮的挑战。今天，当国外马克思主义研究者批判那种把资本主义看作世界一体化基本形式的观点时，认为必须研究葛兰西的理论思想，以冲决把资本主义绝对化的错误思潮，并确立世界发展多元化的思想，从而证明社会主义发展的历史必然性和各民族文化发展的合理性。

葛兰西对西方发达国家通向社会主义的道路进行了深刻反思和探讨，也为包括拉丁美洲国家在内的发展中国家的政治策略指明了方向。

今天，葛兰西的理论遗产不仅受到马克思主义学者和进步文化界的欢迎，而且越来越受到当代学术界的重视。葛兰西使用的范畴，诸如实践哲学、市民社会、领导权、阵地战、积极认同、被动革命、历史集团、现代君主、集体意志、福特主义，被广泛应用于分析哲学、政治、经济、宗教、文化和国际关系等诸多问题，并成为当代学术话语的重要组成部分。

三

《狱中札记》是20世纪最富独创性的马克思主义理论著作之

一，因其篇幅巨大，思想深邃、概念新颖、语言隐晦，又是马克思主义文献中颇为费解的作品。这在客观上为具有不同政治色彩和理论背景的人们对其不同理解和评价提供了条件，以至于有人说“只要有多少不同的社会主义流派，差不多就有多少打出葛兰西旗号的办法”[①]。

因此，我们在阅读《狱中札记》时，要充分认识其写作的条件与局限：环境恶劣——监狱（全部札记都要经法西斯监狱当局检查，研究资料严重匮乏），时间漫长（从 1929 年到 1935 年）、时断时续，体弱多病（经常失眠、发烧、昏头涨脑）。

葛兰西对研究的困难有清醒认识：“但我发现实际上在狱中学习不好（同我以前设想的正相反），由于种种原因，技术上与心理上的原因都有。”技术原因很明显，他为获准在牢房里使用自来水笔就等待近两年：1929 年 2 月 9 日致塔尼娅的信中，他写道：“现在我可以在牢房里写作。”前一天，2 月 8 日，他在第一个笔记本上写上抬头和有待研究的 16 个题目（而约两年前拟定 4 个题目）。

正是因受监狱条件限制，一般来说，葛兰西一次次做出的个别判断，往往都要重新考察，根据新材料进行修改，甚至完全推翻。葛兰西的这种自觉认识制约着研究的节奏和思想的演进。譬如，葛兰西在 1931 年 8 月 3 日的信中写道：“可以说目前我还没有真正的

① 这里，有必要指出：佩里·安德森（“第四国际”理论家）称《狱中札记》是“整个西方马克思主义传统中最伟大的作品”，葛兰西是“西马”的“真正创始人”和“第一批理论家”，别有用心，出于其政治需要：否定传统马克思主义，反对列宁主义。（参阅“葛兰西是‘西方马克思主义者’吗？”一文，载田时纲著《真与诗——意大利哲学、文化论丛》，社会科学文献出版社 2016 年版，第 250—272 页。）

学习与工作计划，自然我应当有这么一个计划。”初看，是放弃；实际，是实事求是的调整。最初，葛兰西为了深化国家概念和认识意大利民族历史特征，拟定研究意大利知识分子历史。但研究到一定阶段，他发现此题目涉及领域十分广泛，而监狱缺乏必要条件（没有藏书丰富的大图书馆），从而改变了研究的方向。

从某种意义上说，《狱中书简》是《狱中札记》的“导言”和“指南”。《狱中书简》能够帮助我们认识《狱中札记》中内容迥异的题目之间的内在联系。因为葛兰西在书信中强调研究的不同题目贯穿一条红线：人民的创造精神。

葛兰西本人清醒地认识到笔记的性质：“在这本笔记本中，正如在其他笔记本中，奋笔疾书的札记，是为了快速记下备忘。所有札记有待细致地审读和检查，因为肯定含有不确之处……”

由此可见，对《狱中札记》中有时出现前后不一致的现象，我们不应大惊小怪。我们要看针对的具体问题，看其写作的时代背景，要联系其全部理论和实践，准确理解和把握其真正思想。

我们在阅读《狱中札记》时，还要结合葛兰西被捕前大量的著作，因为他在狱中形成的思想是以前思想的继续和发展。

我们要结合国际共产主义运动史来认识葛兰西的历史地位。列宁主义和十月革命对葛兰西有决定性影响。1919 年 9 月，葛兰西领导的工厂委员会运动，就是以列宁和布尔什维克党为榜样，进行的一次无产阶级革命运动尝试。葛兰西的国家学说是对列宁国家学说的继承和发展：从列宁的“政治社会”（镇压机器）到葛兰西的“政治社会 + 市民社会”。葛兰西的“领导权”范畴是对列宁“领导权”范畴的继承和发展：列宁强调政治领导权，葛兰西强调意识形态领导权；列宁强调爆发革命时期的领导权，葛兰西强调贯穿资本主义整个时代的领导权；列宁强调创建无产阶级国家的领导权，葛兰西强调创建和巩固无产阶级国家的领导权。20世纪二三十年代，在城市暴动接连失败之后，毛泽东探索异于十月革命的中国革命道路，形成“工农武装割据，农村包围城市，最后夺取城市”的革命战略。同一时期，葛兰西总结十月革命后西欧各国革命接连失败的教训，提出“阵地战”的革命战略。可以说，葛兰西和毛泽东一样，都在进行马克思主义民族化的探索。

在葛兰西逝世后10年，1947年，《狱中札记》六卷本在都灵出版，立即引起轰动。1975年，由杰拉塔纳（Valentino Gerratana）教授主编的四卷本在都灵出版，四卷本按葛兰西书写笔记本的顺序编辑。1979年，以都灵四卷本为蓝本，葛兰西研究所（Istituto Gramsci）编辑、联合出版社（Editori Riuniti）出版的《狱中札记》专题六卷本面世。该六卷本按札记内容编排，分别是：《历史唯物主义和克罗齐哲学》《知识分子和文化组织》《民族复兴运动》《关于马基雅维利、政治和现代国家的笔记》《文学和民族生活》《过去和现在》。中文版《狱中札记》依据1979年联合出版社的专题六卷本译出。可以说，这是目前最完备的中译本（以往中译本均为转译本——从俄文或英文移译——和节译本）。

需要说明的是：一、带六角括号的标题是意文版编者所拟定，如〔科学讨论〕；正文中六角括号内的文字也是意文版编者所写。二、葛兰西对同一札记多有修改，中译本只取最后定稿。三、每则札记后标注出处和写作时间，如札记“量与质”后，注（B10，1932—1933），说明出自第10号笔记本，写作时间为1932—1933

年。四、书中注释，凡未注明的，均为译者注。五、人名译名，根据《意大利语姓名译名手册》《世界人名翻译词典》译出；地名译名，根据《外国地名译名手册》《世界地图册》译出。

田时纲

2017 年 4 月 27 日，一稿

2023 年 11 月 2 日，二稿

目　　录

一、哲学和历史唯物主义的初步研究

涉及问题的要点

必须破除传布很广的偏见：哲学是某种艰难的东西，因为它是真正的智力活动，只有某种专门学者或严谨的职业哲学家才能从事。因此，恰恰必须初步地证明所有人都是"哲学家"，同时确定这种"自发哲学"的界限和特征。这种哲学恰恰是"全世界的"，也就是说，该哲学包含在：(1)语言本身中，该种语言是确定概念和观念的总和，而不仅仅是语法上缺乏内容的空洞词句；(2)在常识和良知中；(3)在民间宗教中，从而也在信仰、迷信、看法、观察方式及行为方式中，一句话，属于人们通常称作"民俗"的东西。所有人都以自己的方式、不知不觉地表明是哲学家，因为仅仅在任何一种智力活动的微小表现中、在语言中，都包含一定的世界观。这之后，转向第二个环节，即批判和自觉的环节，也就是转向如下问题：哪种思维方式更好呢？是缺乏批判意识、支离破碎地偶然地思维，也就是说"认同"由外部环境机械地"强加"的某种世界观。每个人从进入意识世界（它可以是本乡本省；可能源于教区和教区教士或老教长的"智力活动"，他们的智

慧被称作“法律”；还可能源于继承巫术的老巫婆或迂腐、无能的小知识分子）起，就被自动卷入诸多社会集团。还是通过批判地自觉地思维，建构自己的世界观，从而凭借自己大脑的勤奋工作，选择自己的活动范围，积极参与创造世界历史，成为自身的向导，而不是消极地奴性地接受外部强加的个性。

评注一

人根据自己的世界观，总要从属于一定的集团，恰恰从属于具有相同思维方式和行为方式的所有社会分子的集团。人总是随波逐流，竭力迎合现行体制和习俗。人始终结成人群或群体。问题在于：那种现行体制和习俗、那些随波逐流的人们，属于哪种历史类型？当世界观不是批判的和一致的，而是偶然的和破碎的，此人就同时属于诸多人群，其个性构成怪异：在其个性中，存在穴居原始人的成分以及最现代的和最先进的科学原理，存在以往一切狭隘地方的历史阶段的偏见，存在对整个世界全人类未来哲学的直觉。因此，批判自己的世界观，就意味着使其统一并一致，把其提高到世界最先进思想的高度。由此可见，也就是批判以往全部哲学，因为它们在民间哲学中业已形成坚固的层叠。这种批判性建构始于认识自己的真相，即“认识自己”是迄今为止历史进程的产物。这种历史进程给你留下无数遗迹，你没有造册登记就照收不误。现在，当务之急是造册登记。

评注二

不能把哲学同哲学史分开，也不能把文化同文化史分开。如果不认识世界观的历史性，不认识它所代表的发展阶段，不认识它同其他世界观或其要素矛盾的事实，就不能成为在最直接和最贴切意义上的哲学家，也就不能成为具有批判性与一致性世界观的人。特有的世界观回答现实提出的确定问题，这些问题是非常确定的，并在现实性方面是“独特的”。如何能用针对悠远过去问题而形成的思想来思考现在，并且是十分确定的现在呢？如果这可能的话，就意味着该思想家在其时代“不合时宜”，他是化石，不是现代活生生的人。或者至少说他是怪异的“混合体”。事实上，发生如下情况：有的社会集团在某个方面表现出最先进的现代性，但在其他方面却落后于其社会地位，因而不能具有完全的历史自主性。

评注三

如果每人的语言都包含世界观和文化的要素，那么，根据语言可以判断说话者世界观复杂性的大小就顺理成章。如果某人只会说方言或者对民族语言理解欠佳，则必然对一种狭隘的、地域性的、僵化的、陈旧的世界观产生直觉，而不可能把握制约世界历史的伟大思潮。他的兴趣必将十分狭隘，或多或少是行会的或经济主义的，而绝不是普遍的。如果不能经常学习多种外国语，以便能够同不同文化生活进行接触，至少应当学好本民族语言。一种伟大的文化，可以译成其他伟大文化的语言，也就是说，一种伟大的民族语言、历史上丰富多彩的语言，可以移译任何其他伟大文化，即能够表达世界文化。然而，方言却做不到这点。

评注四

创造一种新文化，并不仅仅意味着独自地进行“新颖发现”，而且并尤其意味着批判地传播已发现的真理，可以说将它们“社会化”，从而让它们成为生活行为的基础，成为人们智力与道德建构及协调的要素。引导人民群众一致地统一地认识现实，这是一种“哲学”事实，它远比一位哲学天才发现新真理，而那种真理却沦为知识分子小集团的财富更重要、更具“独创性”。

常识、宗教和哲学之间的联系。哲学是一种精神建构，无论常识还是宗教都不能成为这种东西。在现实中要考察常识和宗教如何不一致，但宗教是支离破碎常识的要素。此外。常识是集合名称，正如宗教一样。唯一常识是不存在的，因为它也是历史生成和历史产物。哲学是对常识和宗教的批判和超越。在此意义上，哲学同与常识对立的“良知”相一致。

科学、宗教和常识之间的关系。宗教和常识不可能形成精神建构，因为它们不能在个人意识中形成统一性和一致性，更不用说形成集体意识了。它们不能“自由地”形成统一性和一致性，因为“专制地”可能实现这点，事实上，在过去，在一定限度内实现过。不在教派意义上、而在世俗意义上理解的宗教问题，就是在世界观和与其一致行为准则之间信仰统一的问题。然而，为什么将这种信仰的统一性称作“宗教”，而不称作“意识形态”，甚至称作“政治”呢？

事实上，不存在一般的哲学，只存在形形色色的哲学和世界观，而人们总在其中选择一种。怎样发生这种选择呢？这种选择是一种纯粹的智力活动还是更为复杂的活动呢？往往不会发生智力活动和行为准则之间矛盾的现象。于是，哪种是真正的世界观：是根据逻辑确定、作为智力活动的那种，还是每人实际活动显现并寓于活动中的那种？由于活动说到底是政治活动，能否说每人的实际哲学全部包含在政治中？这种思想和行为的矛盾，即两种世界观的并存——一种口头肯定，一种在实际行为中显现，并非总归咎于不真诚。对单独地考察的个人，对人数或多或少的集团来说，不真诚可能是令人满意的解释。然而，当这种矛盾在广大群众生活中显现时，再用不真诚解释就不行了。由此可见，它不能不是社会历史体制较为深刻矛盾的体现。这意味着一个社会集团拥有处于萌芽状态的世界观，从而它只在行为中间断地偶然地显现；当该集团作为有机整体活动时，由于在智力上服从并隶属于另一个社会集团，就不能用自己的世界观，反而借用后者的世界观来指导。该社会集团在口头上肯定后者的世界观，甚至认为遵循后者的世界观，因为在“正常”时期，也就是说当其行为尚未独立自主而恰恰服从和隶属时，实际遵循后者的世界观。由此可见，不能把哲学同政治分开，并且可以表明选择和批判世界观也是政治活动。

因此，必须说明：为何在所有时代诸多哲学体系和思潮并存，它们如何产生，如何传播，为何在传播时产生路线分歧和不同方向。这表明特别需要对世界观直觉进行批判性和一致性的体系化工作，准确地确定应当如何理解“体系”，从而避免学究式和书呆子式地理解该概念。然而，这一艰难工作应当并只能在哲学史领域内进行。哲学史表明思想在诸世纪内曾有哪些建树，实现我们现在的思维方式曾做出多少集体努力，我们现在的思维方式扼要地概括以往全部历史，包括其谬误和谵妄。此外，即使以前未犯及未纠正的错误，也不能说现在就不会重犯并且不要求再次纠正。

民间的哲学观念是什么？可以通过日常语言来表述。最流行的一种说法，是“哲学地把握事物”。在对此种说法分析之后，不应完全否定。在此种说法中确实暗含要求屈从和忍耐，但关键之处似乎是号召反思，要求认识到发生的事情具有合理根据，从而要集中自己的合理力量，这样对待它们，而不能被本能的和强烈的冲动所左右。这些民间说法可以和民间性质作家应用“哲学”或“哲学”词汇的类似表述（从大辞典里摘录）进行比照，就可以发现这些词汇具有非常确切的含义，即在必然性观念中超越本能的和原始的激情，从而给予自己的行为以自觉方向。这是常识的健康核心，这恰恰可以称作“良知”，并且值得发展提高，使之统一和一致。由此可见，不能把称作“科学的”哲学同“通俗的”或民间的哲学（支离破碎的概念及看法的总和）分开。

然而，在此，提出每种世界观、每种哲学成为文化运动、“宗教”“信仰”的问题，也就是说，世界观和哲学产生实践活动和意志，并在其中暗含理论“前提”（可以说一种“意识形态”，如果恰恰赋予此词以世界观的最高含义，而世界观暗含在艺术、法律、经济活动、所有个人和集体的生活表现中），也就是整个社会集团保持意识形态统一的问题，该社会集团恰恰因这种意识形态才团结和统一。各种宗教力量，尤其是天主教会的力量，过去和现在就在于它们强烈感到必须让全体“信教”群众统一教义，它们为使智力较高阶层不脱离较低阶层而不懈努力。罗马教会始终坚持不懈，为避免“正式”形成两种宗教——“知识分子”宗教和“普通人”宗教而奋斗。这种斗争对教会本身不会带来严重麻烦，但此类麻烦同改造整个市民社会并包含对宗教整体瓦解性批判的历史进程相连；从而凸显教士在文化领域内的组织才能，教会善于在宗教范围内为知识分子和普通人之间建立那种抽象合理及公正的关系。无疑，耶稣会士是搞这种均衡的高手，为了保持这种均衡关系，他们倾向于把满足科学和哲学某些要求的进步运动引入教会，但节奏非常缓慢并讲究方法，以至于普通群众对变化毫无察觉，虽然在“完整主义者”[①]看来，那些变化具有“革命性”和煽动性。

所有内在论哲学的最大弱点之一，一般地说，恰恰在于不会建构下层与上层、“普通人”与知识分子之间的意识形态统一性。在西方文明史上，由于在与罗马教会较量中，文艺复兴迅速失败，宗教改革部分瓦解，这一事实在全欧洲范围内显现。这一弱点还表现在教育问题上，由于内在论哲学没有尝试形成在儿童教育方面代替宗教的思想，从而一些非教会的教育家和实际上的无神论者，借助伪历史主义的诡辩，做出让步，同意讲授宗教。因为他们认为宗教是人类童年的哲学，它应当在每一代真正意义（绝非寓意）的童年中更新。唯心主义还反对“走向民间”的文化运动。这类文化运动表现在兴办所谓民间大学及类似机构。这种敌视态度绝不是由那些机构的缺陷引起，因为如果这样，可以努力改进办得更好。然而，这类运动值得关注和研究：它们已经获得成功，恰恰在于“普通人”对提高文化的及世界观的水准显现出真诚的热情和坚定的意志。但是，在这类运动中，既缺乏哲学思想的有机性，又缺乏组织的稳定性和文化的集中性，给人以英国商人初次接触非洲黑人的类似印象：用一钱不值的次货去换取天然金块。

① 罗马天主教会保守分子，反对改革和进步，主张知识分子与普通百姓永久分离。

此外，只有当知识分子和普通人团结一致，也就是实现理论和实践的统一，才能实现思想的有机性和文化的稳定性。也就是说，如果知识分子成为普通群众的有机分子，如果他们能将普通群众通过其实践活动提出的问题和原则加以系统化一致化，则会形成一个文化的社会的集团。这里，重提业已指出的问题：哲学运动仅仅是为知识分子狭隘集团用来发展专门化文化，还是致力于建构超越常识的科学的一致的思想，同时从不忘记和“普通人”保持联系，甚至在这种联系中发现有待研究和解决的问题的根源？只有通过这种联系，哲学才能成为“历史的”，才能清除其个人性质的智力至上因素，并使其“充满活力”。

（或许将哲学同常识区分开，实际有益于更好地说明从常识向哲学的过渡：在哲学中，个人思想建构的特征一目了然；相反，在常识中，某一时代、某一民间环境中普遍思想的广泛、分散传播的特征凸显。然而，所有哲学都倾向于成为狭隘环境——全体知识分子——的常识。因此，主要问题是建构一种善于传播并广泛传播的哲学，它同实际生活相连并且寓于实际生活之中，它能成为更新的常识，拥有诸多个人哲学的一贯性和精华。如果没有感到文化和“普通人”联系的必要性，这一目标就不可能实现。）

最初实践哲学[①]只能采取论战和批判的立场，作为对以往思维方式和现存具体思想（或现存文化界）的超越。因此，首先是对常识的批判（在以常识为基础后，证明“所有人”都是哲学家，证明不是将科学重新[②]引入“所有人”的个人生活中，而是将现存

① 葛兰西在法西斯监狱中对马克思主义的称谓。

② 原文为拉丁文。

思想活动加以更新并且具有“批判性”），再去批判产生哲学史的知识分子的哲学，由于它是个人的（并且实际上主要在富有天赋的单个个人的活动中发展），故可以将它视为常识进步的“先导”，至少是社会最有教养阶层的常识的进步，通过他们也是民间的常识的进步。因此，初学哲学应当系统地阐明在一般文化发展过程中产生的问题，在哲学史中仅部分地反映这一过程。但因缺乏关于常识的历史（由于缺乏文献资料而无法撰写），哲学史就成为评论这些问题的最大参考依据，它证明那些问题的实际意义（如果还具有的话），或证明具有发展链条各个环节的意义，从而确立目前的新问题或旧问题的目前提法。

“高级”哲学和常识的联系受到政治的保障，这正如知识分子天主教和“普通人”天主教的联系也受到政治保障一样。然而，这两种情况截然不同。教会不得不处理“普通人”问题，恰恰意味着在“信徒”团体中出现分裂，而靠把“普通人”提高到知识分子水平（教会甚至不可能提出这一任务，因为其思想的和经济的力量不能胜任此任务）不能解决分裂问题。于是，通过对知识分子实施铁的纪律，旨在不让他们越过一定区分界限，不致使分裂变成不可挽救的灾难。过去，在“信徒”团体中的分裂，主要靠信教群众发起的强大运动来解决，或者由以强有力人物（多明我[①]、方济各[②]）为核心创建的新教团担此重任。（基于城市国家诞生引起的社会冲突，中世纪的异端运动是对教会政治权术和表现此

① 多明我（1170—1221），天主教托钵修会多明我会创始人。

② 方济各（1181—1226），天主教托钵修会方济各会创始人。

权术的经院哲学的反动。这类运动表明在“大病初愈”的教会里，群众同知识分子发生分裂。正是教会曾把民间宗教运动吸纳于身以创建托钵教团并实现新的宗教团结。）

然而，反宗教改革却削弱蓬勃发展的民间力量：耶稣会[①]是最后的大教团，其起源既反动又专制，具有镇压和“外交”性质，它的诞生标志着天主教机构的僵化。以后出现的新教团，对信教群众来说，其“宗教的”意义微乎其微，但“整肃”的意义却非常大。它们是耶稣会的分部和魔爪，或沦为捍卫既得政治地位的“抵抗”工具，而不是发展的更新工具。天主教变成了“耶稣会教”。现代主义[②]没有创建教团，而是创建一个政党——基督教民主党。（这里，提及一个轶事，是斯忒德在其《回忆录》中讲的：一位枢机主教对一位拥护天主教的英国新教徒解释说，圣杰纳罗[③]的圣迹对那不勒斯百姓有用，对知识分子无用。甚至在《福音书》中也有“夸大其词”的描述。当后者问他：“我们不是基督徒吗？”他回答说：“我们是高级教士，也就是罗马教会的政治家。”）

---

① 天主教新制修会之一。1534年由西班牙人依纳爵·罗耀拉创立于巴黎。1540年经教皇保罗三世批准，正式取名“耶稣会”。仿效军队编制，纪律严明、等级森严，下级对上级绝对服从。会规除“三绝”誓愿（绝财、绝色、绝意）外，强调会士应绝对效忠教皇，无条件执行教皇的一切命令。会士深入社会各阶层进行传教活动，反对宗教改革运动。

② 19世纪末在罗马天主教中发展起来的，又在1907年遭到教皇庇护十世谴责的一种解释基督教教义的体系。该体系否认启示的客观真理的存在，否认超自然世界的存在；主张以现代哲学、历史和科学知识对传统教义和《圣经》进行新的解释。

③ 圣杰纳罗是那不勒斯保护神，于305年殉教。1294—1323年修建圣杰纳罗大教堂。大教堂内存放圣物——装有圣杰纳罗凝固鲜血的圣瓶，据说凝血每年融化三次：分别为5月的第一个周日，9月19日和12月16日；若凝血未按时融化，那不勒斯城将遭遇灾难。

实践哲学的立场同天主教的立场截然相反：实践哲学不想让“普通人”处于常识的原始哲学的水平，相反，努力引导他们确立更高的人生观。如果断言知识分子和普通人必须结合，不是为了限制科学活动，而恰恰是为了创建一个知识的道德的集团，它能在政治上促进群众的知识水准的提高，而不仅仅限于狭隘的知识分子集团。

群众积极分子在实际活动时，却对其活动缺乏清晰的理论意识，其实，这种活动就是对世界的认识，因为它改变世界。甚至，其理论意识在历史上可能同其活动相矛盾。几乎可以说，他有两种理论意识（或一种矛盾的理论意识）：一种寓于活动本身，并且将他和用实践改变现实的志同道合者联合起来；另一种是表面或口头上清晰的意识，是继承过去并且毫无批判地接受。然而，这种“口头”意识不是毫无结果：它依附一定的社会集团，对道德行为和意志方向产生影响，具有或大或小的力量，直至达到一点，意识的矛盾不允许任何行动、任何决定，并且造成道德和政治的消极性。因此，对自身的批判性认识，通过政治“领导权”的斗争、对立方向的斗争来实现，先在伦理方面，后在政治方面，最后完成自己的高级现实观的建构。意识到自己是一定领导权力量的一部分（即政治意识），这就是自我意识进一步发展的第一阶段，在这种自我意识中，理论和实践最终实现统一。由此可见，理论和实践的统一，不是机械活动的结果，而是历史生成的产物。在历史生成的初级的、原始的阶段，刚刚直觉到“差异”“脱离”和独立的意义，进一步发展直到实际完全确立一贯并统一的世界观。这就是为什么应当强调，领导权概念的政治发展还表明哲学

的巨大进步，而不仅仅是政治实践的进步，因为它必然涉及并设想智力的统一和符合现实观（超越常识，或许在有限范围内成为批判）的伦理。

然而，在实践哲学的最近发展中，“理论和实践的统一”这一思想的深度仅仅停留在最初阶段：机械主义的残余依然存在，由于把理论说成实践的“补充”和“附件”、实践的婢女。这一问题从历史上提出，即作为知识分子的政治方面提出，是完全正确的。从历史和政治上看，建构批判性自我意识意味着造就知识分子精英。人民群众未组织起来（广义地），就不能“出人头地”并赢得自身独立；而没有知识分子，即没有组织者和领导者，人民群众就不可能组织起来。换言之，理论和实践统一的理论方面，若没有在从事概念及哲学建构工作者阶层中具体地凸显，就不可能形成那种组织。然而，造就知识分子的过程是漫长的、艰难的、充满矛盾的，时而前进时而后退，时而分散时而聚集。在这一过程中，群众的“忠诚”（而忠诚和纪律是群众参与整个文化事业发展并与之合作的最初形态）有时要经受严峻考验。这一发展进程是同知识分子与群众的辩证关系相连的。知识分子阶层在数量上和质量上发展，但每次向新的“广泛性”和复杂性跃进时，都和普通群众的类似运动相连，普通群众提升到更高文化水平，同时通过杰出代表或多少重要的集团，扩大对专业化知识分子的影响范围。然而，在这一发展过程中，不断出现某些时刻，群众和知识分子（或某些知识分子）之间发生分裂，失去联系，从而产生“附件”、补充、隶属的印象。理论和实践的联系，在其两要素不仅区分，而且割裂、分开（这恰恰是机械的和因袭的活动）之后，仍坚持“实践”要素，意味着仍

处于相对原始的历史阶段，仍然是经济的和行会的阶段。在此阶段，"结构"[①]的一般面貌发生了质变，而相应的同质的上层建筑在产生中，却尚未具有有机形态。应当强调现代世界中政党在建构和传播世界观上的重要性和意义，尤其是实质地建构同世界观一致的伦理和政治，它们几乎作为该世界观的历史"实验者"在活动。政党对积极群众进行个体选择，包括在实践领域和理论领域，世界观越是彻底革新、富有活力、反对旧思维方式，理论和实践的关系就越紧密。因此，可以说，政党是完整的整体的新智力的建构者，是政党将理论和实践融为一体，把理论和实践的统一理解为实际历史过程，并认识到创建个体积极参与的组织而非"工党式"组织的必要性。因为若要有机地领导在经济上积极活动的群众，就不能墨守成规，而必须革新。这种革新在其初级阶段，若不通过精英人物，就不可能具有群众性。因为在精英人物中，包含人类活动的世界观，在一定程度上，业已成为一贯并系统的现实观和坚定不移的意志。上述发展阶段之一，可在《文化》杂志的合作者、米尔斯基的一篇文章[②]简述的讨论中进行研究，即通过此种讨论可以确证实践哲学的最新发展。人们可以发现，机械论的和纯粹外在的思想如何转化为能动性思想，如何日益接近准确认识理论和实践的统一，即使尚未把握其全部综合意义。人们可以发现，决定论的宿命论、机械论的因素曾直接赋予实践哲学以思想"芬芳"，使其沦为某种形

① 在《狱中札记》中，葛兰西使用结构（struttura）专指经济结构，即经济基础。后文均改为经济基础。

② 米尔斯基的"资产阶级历史和历史唯物主义"（Bourgeois History and Historical Materialism），载《劳动月刊》（*The Labour Monthly*），1931 年 7 月。——意文版编者注

式的宗教和兴奋剂（但和麻醉剂一样）；某些社会阶层的“从属”性被用以说明此种宗教形式存在的合理性和历史必然性。当丧失斗争的主动性，从而斗争本身以一系列失败告终时，机械的决定论变成道德抵抗、团结、顽强和坚忍的巨大力量。“我暂时失败了，但事物力量长此以往地为我工作，云云。”实际意志伪装成对某种历史合理性的信仰行为，对某种经验的和原始形态的激动人心的目的论的信仰行为。此种目的论是作为灵魂归宿预定论及天意、忏悔式宗教的替身出现的。必须牢记如下事实：即使在此种情况下，仍实际存在某种强大的意志力量，对“事物力量”进行直接干预，不过恰恰以一种隐蔽的自感害羞的形式。因此，意识是矛盾的，它缺乏批判的统一性，等等。然而，当“从属者”成为群众经济活动的领导者和负责者时，在某个时刻，机械论就变成迫近的危险，那就必须纠正思维方式，因为整个社会存在方式发生了改变。为什么“事物力量”的制约范围缩小？因为，其实，如果昨天从属者是客体，今天不再是客体而是历史主体、主角；如果昨天是不负责任者，因为“抵抗”某种外在意志，今天富有责任感，因为不再是抵抗者而是行动者，并且必然积极进取、英勇无畏。然而，昨天他就是单纯“抵抗者”、纯粹的“客体”、纯粹的“不负责任者”吗？当然不是，甚至应当强调指出，宿命论只是一种用以掩饰自己积极的、实际的意志的伪装。这就是必须始终揭示机械决定论有害无益的原因所在：这种机械决定论被解释成群众的朴素哲学，并且作为唯一内在力量因素，而知识分子又把它视为反思的一贯的哲学，它就沦为消极性和愚蠢自满的动因，从而导致无须等待从属者先成为劳动者和负责者。一部分处于从属地位的群众能够始终是领导者和负责者，而这部分群众的哲学会永远成为全体群众哲学的先导，不仅作为理论先导，而且作为现实必然性。

通过分析基督教的发展可以看出，机械论思想是从属者的宗教，在一定时期和一定历史条件下，它是表达人民群众意志的必然形式，它是世界和生活的合理性的一定形式，并且为实际的实践生活提供普遍法则。《天主教文明》刊发的一篇文章（“异教的个人主义和基督教的个人主义”，1932 年 3 月 5 日）中的一段话，我觉得对基督教的这种功能阐述得不错：“信仰有保障的未来，信仰命定极乐的灵魂不死，信仰注定永恒享乐，是促进内心认真修炼和提升精神境界的动力。真正的基督教个人主义在这里发现获得胜利的冲力，基督教的全部力量都围绕这一最高目的聚积起来。一个人摆脱因疑虑让心灵备受折磨的苦思冥想，受到永垂不朽的教义的启示，从而他感到希望之光重现，他坚信不疑高超力量支持他同恶做斗争，他战胜自我并在世界取胜。”但是，在此种情况下，我们理解的是原始基督教，而不是耶稣化的、变成人民群众真正麻醉剂的基督教。

然而，加尔文教因其宿命论和圣宠论的铁的教义，其进取精神得到广泛传播（或称为这一运动的形式），从而其立场更鲜明并意义深远（关于这一问题，可以参阅马克斯·韦伯刊登在 1931 年及其后的文章，以及格罗杜森论法国资产阶级宗教起源的著作）。[1]

新的世界观为何以及如何传播并普及呢？在这种传播过程

① 参阅格罗杜森的《法国资产阶级精神的起源》（*Origines de l'espris bourgeois en France*），第一章，“教会和资产阶级”（L'Eglise et la Bourgeoisie，Paris，1927）。——意文版编者注

（同时是已代替旧世界观的过程，并往往是新旧世界观相结合的过程）中，是否受到——如何受到以及以何程度——新世界观得以阐述的合理形式的影响，是否受到阐述者及他们要求获得支持的思想家、学者的权威（即使大致得到承认和尊重）的影响？阐述者还要求思想家和学者加入他们的组织（然而，其后后者不是因认同新世界观而是因其他原因加入该组织）。在现实中，这些因素根据不同社会集团及其文化水准而变化无穷。然而，对人民群众的研究饶有兴味：人民群众很难改变世界观，或从不改变世界观，无论如何，可以说，从不接受“纯粹”形式的世界观，而仅仅或永远接受其或多或少怪异的混合形式。逻辑一贯的、合理的形式，不忽视任何具有分量的正反问题的全面论证，都具有其意义，但离决定性意义甚远。当某人已处于智力危机中，在新旧思想之间摇摆不定，已丧失旧信仰，却尚未确立新信仰时，由于其从属地位，上述意义就变成决定性的了。对思想家和学者的权威也可以这样说。这种权威在人民中是巨大的，但因每种世界观都要由其思想家和学者提出，故权威被多人瓜分。此外，对每位思想家都可进行比较区分，对他们以那种方式所讲的话提出疑问，等等。从而可以得出结论：新世界观传播的过程因政治原因得以实现，说到底因社会原因得以实现。然而，在这一过程中，无论是单个个人还是诸多集团，当一般方向确定后不久，形式的和逻辑一贯性的因素，权威的因素和组织的因素，都将起到巨大的作用。但这也可得出另一个结论：哲学在群众中只能作为信仰存在。此外，我们可以想象一位平民的智力立场，他的这种立场由意见、信念、辨识标准和行为准则构成。凡是同他持不同观点的人士，只要在智力上比他优越，就能比他更好地论证自己的理由，就会在逻辑上让他瞠目结舌；因此，这位平民就不得不改变信念？因为在直接讨论中，他不会大显身手。那么，他每天都应当改变一次，也就是说，每当遇到智力超过他的思想对手就要改变信念？由此可见，他的哲学建立在哪些要素之上？尤其是其具有行为准则重大意义的形式的哲学。无疑，最重要的是信仰的要素、非理性特征的要素。然而，信仰谁和信仰什么？首先信仰其加入的社会集团，因为该集团成员普遍地和他一样思维。平民认为多数不会犯错误，或不会完全犯错误，正如他的论战对手妄图让他相信的那样。他本人确实不会支持和展开自己的论证，不会像对手那样论证，但在他所属的集团中有人会做到，当然也有比那位对手更优秀者。其实，他记得听到有人广泛地、连贯一致地阐述信念，从而他确信其信仰的理由。他并不具体地记得那些理由，更不会复述那些理由，但知道存在那些理由，因为他确实听到有人阐述那些理由，并且坚信不疑。他一旦在瞬间确定信念，即使他不会推理论证，那信念本身就成为他确信理由的持续原因。

然而，上述考察可得出一个人民群众新信念极不确定的结论，尤其当这些新信念同正统信念（也是新的）相矛盾时，因为正统信念的社会实质是和统治阶级的普遍利益相一致的。当我们思考宗教和教会的命运时，就可以发现这一点。宗教和确定的教会保持同其教徒的一致性（在一定限度内，为一般历史发展所必需），其程度取决于持久地、有组织地维持自己的信仰，不厌其烦地重复自己的辩护词，每时每刻始终利用类似论据进行战斗，并且组建各级知识分子队伍，旨在使信仰具有思想尊严的外观。每当教会和教徒之间关系的连续性因政治原因而强行中断，正如在法国大革命时期所发生的那样，教会遭受的损失不可估量。如果教会开展惯常活动的困难条件持续时间超过限度，那么可以想象其损失将是决定性的，并且会产生新的宗教，正如在法国产生同旧天主教相结合的宗教。由此可见，任何要代替常识和一般旧世界观的文化运动，都必须具有确定条件：（1）持续地、不厌其烦地重复自己的论据（不断变换文字形式），重复是影响民众思想最为有效的教学手段；（2）坚持不懈地努力提高广大人民群众的智力水平，也就是要赋予缺乏个性分子以个性，即努力造就知识分子精英，让他们从群众中直接涌现，同时保持同群众的联系，他们和群众的关系，就像“鲸须”同妇女紧身衣的关系。如果第二个条件得以满足，将实际改变一个时代的“思想全景”。如果不能从群众内部涌现出拥有权威和高超智力的各级杰出人才，该精英队伍不可能形成并发展。这种精英可以在一位伟大哲学家那里达到顶点，如果这位哲学家善于具体地再现思想一致性的要求，并且懂得该一致性不能具有个人头脑的灵活性，而要能够在形式上建构集体学说，并让该学说符合并支持集体思想家的思维方式。显然，这种群众组织不会“随意地”形成，不会围绕任何思想，根据（狂热迷信自己哲学信念及教义的）一个人或一个集团在形式上建构的意志形成。群众支持或不支持某一意识形态，正是在检验诸多思维方式合理性及历史性的实际批判方法。随意的建构，即使有时凑巧当时形势有利，能够具有一定群众性，但很快就被历史潮流所淘汰。相反，那些符合完整且有机的历史时期要求的建构，最终总要形成并占据上风，虽然要经过许多中间阶段，在这些阶段，它们呈现为多少怪异的组合形态。

这样展开就提出许多问题，其中最重要的是在不同知识阶层之间关系的方式和性质，也就是说，鉴于智力从属阶层辩论和阐述新批判概念的有机能力有限，智力高超集团的创造性应当并且能够具有的重要性和作用。换言之，问题是确定辩论和宣传的自由界限，这种自由不应从行政和警察的意义上理解，而应从领导者对自己活动做自我限制的意义上理解，或按本义理解，为文化政策确定方向。换言之，由谁确定“科学权利”和科学研究的界限，能否真正确立这些权利和界限？显然，必须给予学者个人以自由的主动权，以便去探索新的真理，或为真理本身探寻更好、更透彻、更清晰的公式，即使他们仍就最基本的原理展开辩论。当他们辩论的动机是私利而不是科学性时，也不难看出。此外，可以想象，个人主动性能够守纪律和有秩序，旨在经研究院或各类文化机构进行筛选，只有在选择之后，才能对外公开，等等。

饶有兴味的是，具体研究一个国家文化组织如何让思想世界运转，并且考察其实际功能。受益匪浅的还有，考察积极从事文化工作的专业人员同每国民众的数量关系，可以大致估量闲散人口的数量。在所有国家，鉴于从业人员人数，各级学校和教会都是两个最大的文化组织。报纸、杂志、书籍出版行业、私立教育机构（是对公立学校的补充），是作为民间大学类型的文化机构。其他职业，诸如医生、军官、法官，吸收可观文化力量从事专业化活动。然而，有待指出，在所有国家，虽然程度不同，在人民群众和知识分子集团之间存在严重的分裂现象，即使那些人数众多、更接近下层民众的知识分子集团，如教师和教士也不例外。

发生此种情况，因为即使在统治者口头上承认这点的国家，也没有统一的、一贯的、同质的思想，因此知识分子集团在其阶层之间、同一阶层内部也发生分裂。某些国家除外，通常大学并未行使任何统一思想者的职能。

评注一

关于实践哲学宿命论思想所起的历史作用，可以写一篇悼词，以追忆其在一定时期内的益处，正因为如此，要坚决将其连同所获一切荣耀埋葬掉。这一思想的作用，可以同圣宠论和命定论在现代世界初期所起的作用进行比较，但其后通过德国古典哲学和自由是对必然认识的思想而达到顶峰。这一思想曾是“上帝所愿”[①] 口号的代用品。然而，即使在原始和基本的层面上，从一开始它就比包含在“上帝所愿”口号或圣宠论中的思想更现代、更丰富。能够让新世界观披上新外衣而脱掉粗糙、杂乱的旧装现身吗？然而，看到整个必然前景的历史学家能够确信并理解：新世界的开端是苦涩和艰辛的，但远胜过垂死挣扎和临终绝唱的旧世界。“宿命论”和“机械论”的衰落表明伟大的历史转折，因此米尔斯基的概括性研究才产生深刻影响。这篇文章让人记起 1917 年 11 月在佛罗伦萨同律师马里奥·特罗齐展开的辩论和首次提及柏格森主义及唯意志论等。可以描绘一幅半严肃的画面，以显现其观点的真貌。它还让人记起 1924 年 6 月在罗马同普雷苏蒂教授的辩论。塞拉蒂把他和朱列蒂船长进行比较，这种比较对他来说是

① 1095 年 11 月，教皇乌尔班二世在法国克勒芒召开的宗教会议上，向聚集的教徒煽动发起“十字架反对弯月”的圣战，以拯救耶路撒冷。教徒高呼“上帝所愿”，并在衣服上缝了红“十”字，组建十字军。

决定性的——判处其死刑。在塞拉蒂眼中，朱列蒂仿佛一位儒家面对道家，南方华人——活跃并能干的商人——面对北方的文职官员。北方官员以启蒙者和贤哲身份（无人生奥秘可言）极端鄙视南方矮人，后者以为靠蚂蚁般忙碌就可加速“进程”。它让人想起克劳迪奥·特雷韦斯关于赎罪的议论。在这段议论中，有某种圣经预言家的神态：谁想要并发动战争，谁就让地球脱离地轴，从而应对战后混乱承担罪责，就应当赎自己的罪。他们犯下“唯意志论”的罪恶，就应当因其罪行受到惩罚，云云。在这段议论中有某种祭司的神气、某种咬牙切齿谴责的愤怒。那些谴责的咬牙切齿声本应把人吓得魂飞魄散，相反却变成莫大安慰，因为显然掘墓人尚未准备好，拉撒路[①]能够复活。

（B11，1932—1933）

哲学和历史问题

〔科学讨论〕

在提出历史批判问题时，不应当把科学讨论视为一种有被告和检察官的司法诉讼；检察官行使职责应当证明被告有罪，理应禁止其通行。在科学讨论中，由于人们关注的是探索真理和科学

① 《福音书》中的人物，是耶稣的门徒和好友。耶稣受难前不久，拉撒路得了重病。等耶稣赶到伯大尼，拉撒路已被埋葬四天。耶稣来到他的坟前，仰天祷告，然后大声呼叫：“拉撒路，出来！”拉撒路果然复活。

进步，就可证明持如下观点者更“先进”：对手可以表达要求，该要求应包含在其理论建构中，即使作为从属的环节。应实事求是地理解和评价对手的立场和理由（有时对手的思想完全过时），恰恰意味着摆脱意识形态（贬义上的盲目宿命论思想）的桎梏，也就是用“批判的”观点思考，这是科学研究唯一卓有成效的方法。

（B10，1932—1935）

〔哲学和历史〕

应当如何理解哲学、每一历史时代的哲学，诸多哲学和哲学家在每一历史时代的重要性和意义是什么。若采用克罗齐[①]对宗教所下的定义，即变成生活准则的世界观，由于生活准则不按书本意义理解，而在实际生活中实施，大部分人都是哲学家，因为他们实际活动并在其实际活动中（在其行为的指导方针中）暗含一种世界观、一种哲学。通常理解的哲学史，即哲学家们的哲学的历史，是一定阶级人士为改变、纠正、完善每一特定时代世界观的尝试及创新思维，因此也为了改变相似的或相关的行为准则，也就是为了整体地改变实践活动。从我们感兴趣的观点出发，仅仅研究诸多哲学家的不同哲学的历史是不够的。至少作为方法论的方向，必须关注哲学史的其他部分：关注广大群众的世界观，关注最狭隘领导（或知识分子）集团的世界观，最终关注这些不

① 克罗齐（1866—1952），意大利哲学家、美学家、历史学家、文学批评家和政治家。

同文化整体和哲学家的哲学的联系。一个时代的哲学不是这位或那位哲学家的哲学，不是这个或那个知识分子集团的哲学，也不是这部分或那部分人民群众的哲学，而是所有这些要素的组合，它在一定方向上达到顶峰，其顶峰成为集体行为的准则，也就是成为具体而完全（完整）的历史。由此可见，一个历史时代的哲学只是那个时代的历史，只是领导集体善于对以往实在进行总体改变。在此含义上，历史和哲学密不可分，它们构成“集团”。然而，可以“区分”所谓哲学本身的因素，而且在其所有不同阶段中：作为哲学家的哲学，作为领导集团的思想（哲学文化），作为广大群众的宗教，并且考察它们在每个阶段和不同形式的思想“组合”的关系。

（B10，1932—1935）

〔“创造性的”哲学〕

什么是哲学？它是一种纯粹感受性活动，还是至多为一种整理性活动，或许是一种绝对创造性活动？必须确定“感受性”“整理性”“创造性”的含义。“感受性”含有肯定绝对不变的外部世界“一般地”、客观地（此词最庸俗含义上的）存在。“整理性”接近“感受性”，虽说包含某种思想活动，但该活动是有限的和狭隘的。那么，“创造性”意味着什么？意味着外在世界是由思想创造？那又是什么思想和谁的思想呢？这样就可能陷入唯我论，事实上每种形式的唯心主义都必然陷入唯我论。为了避免唯我论，同时避免包含在将思维视作感受性和整理性活动观点中的机械论，必须“历史地”提出问题，同时把“意志”（归根结底是实践活动或政治活动）作为哲学的基础。然而，这种意志不是随意的而是合理的，由于符合客观的历史必然性才能实现，也就是说，在其不断实现并进步时就创造世界历史本身。假如开始时这种意志由个人单独表现的话，那么其合理性则由多数人接受来证明，并且持续地被接受，即该意志成为文化、“良知”、世界观以及和其结构一致的伦理。在德国古典哲学之前，哲学被视为一种感受性活动，至多是一种整理性活动，即被视作对在人之外客观作用过程的认识。德国古典哲学引入思维“创造性”的概念，但其含义是唯心主义的和思辨的。似乎只有实践哲学以德国古典哲学为基础，避免任何唯我论的倾向，促使思想前进一大步。实践哲学将思想历史化，由于把它视为世界观，在多数人中传布的“良知”（若不具有合理性或历史性，就不可能传播），并且经传播变成积极的行为准则。因此，创造性必须按“相对”含义理解，是指思想改变群众的感受方式，从而改变没有群众就不可思议的现实本身。创造性还意味着不存在自己存在的“现实”、自在自为的现实，相反，现实和改变它的人们处于历史关系之中。

（B11，1932—1933）

何时能说哲学具有历史意义？

许多关于不同哲学的历史意义的研究专著和论文绝对怪诞不经和一无是处，因为没有注意到许多哲学体系都是纯粹（或几乎）个人的表达，而可以称作历史的那部分往往少之又少，并且被纯粹源于理性的抽象整体所“淹没”。可以说一种哲学的历史价值能够用它取得的“实践”（应按广义理解“实践”）效果“衡量”。如果每种哲学确实是一定社会的表现，它必然对社会起反作用，并产生某些正面或负面效果。其所起反作用的程度，恰恰是衡量其历史意义的尺度，判断它是个人“苦思冥想”的结果还是“历史事实”的标准。

（B7，1930—1931）

〔哲学家〕

提出一切人都是“哲学家”的原理，即在职业哲学家或哲学“专家”和其他人之间，不存在“质”的差异，只存在“量”的差异（在此种情况下，“量”具有特殊含义，不能和算术数量混为一谈，由于它指示或大或小的“同质性”“一贯性”“逻辑性”等，即质的因素的量），但应当考察这种差异究竟何在。由此可见，将任何思想倾向、任何一种思潮等，甚至任何“世界观和人生观”都称作“哲学”是不确切的。可以把哲学家称作“熟练工”以同粗工相区分，但这样说也不确切，因为在工业中，除粗工和熟练工外，还有工程师，工程师不仅在实践上，而且在理论上和历史上都熟悉该职业。职业哲学家或哲学专家不仅比他人的“思维”更具严谨逻辑性、彻底性和系统性，而且还通晓全部思想史，即善于理解在他之前思想发展的理由，能够从问题历经大量解决的尝试后的形势出发来重新解决它们。哲学家在思想领域执行的职能，同其他专家在不同科学领域中执行的职能相同。然而，在哲学家和其他专家之间存在差异，即哲学家远比其他专家更接近其他人。如果哲学家的形象颇似其他专家，那就是对哲学家的莫大讽刺。事实上，可以想象一位昆虫学专家，无须他人都是有经验的“昆虫学家”；可以设想一位三角学家，无须其他众人都从事三角学；诸如此类，不一而足（可以找到非常精确、专业化和不可或缺的科学，但因此不是“人所共有的”）。然而，不能设想无人不是哲学家，无人不思维，恰恰因为思维是人所固有的（只要不是病理学上的白痴）。

（B10，1932—1935）

〔语言、言语、常识〕

通常被称作“常识”或“良知”的东西，其优点存在何处？不仅在于常识使用（即使不言明）因果原则，而且在于非常局限的事实——常识在一系列判断中确定一种精确、简单并易懂的原因，不允许被形而上学的、伪深刻、伪科学的“奇思妙想”引入歧途。在17世纪和18世纪，常识不能不受到颂扬，因为人们开始反对由《圣经》和亚里士多德所代表的权威性原则，事实上，人们发现在“常识”中存在某些“实验主义”和对现实界的直接观察（虽说单凭经验并有局限）。即使在今天，在类似关系中，人们对常识价值的判断大同小异，虽然形势改变，今日“常识”的内在价值也大打折扣。

（B10，1932—1935）

设想哲学是世界观，并且不仅把哲学活动视为“个人”建构完整概念体系，而且尤其看作是为改造民众“精神状态”并传播创新哲学的文化斗争，这些创新哲学被证实是历史上真实的，鉴于它们具体地即历史地和社会地成为普遍的。从而，语言和言语问题在“技术上”应提到首位。或许应当重读实用主义者就此问题所写的论著。参阅瓦伊拉蒂[①]的《论文集》(佛罗伦萨，1911年)，其中有一篇论文“作为消除虚幻矛盾的障碍的语言”。

实用主义者的立场，正如通常其他任何要将哲学有机体系化的尝试，都没有说要涉及体系整体或体系的核心。我觉得，可以说难以接受瓦伊拉蒂和其他实用主义者的语言观，但他们似乎感到实际需要并大致准确地加以“描述”，即使未能提出并解决问题。似乎可以说，“语言”本质上是个集合名词，在时间和空间上不以“唯一”事物为前提。语言还意味着文化和哲学(即使处于常识水平)。由此可见，实际上，“语言”事实是多少有机地、一贯地协调的诸多现象；甚至可以说每位说话者都有自己的个性化语言，即具有自己的思维方式和感受方式。文化在不同水平上把或多或少的个体结合成人数众多的阶层，由于或多或少的接触和交流，他们在不同水平上相互理解。恰恰是这些历史的社会的差异反映到普通语言中，并产生实用主义者所说的那些“障碍”和“错误的原因”，从而造成“文化环节”对(集体)实践活动的重要性。任何历史活动都不能不由“集体人群”完成，也就是以达到文化的社会的统一为前提，从而追求各种目的的分散意愿

① 瓦伊拉蒂(1863—1909)，意大利哲学家，实用主义者。

在（相同的）统一的世界观基础上（普遍地或个别地，暂时起作用——因激动，或持续起作用——因思想基础牢固而被领会、成习俗、变热忱），为了同一个目的而紧密结合。由此可见，一般语言的重要性，似乎就是集体实现相同文化“背景”的问题。

这一问题可能并应当接近教育的学说及实践的现代提法。根据这种提法，教师和学生的关系是积极的、互换的，因此，每位教师同时是学生，每位学生同时是教师。然而，教育关系不能仅仅限于特定“学校”的关系，在此类关系中，新一代同老一代接触，并从他们那里汲取经验和历史上不可或缺的价值，并且发展自己的历史上和文化上更高的个性。

这种关系存在于整个社会中，由于每个个体都要面对其他个体，存在于知识分子和非知识分子之间，统治者和被统治者之间，精英人物和追随者之间，领导者和被领导者之间，先锋队和大部队之间。任何“领导权”关系都必然是一种教育关系，它不仅存在于一个民族内部、构成民族的不同力量之间，而且存在于国际和世界领域、各民族的和各大陆的文明组合体之间。

因此，可以说一位哲学家的历史个性，由他同所处文化环境的积极关系所决定，他想要改变此环境，环境也对他起反作用，执行“教师”职能，迫使他不断地进行自我批判。这样，现代知识分子阶层在政治领域的最大要求之一是思想自由和表达思想（出版和结社）的自由。因为只有存在这种条件的地方，教师和学生的关系才能在上述更普遍的意义上实现，并实际地在“历史上”形成新型哲学家，可以称之为“民主主义哲学家”，即他确信自己的个性不仅限于自己个体，而且在于改变文化环境的积极的社会关系。当“思想家”只满足于自己的“主观地”自由即抽象地自由的思想，就会贻笑大方。因为科学和生活的统一恰恰是积极的统一。只有在这种统一中，才能实现思想的自由，这是教师和学生的关系，哲学家和他在其中活动的环境的关系，进而必须提出并解决一个问题——哲学和历史的关系的问题。

（B10，1932—1935）

人是什么？

这是哲学的首要的和基本的问题。能够如何回答？可以在人身上找到定义，即在每个个别人身上找到。然而，这样的定义正确吗？在每个个别人身上，可以找到每个“个别人”是什么。但我们并不关注每个个别人是什么，尤其不关注每一时刻的个别人是什么。如果我们认真思考，将会发现提出人是什么的问题，我们是想说：人能成为什么？也就是说，如果人能够左右自己的命运，就可以“成长”，可以创造自己的生活。因此，我们说人是过程，更确切地说，是自己行为的过程。如果我们对此进行思考，则“人是什么”就不是一个抽象的或“客观的”问题。它产生于我们对自己和他人的思考，并且我们想要知道（涉及我们所思所见）——我们是什么，我们能够成为什么，是否实际上并在何限度内，成为“锻造自身的铁匠”，“锻造”我们生活、我们命运的“铁匠”。今天，恰恰在今天，在今天生活的特定条件下，而不是在任何生活和任何人的条件下，我们想要知道这些。该问题产生于对生活和人的特定看法，从而具有其内容。在这些看法中，最

重要的是“宗教”，尤其是一种特定宗教——天主教。实际上，当我们问“人是什么”时，就是问人的意志和人的具体活动在创造人自身和生活方面有何重要性？我们想说：“天主教是否提出关于人和生活的确定观念？由于我们是天主教徒，就把天主教教义视为生活准则时，是犯了错误还是遵循真理？”大家都模糊地凭直觉认为，把天主教教义当成生活准则就犯下错误，以致自称天主教徒的人们，也不真正将天主教准则作为生活准则遵循。一个完整的天主教徒，即把天主教准则落实到全部生活和行为的人们，看上去就像个怪物。如果认真思考，这一点恰恰是对天主教最严厉、最坚决的批判。天主教徒会说，任何其他思潮也没有被严格遵循。他们这样说有一定道理，但这只表明其实在历史上并不存在对所有人相同的思维方式和行为方式，仅此而已。他们并不拥有对天主教有利的理由，虽然天主教为成为思维方式和行为方式这一目的而组织达数百年，直至本世纪[①]。任何其他宗教都不具有相同手段、相同体系性、相同连续性和集中性来实现此目的。从“哲学的”观点看，天主教中令人不满意的是如下事实：说一千道一万，天主教把恶的根源置于人的个体本身，即把人视为被决定和限制的个体。可以说迄今为止的所有哲学都在重复天主教的这一观点，即把人视为被其个性限制的个体，而这种个性又被视为精神。在这一点上，必须改造关于人的观念。换言之，必须把人视为一系列积极的关系（一个过程），在这些关系中，如果个性具有重要性，则也不是有待考察的唯一因素。在每个个体中反映的

① 20世纪。

人类由不同因素构成:(1)个体;(2)其他人;(3)自然。然而，第二个和第三个因素并不像看起来那样简单。个体和他人的关系，不是并列并置，而是有机地发生关系，也就是说，去加入从最简单到最复杂的社会机构。同样，人和自然发生关系，也不是简单地由于人是自然产物，而是积极地通过劳动和技术。不仅如此，这些关系不是机械的。它们是积极的和自觉的，也就是说符合每个人对它们认识的或大或小的程度。因此，可以说，每个人都在改造自己、改变自己，其程度恰如他改造、改变的整个关系(他是这些关系的联系中心)。在此意义上，实际的哲学家是并且不能不是政治家，也就是改变环境的积极活动家，环境理解为每个人去参加的关系的总和。如果自己的个性是这些关系的总和，则形成自己的个性就意味着认识这些关系，而改变自己的个性就意味着改变这些关系的总和。然而，这些关系(正如前述)并不简单。同时，其中一些是必然的，另一些是自觉的。此外，或多或少深刻认识它们(即或多或少认识能够改变它们的办法)，就已经在改变它们。那些必然的关系，由于认识到其必然性，就改变其面貌和意义。在此意义上，认识就是力量。然而，问题还因另一方面而复杂，仅仅认识这些关系的总和还不够，由于它们在特定时刻作为特定体系存在，但重要的是认识它们的起源，在形成过程中认识它们。由于每个个体不仅是现存关系的总和，而且是其历史的总和，是其整个过去的概要。或许可以说，每个个体鉴于其力量有限，能够改变的东西极少。在一定限度内，这样讲是正确的。由于每个个体能够同所有致力于改变的同仁联合起来，如果这种改变是合理的，那么在大多数情况下，其力量倍增，并能完成彻

底改变，起初看来这根本不可能。

每个个体能够参加的团体很多，比看起来的还要多。每个个体通过这些团体成为人类中的一员。这样，个体同自然发生关系的方式众多，由于技术不仅应理解为在工业中应用的科学知识的总和，而且应理解为“思维的”工具，即哲学的认识。

人只能在社会中生活，这是老生常谈。然而，并没有从中得出一切必要的个别结论：一定的人的社会要以一定的物的世界为前提，而人的社会只有存在一定的物的世界才是可能的，这也是老生常谈。确实，迄今这些超个体机构（无论是人的社会还是物的世界）被赋予机械论和决定论的意义，从而引起反对。必须建构一种学说，在这种学说中，所有这些关系都是积极的并处于运动之中，且清晰地肯定这种积极性源于个体的意识，此人在认识、希望、欣赏、创造，因为他业已认识、希望、欣赏、创造，并且意识到他并不孤立，而是拥有丰富可能性，那是由其他人和物的世界向他提供的，对物的世界他不能没有一定认识（正如每人都是哲学家，每人都是科学家，云云）。

费尔巴哈断言：“人是他所吃的东西”，就其本身而言，可以有各种不同解释。狭隘的和愚蠢的解释：人在物质上一次次地成为他所吃的东西。换言之，食物对其思维方式产生直接影响。记起阿马德奥[①]的断言：例如，如果知道某人在讲话之前吃过什么，就能更好地理解其讲话内容。这是非常幼稚的看法，实际上和实

① 即波尔迪加（1889—1970），意大利共产党第一任总书记，执行机会主义路线，1930 年被开除出党。

证科学毫不搭界。因为大脑不靠蚕豆和块菌滋养，而是食物在变成同质的和可吸收的物质后，也就是具有脑细胞潜在“相同物质”后，才能够重构脑细胞。如果他的说法正确的话，那么决定历史的策源地就在厨房，革命就会和群众饮食的激进变化相吻合。从历史上看，正好相反：是革命和整个历史发展改变了饮食，并不断创造选择食品的“口味”。不是按时种植小麦导致游牧生活消失，而是不利于游牧生活的条件出现促使按时种植小麦，诸如此类，不一而足（将费尔巴哈的断言同马里内蒂[①]阁下发起的反对面条运动及邦滕佩利阁下捍卫面条的论战相比较，这一切发生在1930年，即世界危机充分发展时期）。

此外，“人是他所吃的东西”也正确，由于饮食是社会关系整体表现之一，每个社会集团都有自己的基本饮食。然而，同样可以说“人是他的住所”，“人是其家人再生产的特殊方式”。由于饮食、着装、住房、人口再生产都是社会生活的要素，而在这些要素中恰恰最明显、最普及地（即扩展到群众）显现社会关系的总和。

由此可见，人是什么的问题，永远是所谓“人的本性”的问题，或者是所谓“一般的人”的问题，也就是要探索创造一门关于人的科学（哲学）。这门科学一开始就从“统一的”概念出发，从能包括所有“人的”抽象出发。然而，“人的”作为统一的概念和事实，是起点还是终点？或许这种探索不就是“神学的”和“形而上学的”残余吗？不能让哲学沦为自然主义的“人类学”：人类的统一并非由人的“生物学的”属性决定；在历史上所重视的差异不

① 马里内蒂（1876—1944），意大利作家，未来主义理论家。

是生物学的（种族、头骨形状、肤色等；其后断言“人是他所吃的东西——在欧洲吃小麦，在亚洲吃大米——沦为另一断言“人是他所居住的国家”，因为通常大部分食品都和居住地区有关），“生物统一性”在历史上从未具有重大意义（当人最接近“自然状态”时，人曾是吃自己的动物，那时人还不能让自然财富生产“人为地”倍增）。甚至“推理”能力或精神也不能创造统一性，或不能作为统一事实被承认，因为它们仅仅是形式的、范畴的概念。不是“思想”，而是实际思考的东西，让人们结合或区分。

“人的本性”为“社会关系的总和”是令人满意的回答，因为它包含生成的概念：人在生成，并伴随社会关系的变化而不断地变化，因为它否定“一般的人”。事实上，社会关系是作为前提的人类不同集团表现出的，人的统一性是辩证的，不是形式的。人成为贵族，由于存在农奴，诸如此类，不一而足（参阅普列汉诺夫论自由派的小册子，看是否肯定这种辩证性质）。还可以说人的本性是“历史”（在此意义上，由于历史＝精神，故人的本性是精神）。如果恰恰赋予历史以“生成”的含义，以“不一致的一致”的含义，“不一致的一致”不从统一性出发，而是自身具有可能统一性的理由。因此，“人的本性”不能存在于任何单独个人，而应存在于人类的全部历史中（使用“类”这一自然主义性质的词语，仍具有其意义），相反在每个个体中凸显同他人矛盾的特征。传统哲学的“精神”观，正如在生物学中的“人的本性”观，应当解释为“科学的乌托邦”，它们代替在上帝身上探寻“人的本性”（人是上帝的儿女）的最大乌托邦，并用以表明历史的持续苦难、理性的或情感的渴望，等等。千真万确，断言作为上帝儿女的人

们平等的宗教，断言具有推理能力的人们平等的哲学，都是全部革命运动（变革古代世界——变革中世纪世界）的表现，这些革命运动在历史发展中占据非常重要的地位。

黑格尔辩证法是对这些伟大历史变革的反思，作为社会矛盾表现的辩证法，伴随这些矛盾的消失，应当变成纯粹概念的辩证法。黑格尔辩证法成为现代乌托邦哲学的基础，比如克罗齐哲学的基础。在历史上，实际的“平等”，即“人的本性”在其历史进程中达到的“精神性”程度，同“私人的及公共的”、明确的及不明确的团体的体系相一致，这些团体在“国家”和世界政治体系中相互交织。主要是同一团体成员间感受的“平等”和不同团体间感受的“不平等”；平等和不平等具有的意义，在于个体或团体是否意识到。于是，应当这样看待“哲学和政治”、思想和行动之间的平等或同一，也应这样看待实践哲学。一切是政治，包括一种哲学或各种哲学（参阅关于意识形态性质的札记），而“唯一”哲学就是运动中的历史，即生活本身。在此意义上，可以解释德国工人阶级是德国古典哲学的继承人，并可以断言伊里奇[①]对领导权的理论化和实现是伟大的“形而上学”事件。

（B10，1932—1935）

进步和生成

这是指两种不同事物，还是指同一概念的不同方面？进步是

① 即列宁。——意文版编者注

意识形态，生成是哲学观念。“进步”取决于一定精神状态，需要历史上确定的某些文化因素参与。“生成”是哲学概念，其中可能缺少“进步”。在进步观念中暗含量的和质的度量可能性：更多或更好。因此，以一种“确定”尺度或可确定尺度为前提，但这种尺度是由过去决定的，是被过去一定阶段或一定度量方面等决定的（无须想到进步的公制）。进步的观念是如何产生的？它的产生代表划时代的伟大文化事件？似乎是这样。进步观念的产生及发展同意识的广泛传播相一致：在社会和自然之间实现一定关系（在自然概念中纳入偶然性和“非理性”的概念），从而人们在整体上对自身未来更有信心，能够合理地设计其生活总规划。为战胜进步观念，莱奥帕尔迪[①]不得不求助于火山爆发，即那些不可遏止和不可挽救的自然现象。然而，在过去曾经存在过更多不可遏止的力量，比如饥荒、瘟疫等，也在一定限度内被遏止。无疑，进步是一种民主主义的意识形态；它曾为形成现代立宪国家服务过。今天，它不再享有盛誉，但这是什么含义呢？并不是指失去能够合理地控制自然和偶发事件的信心，而是指在“民主主义”的含义上；即进步的官方“代表者”变得毫无作为，因为他们激活现在的破坏力量。这些力量和过去的破坏力量一样危险和使人痛苦（在“社会上”已被忘却，即使未被全体社会成员忘却，因为农民仍然不理解进步，也就是他们仍然相信自然的和偶发的力量，听凭那些力量左右，从而维持“巫术的”、中世纪的、“宗教

① 莱奥帕尔迪（1798—1837），意大利诗人。烧炭党人革命失败后，思想悲观。其抒情诗和讽刺诗非常出色。

的”精神状态），比如“危机”和失业。因此，进步观念的危机不是观念本身的危机，而是此观念代表者的危机，他们自身变成有待制约的“自然”。在此种形势下，攻击进步观念是极端自私并带有偏见的。

可以将进步观念与生成观念分开吗？似乎不能。因为它们同时诞生，正如政治（在法国）和哲学（在德国，后在意大利发展）。

1932年12月4日，《意大利文学》刊发卡帕索的一篇“奇文”，对上述问题极其庸俗地表示怀疑。现摘引几段：

“在我们这里，盛行嘲讽19世纪文风中的人道的和民主主义的乐观主义，并且当莱奥帕尔迪带着嘲笑的口吻谈到‘进步的命运’时，他不是孤独的；但此时他却想出一个妙招，把‘进步’伪装成唯心主义的‘生成’，即（我们认为）在历史上保留下的更像意大利的而非德国的观念。然而，持续至无限[①]的生成、从未能与肉体幸福相比的改善能有什么意义呢？没有最后阶段的固定标准，就缺少度量改善的单位。此外，我们不能沉湎于实在的活生生的现代人优于罗马人或早期基督徒的遐想。因为若按十分理想的含义理解‘改善’的话，就应顺理成章地承认，今天我们大家全都‘衰败’，而那些古人皆完美无缺，甚至全体皆圣人。因此，从伦理观点看，寓于生成概念的无限上升观念不能自圆其说，鉴于道德‘完善’纯属个人事情，而恰恰可以从个人角度得出结论：对逐个案件进行起诉，整个现代道德沦丧。由此可见，无论从理想角度还是从实际角度，乐观主义的生成概念都难以把握。众所

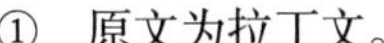

① 原文为拉丁文。

周知，克罗齐否认莱奥帕尔迪的思想家地位，他断言悲观主义和乐观主义是情感表现，不是哲学主张。但悲观主义者可能发现，恰恰唯心主义的生成观是一种乐观主义的和情感的表现，因为悲观主义者和乐观主义者（如果二者都未因信仰'超验'而备受鼓舞的话）同样将历史设想为一条没有河口的河流；其后根据他们的心境，时而强调词语'河'，时而强调词语'河口'。一些人说：没有河口，但正如在一条和谐的河中，都有连续不断的波浪及其在时间上的持续性，昨天涌起的波浪，今天仍在发展。而另一些人说：河在不断地流淌，但没有河口。总之，我们不应忘记，乐观主义是情感，毫不亚于悲观主义。结论是：任何'哲学'都不能不在情感上表态，正如悲观主义和乐观主义那样。”

在卡帕索的思想中缺乏连贯性，但其思维方式显现出某种盛行的虚张声势、缺乏信心的心态，其特征为支离破碎和非常肤浅，有时甚至缺少知识分子的诚实及忠诚，缺少不可或缺的形式逻辑。

问题依然是：人是什么？人的本性是什么？如果在心理上思辨地把人界定为个体，进步与生成的问题就难以解决或流于空谈。但如果把人理解为社会关系的总和，显然人与人之间不可能在时间上进行比较，因为问题在于事物不同，或许事物异质。此外，由于人还是其生活条件的总和，可以在量上度量过去与现在之间的差异，因为可以度量人驾驭自然及命运的能力。可能性不是现实性，但也是一种现实：人能干一件事或不能干一件事，这对于评估实际在干的事具有意义。可能性意味着“自由”。自由的尺度寓于人的概念。有人未饿死的客观可能性，有人饿死的客观可能性，似乎都具有意义。然而，存在客观条件，或可能性或自由，这远远不够，需要认识并利用它们。必须想要利用它们。在这种意义上，人是具体意志，也就是有效应用抽象意志或生命冲动，作为实现具体意志的具体手段。

人们创造自己的个性:（1）将确定并具体的（“合理的”）方向赋予自己的生命冲动或意志;（2）确定使意志具体并确定而非随意的手段;（3）在自己力量的限度内，采用最为有效的方式，促进改变全部具体条件，从而实现具体意志。

人应理解为一个历史集团，它由纯粹个体的和主体的因素、客体或物质的群众的因素（个体与它们保持积极关系）构成。改造外在世界、一般关系，就意味着强化自身、发展自身。设想道德的“完善”是所谓个人事务，纯属荒谬绝伦的幻想。构成个性的因素综合固然是“个体的”，但无面向外部世界的活动、改变与外部世界关系的活动（从与自然的关系到与身份各异、在不同社会圈子内生活的其他人的关系，直至拥抱全人类的最高关系），这种综合就不可能实现并得到发展。因此，可以说人在本质上是“政治的”，由于他的“人道”、他的“人的本性”，是在自觉地改造并领导其他人的活动中得以实现的。

（B10，1932—1935）

〔个人主义〕

所谓个人主义，也就是在每个历史时期，个体在世界和历史生活中所持立场。今天所说的“个人主义”源于中世纪之后的文化革命（文艺复兴和宗教改革），并表明对神性的因而对教会的问题所持立场：从超验思想向内在论过渡。反对个人主义的偏见，直至重复天主教落后思想反对它的哀诉（不仅批判）。今天，“个人主义”变成反历史的，表现在个人对财富的占用，而财富的生产日益社会化。其实，天主教徒最不适宜哀怨个人主义，因为他们在政治上总承认只有拥有财产才有政治个性，也就是说，人本身没有价值，只有和物质财富结为一体才有价值。只有拥有一定财产，才有选举权；只有拥有一定物质财富，才能加入诸多政治-行政团体。这一事实不是意味着“精神”屈从于物质吗？如果认为只有拥有财产的人才是“人”，并且所有人不可能都拥有财产，那么，为什么探寻一种所有权形式[①]就是反精神的呢？在这种形式中，物质力量会充实并建构所有人的人格。事实上，业已默认人的“本性”不在个体内部，而在人和物质的统一中；因此，获取物质力量是获取人格的一种方式、最重要的方式（近期，法国年轻天主教徒作家达尼埃尔·罗普斯的《没有灵魂的世界》大受赞誉。此书还有意大利文译本，有待考察所有一系列概念，以揭示他如何通过它们诡辩地把过去的立场伪装成现在的）。

（B15，1933）

人性概念考察

“平等”感的起源：宗教及其上帝是父、人是子，因此人人平等的观念。赞同如下格言的哲学：“既然哲学从所有人具有相同思

① 指公有制。

维能力出发，因此它本身就是民主的，因此有产者不无根据地认为权力对自己是危险的。”[①] 生物学断言“天然”平等，即人“类”的所有个体在精神上和生理上平等：所有人都以相同方式出生，诸如此类，不一而足。“人是要死的，张三是人，张三也要死的。”张三和所有人都平等。这样，公式“我们大家都赤身裸体地下生”就有了经验的（经验的 = 民俗学）科学的根据。

记住切斯特顿[②] 在小说《布朗神父的天真》中描述的一位邮差和一位奇异机器的小制造者。其中有此类逸事：“一位贵妇同二十个奴仆住在古堡里。另外一位贵妇来拜访她，她对这位来客说‘我始终孤单一人住在这里’，云云。医生来告诉她，此地发现鼠疫，正在传播。于是，她说‘我们有许多人’”（切斯特顿利用这一情节只为获得复杂的戏剧效果）。

（B7，1930—1931）

〔**哲学和民主**〕

人们可以发现，现代民主和一定形式的形而上学唯物主义及唯心主义的发展同步。18 世纪法国唯物主义探寻的平等，是把人沦为自然史范畴、一种生物种类的个体，他们彼此区分不是由于社会的历史的属性，而是由于自然属性；无论如何，在本质上，个体都和同类相同。这种思想变成常识，正如民间说法“我们下

---

① 原文为拉丁文。

② 切斯特顿（1874—1936），英国评论家、诗人、散文家和小说家。

生时都赤身裸体”（虽然这种常识说法没有在知识分子思想论战前出现）。唯心主义断言，哲学是卓越的民主科学，因为它提及所有人共有的推理能力，这足以解释贵族为何憎恶哲学，旧制度的统治阶级为何对教育和文化制定法律禁令。

（B10，1932—1935）

质和量

由于不可能存在没有质的量和没有量的质（没有文化的经济，没有智力的实践活动，反之亦然），所以无论怎样把两个术语对立起来，在理性上都毫无意义。事实上，当把质和量对立起来时，如列尔莫·费雷罗之流所为，将质和量对立起来，加上所有愚蠢的变通说法，实际是将一种质和另一种质对立起来，把一种量和另一种量对立起来，也就是说在从事某种政治，而不是做某种哲学论断。如果量和质的联系是不可分的，则会产生一个问题：将自己的意志力量运用于哪儿更有益？是发展量还是质？二者之中，哪个更易控制？哪个更易度量？根据哪个更能做出预测并制订工作计划？答案是确定无疑的：根据量。因此，当断言想在量上下功夫，也就是想发展现实的“坚实”方面，并不意味着想要忽视“质”；相反，意味着想要最具体、最现实地提出质的问题，也就是用发展可控可量的唯一方式去发展质。

这个问题还同谚语“先生活，后进行哲学思维”[①]中表现的问

① 原文为拉丁文。

题相连。事实上，生活不能脱离哲学思维；但谚语也有实践的意义：生活意味着主要从事经济实践活动，哲学思维是从事智力活动、读书消遣[①]。然而，也有人只“生活着”，即不能不从事备受折磨的、奴隶般的劳动。没有这种劳动，某些人就不能摆脱经济活动而进行哲学思维。

主张“质”同量对立只意味着：保障一定社会条件不受损害，在这种社会条件下，一些人是纯粹的量，另一些人是纯粹的质。自认为是质、美和思想等的公认代表多么惬意！没有一位上流社会的贵妇不认为自己在地球上行使质和美的职能！

（B10，1932—1935）

〔理论和实践〕

有待研究、分析并批判理论和实践统一观念在思想史上呈现的不同形式，无疑没有一种世界观或哲学不关注这一问题。托马斯·阿奎那[②]和经院哲学断言“直观智力通过传布成为实践”，[③]是说理论经简单传布成为实践，也就是肯定观念与行动的必然联系。莱布尼茨就科学所讲的、被意大利唯心主义者多次重复的格言是：“越是直观，越是实践。”[④]

---

① 原文为拉丁文。

② 托马斯·阿奎那（1224—1274），13 世纪意大利多明我修会修士，欧洲中世纪最重要的经院哲学家。其代表作为《神学大全》（*Summa theologiae*）。

③ 原文为拉丁文。

④ 原文为拉丁文。

维科的名言“真理本身变为事实”[①]曾被多次讨论并有不同解释（参阅克罗齐的维科专著[②]及其他论战性文章）。克罗齐在唯心主义意义上深化这一名言：认识就是行动，认识的就是行动的，这里“行动”具有特殊含义，如此特殊以至于只是认识而不意味着其他东西，也就是在同语反复中化解（然而，这一思想应同实践哲学思想相联系）。

（B11，1932—1933）

由于任何行动不是单一意识的结果，而是激烈程度、自觉程度及同质程度不同的集体意志的整体结果。因此，显然，同行动一致并寓于行动的理论，也是同样混乱并不纯的信仰及观点的组合。但在这种限度和范围内，理论也仍然和实践吻合。如果提出理论和实践同一的问题，就是在如下意义上提出：以一定实践为根据，建构一种理论，由于它同实践本身的决定性因素相吻合并一致，将会加速正在进行中的历史进程，并使得实践更同质、更一贯，让其所有因素更有效，也就是最大限度地强化实践；或者，业已确立一种理论立场，则去组织落实此立场不可或缺的实践因素。理论和实践的同一是一种批判行动，由于它，实践被证明是合理的和必要的，或理论被证明是现实的和合理的。

（B15，1933）

① 原文为拉丁文。

② 《维科的哲学》（*La filosofia di Giabattista Vico*，1911）。

〔经济基础和上层建筑〕

在《政治经济学批判》序言中的命题——人们在思想领域意识到经济基础的冲突，不仅应视为具有纯粹心理的和道德的价值，而且具有认识论的价值。由此可见，领导权的理论-实践原则也具有认识论的重要性，从而应探索伊里奇在这方面对实践哲学的最大理论贡献。由于伊里奇向前推进了政治学说和政治实践，也就实际推进了实践哲学本身。既然领导权机构的实现创造了新的思想阵地，决定了意识及认识方法的改革，那么这种实现就是一种认识事实、一种哲学事实。用克罗齐的话说：当成功引入符合新世界观的新道德时，也就是决定了整个哲学改革。

（B10，1932—1935）

经济基础和上层建筑构成“历史集团”，即复杂的、不一致的上层建筑整体是社会生产关系总和的反映。为此，可得出如下结论：只有整体性思想体系才合理地反映出经济基础的矛盾，并表示存在推翻习惯势力的客观条件。如果形成一个在思想意识上完全同质的社会集团，这意味着存在彻底推翻习惯势力的前提，也就是说“合理的”成为真正积极地现实的。这种推理是以经济基础和上层建筑的必然相互联系为基础的（这种相互联系恰恰是实在的辩证过程）。

（B8，1931—1932）

术语“净化”

使用术语“净化”可以表示从纯粹经济（或利己主义-情感）环节向伦理-政治环节过渡，也就是从经济基础向更高建构——人们意识中的上层建筑过渡。这也意味着从“客体的向主体的”和“从必然向自由”的过渡。由压迫人的外在力量构成并将人吸纳、让人被动的结构，变成自由的手段、创造伦理-政治新形式的工具，新首创精神的源泉。这样，我以为，“净化”环节就成为全部实践哲学的起点；“净化”过程同辩证发展结果的综合链条相吻合（记住这一过程在两点间摇摆：任何一种社会形态从不提出这样的任务——解决的必要和充分的条件尚未存在或在显现中，任何一种社会形态在表现自己全部潜在内容之前不会灭亡）。

（B10，1932—1935）

〔康德的“本体”〕

关于“外部世界客观性”的问题，是同“物自体”概念及康德的“本体”概念相联系的。似乎很难否定“物自体”源于“外部世界客观性”和所谓希腊-基督教实在论（亚里士多德-圣托马斯[①]）。这也可从如下事实看出：庸俗唯物主义和实证主义的整个倾向产生了新康德主义和新批判主义的学派。关于康德的“物自体”，参阅《神圣家族》[②]中所写内容。

① 即托马斯·阿奎那。

② 马克思和恩格斯于1844年合写的第一部重要哲学著作。

如果实在如我们所认识，而我们的认识在不断地变化，如果没有任何哲学是最终的，而是在历史上被确定的，那就很难想象：客观实在是随我们的改变而改变，这不仅从常识观点看是如此，就是对科学思想来说也是如此。在《神圣家族》中写道：全部实在在现象中穷尽，现象之外什么也没有。然而，证明这一点并非易事。现象是什么？现象是某种自在自为的客观东西，还是人由于实际利益（建构其经济生活）和科学利益，也就是由于发现世界秩序并对事物进行描述及分类的必要性（必要性也和间接及未来的实际利益有关）所区分的质？鉴于断言，我们在事物中所认识的只是我们自己，我们的需要和我们的利益，换言之，我们的认识是上层结构（或不是最终的哲学），那就很难禁止思考在我们认识之外的实在东西，不是在“本体”的形而上学含义上，不是在“未知的神”或“不可知物”的含义上，而是在实在的“相对不可知”、现在尚未认识，但终有一天能够认识的含义上，在那一天，人们的“身体的”和“智力的”工具更加完善，即人类的社会的和技术的条件向进步方向改变。因此，可以做历史性预见，它单纯存在于思维活动中，以显现未来的发展进程，正如从过去到今天已经证实的发展过程一样。无论如何，需要研究康德，并重新确切考察其使用的概念。

（B10，1932—1935）

〔**历史和反历史**〕

有待考察：目前进行的“历史和反历史”的辩论，只是用现代哲学文化的术语重复上世纪[①]末用自然主义和实证主义的术语所进行的辩论——自然和历史是“飞跃”发展，还是循序渐进地发展。在前几代也展开相同辩论，无论在自然科学领域（居维叶[②]的学说），还是在哲学领域（在黑格尔的著作中）。应当撰写一部关于这一问题的所有具体及重要表现的历史，从而我们可以发现它总是现实的，因为在一切时代都有保守党人和雅各宾党人、进步派和顽固派。然而，我觉得，这一辩论的“理论”意义在于，它指出任何世界观向符合该世界观的道德转化、任何“沉思”向“行动”转化、任何哲学向受哲学制约的政治行动的转化的“逻辑”之点。换言之，恰恰是这样一点，世界观、沉思、哲学在这里变成“实在的”，因为它们倾向于改变世界，倾向于推翻习惯势力。因此，这是实践哲学的核心，在这里，它现实化并且历史地即社会地存活，而不仅仅存活在个体头脑中，它不再是“随意的”，而变成必然的、合理的、实在的。这一问题恰恰应历史地去考察。戴着面具的尼采主义者声称反对一切现存之物，反对一切恪守陈规，等等，最终引起厌恶，并且去除某些立场的严肃性，这姑且可以认可，但自己的判断不要被戴面具者牵着鼻子走。反对行为举止的离经叛道、反对幻想主义和抽象主义，就应注意言语和仪态的“适度”，恰恰为了让性格和具体意识具有更大力量。但这已经不是“理论的”问题，而是风格的问题。

依我看，从世界观向实践准则过渡的典型形式，是加尔文教

① 指19世纪。

② 居维叶（1769—1832），法国动物学家。

的灵魂归宿预定论在世界史上产生实践能动性的极大促进。于是，决定论的任何其他形式，到一定时机都要发展为首创精神和集体意志的伟力。

（B10，1932—1935）

从马里奥·米西罗利[1]对蒂尔盖尔《伦理学和法哲学论文集》（都灵，博卡出版社1928年版）一书的评论（发表在1929年1月的《书写的意大利》[2]）中可以看出，小册子《历史和反历史》的基本观点在蒂尔盖尔的哲学体系中具有重大意义。米西罗利写道："有人说，以克罗齐和金蒂莱[3]为首的意大利唯心主义沦为纯粹的现象学，这并没有错，但没有个性的位置。蒂尔盖尔用这部著作强烈地反对这种倾向。他追溯到古典哲学的传统，尤其上溯到费希特[4]，蒂尔盖尔有力地强调关于自由和'责任'的学说。哪里没有选择自由，哪里就有'本性'。这就不可能避免宿命论。生命和历史都丧失任何意义，而良心的永恒问题没有答案。若不提及超越经验实在的某些东西，就不能谈论道德、善恶。这是陈旧的观点。蒂尔盖尔的独创性在于首先指出这种逻辑需要。'责任'对逻

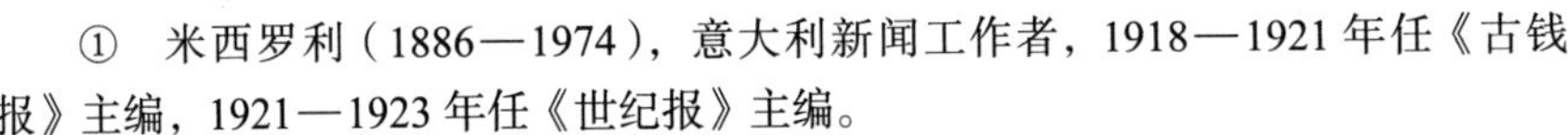

① 米西罗利（1886—1974），意大利新闻工作者，1918—1921年任《古钱报》主编，1921—1923年任《世纪报》主编。

② 在维罗纳出版的文学评论刊物。

③ 金蒂莱（1875—1944），意大利新黑格尔主义哲学家，曾任法西斯政权教育大臣。

④ 费希特（1762—1814），德国古典哲学的重要代表，唯心主义哲学家，资产阶级的民主自由战士。

辑是必要的，并不亚于对道德。在这里，从而导致逻辑和道德的不可分性，而以往学者把它们区分开。提出自由是必要前提，从而产生绝对可能选择善恶的随意自由理论。于是，惩罚（论刑法的篇章很锐利）不仅在责任心中（古典学派），而且在纯粹、简单事实中——个体认识到是恶仍能作恶——找到根据。因果性可以代替责任心。犯罪者的决定论等同于惩罚者的决定论。然而，这种坚决呼唤‘负责任’，呼唤创造历史的反历史，不会回复逻辑上的二元论和超验论吗？凡把超验视为一个‘环节’，不能不陷入内在论。这就同柏拉图意见不合。”

（B3，1930）

思辨哲学

不需要隐瞒讨论和批判某些哲学体系的“思辨”性的困难，从理论上“否定”某些哲学思想的“思辨形式”的困难。这里产生的问题是：（1）恰恰任何哲学都具有“思辨”因素，任何理论建构都应具有思辨形式，即“思辨”是哲学和理论的同义词？（2）或者应提出“历史的”问题：这仅仅是历史的问题，而不是理论的问题？意思是说任何世界观在其确定的历史阶段都具有“思辨”形式，该形式标志该世界观达到顶点还是瓦解的起点？这同国家发展相类似并相关——国家从“经济-行会”阶段过渡到“领导权”（积极认同）阶段。可以说任何文化都有其思辨的或宗教的时刻，这一时刻同社会集团充分行使领导权时期相吻合，或许恰恰与那一时期相吻合：实际领导权的基础逐渐瓦解，而思想体系恰恰因此（因反抗瓦解）而教条式地完善，变成一种超验的“信仰”。因此，人们发现：任何所谓衰落时代（在该时代旧世界解体）都以思想完善和高度“思辨”为特征。因此，批判必须阐明思辨的政治思想、实践活动工具的实际术语；但批判本身也有其思辨阶段，它标志其顶点。问题是这样的：如果这个顶点不是新历史阶段的起点，在此阶段中，一些社会矛盾因自由与必然的有机渗透而消失，那么观念的辩证法、概念的辩证法，而不是历史力量的辩证法就成为唯一的辩证法。

（B11，1932—1933）

在关于18世纪法国唯物主义（《神圣家族》）的一段论述中，相当准确并清晰地指出实践哲学的起源：由于思辨哲学本身工作而完善的并同人道主义相融合的“唯物主义”。千真万确，由于这些完善，旧唯物主义只留下哲学的实在论。

有待思考的一点是：思辨哲学的“精神”观念是否为“人性”旧概念的现代变种，那种旧概念恰恰是超验的也是庸俗唯物主义的，也就是说，在“精神”观念中只有思辨化的旧“圣灵”。于是，可以说唯心主义是内在地神学的。

（B10，1932—1935）

在一篇哲学研究导言中，有待考察一系列哲学概念和立场：超验、神学、思辨哲学、思辨历史主义。“思辨”（唯心主义意义上的）是否把新型超验引进以内在论观念为特征的哲学改革中？似乎只有实践哲学是彻底的“内在论”观念。尤其应当考察并批判所有具有思辨特征的历史理论。可以写一部新的《反杜林论》。从这一观点出发，可以概述反对思辨哲学的论战，还可以概述反对实证主义、机械主义及实践哲学低劣形式的论战。

（B11，1932—1933）

认识的“客观性”

对天主教徒来说，“全部唯心主义理论都建立在否定我们所有认识的客观性之上，建立在唯心主义的‘精神’一元论（就其一元论来说，相当于实证主义的‘物质’一元论）之上。根据这种一元论，宗教的基础本身——上帝，并非在我们之外客观地存在，而是智力创造的结果。因此，唯心主义同宗教的对立并不亚于唯物主义。”（参阅马里奥·巴尔贝拉刊于1929年6月1日的《天主教文明》上的文章）

根据实践哲学，认识的“客观性”问题可以从如下命题（在《政治经济学批判》序言中）出发考察：人们在意识形态领域，在法的、政治的、宗教的、艺术的、哲学的形式中，认识物质生产力之间的冲突。但这种认识只局限于物质生产力和生产关系之间的冲突（根据引述的原文），还是指任何有意识的认识而言？这点有待研究，而只有用所有关于上层建筑价值的哲学理论才能研究。在这种情况下，“一元论”这一术语表达什么意义呢？当然不是唯物主义的，也不是唯心主义的，而是意味着在具体的历史行动中的对立面的同一性，即与某种组织起来的（历史化的）“物质”，与人所改变了的自然不可分割地联系在一起的具体意义上的人的活动（历史-精神）。这是行动（实践、发展）的哲学，但不是“纯粹”行动的，而恰好相反是“不纯粹的”、最世俗、最普通意义上的行动的哲学。

（B11，1932—1933）

实用主义和政治

如果不了解实用主义常识并传播的盎格鲁-撒克逊的历史情况，似乎就不能批判实用主义（詹姆斯[①]等）。如果任何哲学都确实是“政治”，每位哲学家本质上都是政治家，那么对实用主义者更应当这样说，因为他们是用直接意义的“功利”构建哲学。然而，这（作为一种运动）在天主教国家是不可思议的，在那里从文艺复兴和反宗教改革时期起，宗教和文化生活就彼此割裂；相反，在盎格鲁-撒克逊国家就可以办到，因为在这里宗教和每天的文化生活紧密相连，宗教不是官僚式地集中化和精神上的教条化。无论如何，实用主义超越真正宗教的范围，倾向于创造世俗道德（非法国型的），倾向于创造优于常识的“民间哲学”，与其说它是一个哲学体系，不如说它更直接是一个“意识形态的政党”。如果考察詹姆斯表述的实用主义原则“讨论某种理论的不同点的最好方法，是从二者择一时何者为真这一事实产生的实际

① 詹姆斯（1842—1910），美国哲学家和心理学家，实用主义的主要代表。

差异开始”（詹姆斯，《宗教科学的不同形式·人性研究》，费拉里和卡尔代罗尼译，博卡出版社 1904 年版，第 382 页），就可看出实用主义者和政治主义的直接关系。意大利或德国类型的“个体”哲学家同“实践”间接地联系（并往往通过许多环节的链条），而实用主义者想要同实践建立直接联系。其实，意大利和德国类型的哲学家比实用主义者更“实际”，因为后者根据直接、庸俗现实进行判断，而前者拥有更高目的，提出最高目标，因此倾向于提高现有文化水准（不言而喻，当有这种倾向时）。黑格尔可以视为 19 世纪自由革命的理论先驱。实用主义者至多促进扶轮社[①]运动产生，或者为一切保守和落后的运动做辩解（事实上为它们辩护，不仅仅因论战时被曲解，像黑格尔和普鲁士国家那样）。

（B17，1933—1935）

伦理学

康德的格言“你要这样做，想要你的行为能够成为类似条件下所有人的准则”，并不似初看起来那样简单和明晰。怎样理解“类似条件”？是人们在其中行动的直接条件，还是一般、复杂、有机的条件？认识后种条件需要长期研究和批判性建构（以苏格拉底伦理学为根据，在这种伦理学中，意志——道德——是以智

① 即扶轮国际，1905 年 2 月成立于芝加哥。一种工商业从业人员的国际联合会，旨在促进社团服务。

力、智慧为基础的，因此恶的行为归因于无知等，对批判性认识的研究是更高道德的或绝对意义道德的基础）。康德的格言可以视为一种自明之理，由于很难找到一个人，他行动时不深信处于类似条件下所有人不像他那样行动。因饥饿而偷盗的人，认为凡挨饿的人都偷盗；杀死不贞妻子的人，认为所有遭背叛的丈夫都应当杀妻；诸如此类，不一而足。只有临床意义上的“疯人”在行动时，才不认为自己正确。这一问题和其他问题相连：（1）每个人对自己都宽容，因为当其行为不“遵循惯例”时，他了解自己的感觉与判断、促其行动因果链条的机制，而对他人却很严厉，因为他不了解他们的内心生活。（2）每个人都根据自己的文化，即自己环境的文化行动，对他来说，“所有人”、那些和他一样思考的人，都是他的环境。康德格言的前提是唯一文化、唯一宗教、一种“世界性的遵循惯例”。一种反驳意见似乎并不准确，它认为“类似条件”并不存在，因为在这些条件中也包括行动者本人、他的个性等。

可以说，康德的格言是和时代相连的，是和全世界的启蒙运动、作者的批判意识相连的，也就是说，是和作为世界主义者阶层的知识分子的哲学相连的。因此，行动者就是“类似条件”的携带者，或它们的创造者；也就是说，他“应当”根据一种想让所有人效仿的“模式”行动，根据一种文明类型行动，为了这种文明的实现而努力工作，为了维护这种文明而“抵抗”瓦解它的力量。

（B11，1932—1933）

怀疑主义

从常识出发对怀疑主义能够做出的批驳是：怀疑论者若想坚持到底，就应当像植物那样生活，不要参与任何公共生活事务。假若怀疑论者参加辩论，就意味着他相信自己有说服能力，也就是说他不再是怀疑论者，而代表一种确定的实际意见，通常此意见是坏的，只有说服社会相信其他意见因无用而更坏，它才能获胜。怀疑主义是和庸俗唯物主义及实证主义一脉相承的。罗伯托·阿尔迪戈[①]的一段论述饶有兴味，他说正是由于柏格森[②]的唯意志论才应受到赞誉。但这意味着什么？不是承认自己的哲学无能力解释世界，只能求助于对立哲学体系以寻求实际生活不可或缺的因素？阿尔迪戈的这一观点（包括在马尔凯西尼编辑的《杂论集》内，佛罗伦萨，1922 年）应当同马克思关于费尔巴哈的提纲联系起来，恰恰证明马克思超越庸俗唯物主义立场有多么伟大。

（B5，1930—1932）

“观念学”的概念

“观念学”是“感觉论”的一个方面，或者是 18 世纪法国唯物主义的一个方面。它的最初含义是“观念的科学”，由于分析是科学所承认并采用的唯一方法，所以它又意味着“观念的分析”，也

① 罗伯托·阿尔迪戈（1928—1920），意大利哲学家，实证主义者，帕多瓦大学哲学史教授。主要著作有《作为实证科学的伦理学》（*La psicologia come scienza positiva*）、《教育科学》（*La scienza dell'educazione*）等。

② 柏格森（1859—1941），法国哲学家，生命哲学和直觉主义的代表。

就是“观念起源的研究”。观念应分解为其最初“因素”，而它们只能是“感觉”：观念源于感觉。然而，不费吹灰之力，感觉论就能同宗教信仰相结合，同对“精神万能”及“其不朽命运”的极端信仰相结合。曼佐尼[①]就是如此，在他同天主教对话或重返天主教后，即使在他撰写《圣歌》时，他仍大体是个感觉论者，直至他了解了罗斯米尼[②]的哲学为止。

“观念学”最有效的书面宣传者是德斯蒂·特拉西[③]，因为他的阐述通俗易懂；另一位是卡巴尼斯[④]博士，他的著作是《人的肉体方面与道德方面之间的关系》(孔狄亚克[⑤]、爱尔维修[⑥]等人，是狭义的哲学家)。天主教和观念学之间的联系：曼佐尼、卡巴尼斯、布尔热[⑦]、泰纳[⑧](泰纳是莫拉斯[⑨]和天主教倾向著作家的鼻祖)；“心理小说”(司汤达[⑩]是德斯蒂·特拉西等人的学生)。德斯蒂·特拉

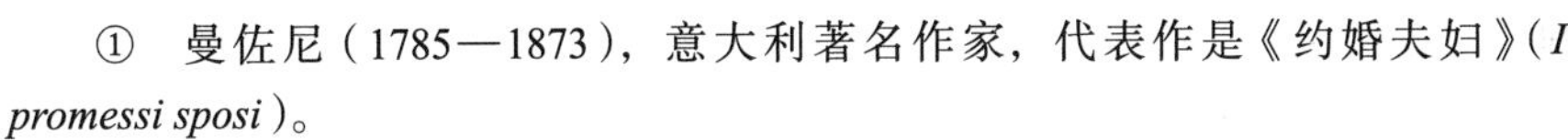

① 曼佐尼(1785—1873)，意大利著名作家，代表作是《约婚夫妇》(*I promessi sposi*)。

② 罗斯米尼(1797—1855)，意大利天主教唯灵论哲学家。

③ 德斯蒂·特拉西(1754—1836)，法国哲学家、军人、主要的观念学家。他强调人的感觉在知识形成中的重要性。

④ 卡巴尼斯(1757—1808)，法国哲学家和生理学家。他用机械唯物主义解释精神、心理和道德。

⑤ 孔狄亚克(1715—1780)，法国哲学家、心理学家、逻辑学家、经济学家。他认为人的全部知识都是转换了的感觉。

⑥ 爱尔维修(1715—1771)，法国哲学家。

⑦ 布尔热(1852—1935)，法国小说家、文艺评论家。

⑧ 泰纳(1828—1893)，法国著名思想家、文艺评论家和历史学家，19世纪法国实证主义的代表人物。

⑨ 莫拉斯(1868—1952)，法国作家和政治家，“法兰西运动”的创始人。天主教和君主制的民族主义的代言人，纳粹合作者，被判处终身监禁。

⑩ 司汤达(1783—1842)，法国著名批判现实主义作家，代表作为《红与黑》。

西的主要著作是《观念学入门》（巴黎，1817—1818年），有意大利文全译本，孔帕尼奥尼译（米兰，1819年）（法文版缺少整整一节，我认为是“论爱情”，司汤达根据意大利文版了解并应用这部分内容）。

观念学概念如何从“观念的科学”“观念起源分析”向一定“观念体系”过渡，应当历史地加以考察，因为在逻辑上很容易把握和理解。

可以断言，弗洛伊德[①]是最后一位观念学者，德曼也是一位“观念学者”。克罗齐和克罗齐主义者对德曼的“热情”显得颇为奇怪，如果对此种热情找不到实际理由的话。

有待考察《社会学通俗教材》[②]的作者如何陷入观念学，而实践哲学却明显超越观念学，并在历史上恰恰同观念学对立。“观念学”概念在实践哲学中具有的含义暗含否定其价值的判断，并且否定如下观点：对实践哲学的创始人来说，观念的起源应当在感觉中，从而归根结底应到生理学中探寻。“观念学”本身就应当历史地被分析，在实践哲学看来，它就是上层建筑。

（B11，1932—1933）

在考察各种意识形态的价值时所犯错误的因素之一，我认

① 弗洛伊德（1856—1939），奥地利精神病学家、心理学家，精神分析学派的创始人。

② 指布哈林于1921年出版的著作《历史唯物主义理论：马克思主义社会学通俗教材》。

为，应当归因于如下事实（此外，不是偶然事实）：既把一定经济基础的必要的上层建筑称作“意识形态”，又把一定个人绞尽脑汁随意形成的东西也称作“意识形态”。这个词语的歧义变成了引申义，这样就改变并且歪曲了“意识形态”概念的理论分析。产生这种错误的过程很容易重构：（1）确定意识形态和经济基础的区别，并且断言不是意识形态改变经济基础，而是相反；（2）断言一定的政治方案是“意识形态”，即它不足以改变经济基础，相反若相信它能改变经济基础时，就应断言它是无用的、愚蠢的，等等；（3）过渡到断言所有意识形态都是“纯粹的”外表、无用、愚蠢，等等。

由此可见，必须加以区分：一种是历史上有机的意识形态，即一定经济结构所必需的意识形态；另一种是随意的、唯理论的、“构思出的”意识形态。由于在历史上是必然的，它们具有有效性，即“心理”有效性，它们能够“组织起”人民群众，形成他们进行活动、认识自己地位、展开斗争的阵地。由于是“随意的”，它们只能产生个人的“运动”、论战，等等（当然，它们并非完全无用，因为它们作为谬误和真理对立并肯定真理）。

（B7，1930—1931）

记住马克思的反复断言：“民间信仰的坚固性”是一定形势的必要因素。他大致这样说，“当这种思维方式具有民间信仰的力量时”，云云（记住这些论断，并且在阐述的语境中加以分析）。马克思的另一论断是民间信念具有物质力量的能量，这一论断意义深远。我相信，分析这些论断会强化“历史集团”的观念，在历史集团中，恰恰物质力量是内容，意识形态是形式，但形式和内容的区分只具纯粹教学的意义，因为在历史上没有形式的物质力量是不可思议的，而没有物质力量的意识形态只能是个人的空想。

（B7，1930—1931）

科学和科学的“意识形态”

爱丁顿的断言

“如果我们把一个人体内没有物质的空间全部消除，再把其正电子和电子结合为一个质量，那么人将会沦为一个在显微镜下可以看见的微粒”（参阅《物理世界的自然》，法文版，第 20 页），触及博尔盖塞的心灵并引起他的幻想（参阅其小书）。然而，爱丁顿的断言具体说明什么？只要思索一会儿，除了字面意义外，恰恰纯属空话。即使描述的缩小实现（由谁完成？），并扩展到全世界，关系并未改变，万物仍是原物。只有假设，如《格列佛游记》所描述的那样，人们被缩小成利立浦特（小人国）人，而巨人们和博尔盖塞–格列佛也在其中，万物才能改变。

其实，这是纯粹的文字游戏、小说化的科学，不是新的科学思想或哲学思想，而是激起空虚头脑想入非非地提出问题的方式。或许在显微镜下看见的物质就不再是客观存在的物质，而是人类精神的某种创造物（它不是客观地或经验地存在着）？在这方面，可以记起一个犹太故事，一位小姑娘遭受小小不幸，啪……身材缩成指甲那样小。爱丁顿的物理学和许多其他现代科学表述，让天真的读者惊讶不已：用以指示确定事实的话语却变质用来随意指示截然不同的事实。在传统意义上，物体仍然“坚实”，即使“新”物理学证明它由百万分之一的物质构成，其余部分全是虚空。在传统意义上，物体是“多孔的”，在“新”物理学意义上也不能变成不多孔，即使在爱丁顿的断言之后。人的地位未变，生命的任何基本概念没有发生丝毫动摇，更没有被推翻。博尔盖塞之流的解释，长此以往，将让实在的主观存在观沦为笑柄，如同平庸的文字游戏。

马里奥·卡米斯教授（1931 年 11 月 1 日的《新文选》，“生物学和医学”专栏）写道：“鉴于这些研究方法不可超越的细致入微，让我们想起在最近一次牛津哲学代表大会上一位会员的发言，（根据博尔盖塞转述）他谈及今天许多人关注的微小现象，认为‘它们不能脱离观察它们的主体而独立存在’。这句话发人深省，引起人们以全新的观点，对宇宙主观存在、科学思想中感性信息的意义等重大问题进行讨论。”据悉，这是某些“新”物理学领域的英国科学家的见风使舵的思维方式，对意大利科学家施加影响的少数例证之一。卡米斯教授应当反思，如果博尔盖塞的意见发人深省的话，首先应当思考：如人们迄今为止认识的科学不能再存在，而应当变成某种对个别实验者断言的信仰行为，因为被观察的现象不独立存在于我们的精神。迄今一切科学进步不是表现为如下事实：新经验和新观察纠正和补充以前的经验和观察？如果因观察者改变，一定经验不能重复，经验不能检验、完善，在产生新的和最初的联系时，还如何能够发生上述事实。然而，卡米斯意

见的肤浅从他所引述的上下文可以看出，由于卡米斯对这段文字不言明的解释，让博尔盖塞胡思乱想的表述，可以并应当按纯粹经验的而非哲学的含义理解。卡米斯的文章是对戈斯塔·埃凯霍恩的《肾功能原理》（斯德哥尔摩，1931年）一书的评论。他谈及对用语言不可能描述的微小要素的经验（不言而喻在相对意义上），而语言对其他要素可以有效描述，因此实验者不能脱离自己的主体个性和客体化：每个实验者都应当靠自己的手段，细致入微地跟踪整个过程，直接获得感觉。可以做这种假设：不存在显微镜，某些人天生视力超强，达到常人在显微镜下的视力。这样假设的话，显然，具有超强视力的观察者的经验不能脱离其身体的和心理的个性，其经验也不可能"重复"。只有发明显微镜才赶得上观察者的视力条件，才让所有科学家能再现其经验并集体地发展其经验。但这种假设在观察和识别上遇到部分困难：在科学经验中不仅仅视力在起作用。正如卡米斯所说：埃凯霍恩用一个插管扎青蛙的肾小球，"其准备工作相当细致，与实验者的难以确切表述并不可模仿的手部直觉有关。埃凯霍恩本人在描述倾斜切割玻璃细管时，不能用语言表述规程，而应当满足于一种含糊说明"。错误在于相信类似现象只在科学实验中证实。其实，在每座工厂，由于某些精确工业作业，存在各种各样的专家，他们的能力恰恰建立在视觉、触觉的极端敏感和动作的快捷之上。在福特[①]的著作中可以找到这方面的例子。在克服摩擦力、获取无最小颗粒的均匀平面（这能节省大量材料）方面，靠电机的帮助，取得

① 福特（1863—1947），美国汽车制造商。他发明了用装配线生产的方法。

难以置信的进步。电机能够检验材料完美附着，而人不可能做到。有待记住福特提及的一件事：一位斯堪的纳维亚技师能够制成非常均匀的钢板，为了把两块粘在一起的钢板分开，需要几吨力。

由此可见，卡米斯的意见和博尔盖塞的幻想及其根源没有一点一致性。如果讨论中的极端微小的现象不能视为独立于观察它们的主体存在的话，那么，事实上，它们就不是被“观察”，而是被“创造”，而且坠入个人的纯粹幻想直觉的王国中。还应当提出这样一个问题：同一人是否可以“两次”创造（观察）同一现象。这已不再是“唯我主义”，而纯粹是造物说和巫术。不是现象（它不存在），而是这些幻想直觉成了科学的对象，正如艺术作品那样。一群不具有造物术能力的科学家，将科学地研究一小撮掌握奇术的“大科学家”。然而，尽管个体感觉能力千差万别引起所有实际困难，但现象仍在重复，能被不同科学家彼此独立地、客观地观察。那么，博尔盖塞引述的断言意味着什么呢？不就是为指出客观描述被观察现象的困难所做的比喻吗？解释这种困难似乎并不难：（1）科学家的文字能力不够，迄今为止他们接受的教育，全是准备描述宏观现象；（2）普通语言的不足，也是为了描述宏观现象而形成的；（3）这种微观科学相对发展不够，需要等待进一步发展其方法和标准，以便让许多人通过文字交流（不仅仅通过直接实验观察，那是极少数人的特权）理解；（4）还需要记住，许多微观经验是间接的、连续的，其结果只能在最后结果而不能在进行过程中“看到”（这是卢瑟福[①]的经验）。

① 卢瑟福（1871—1937），英国原子核物理学家，因对元素衰变的研究获1908年诺贝尔化学奖。

无论如何，主要是新科学时代的初始和暂时阶段，伴随精神和道德的巨大危机，产生新形式的“诡辩术”，唤起古老的诡辩——阿喀琉斯和乌龟、谷堆和谷粒、飞矢不动等。但诡辩法曾代表哲学和逻辑学发展的一个阶段，曾用来完善思维工具。

（B11，1932—1933）

收集为科学（含义为自然科学）所下的主要定义，“研究现象及其相似规律（规律性）、共存（协调性）、连续（因果性）”。其他倾向注意让科学确立现象间更方便的关系，从而让思想更好把握，并为了行动目的更好驾驭，把科学界定为“更经济地描述实在”。关于“科学”概念有待解决的问题是：科学是否能够并以何种方式提供所谓外部实在客观存在的“可靠性”。对常识来说，这一问题并不存在；但常识的可靠性源于什么？本质上源于宗教（至少在西方源于基督教）；但宗教是一种意识形态、根深蒂固并广泛传布的意识形态，不是检验或证明。可以认为，要求科学证明实在的客观性是错误的，由于这种客观性是一种世界观、一种哲学，不能是科学数据。科学沿着这个方向能够给予什么？科学对感觉和认识的原始素材进行选择：把某些感觉视为暂时的、表面的、虚假的，因为它们取决于个人的特殊条件；而把另一些感觉视为稳定的、持久的并超越个人的特殊条件。科学工作有两个主要方面：其一，不断地修正认识方式，修正和强化感觉器官，制定新的完整的归纳和演绎的原则，即让经验工具本身及检验经验工具更完善；其二，运用全部工具（物质的和精神的工具）确

定在感觉中必然的东西，同那些随意的、个人的、暂时的东西相区分。确定对所有人都相同的东西，所有人都能用相同方式、彼此独立地检验的东西，只要他们遵循相同的证明技术手段。“客观的”仅仅意味着：断言客观存在、客观实在；这种实在被所有人证实，独立于个人或集团的纯粹特殊观点。然而，归根结底，这也是一种世界观、一种意识形态。但这种观念，从整体上和指示方向上看，可以被实践哲学所接受。相反，应当摒弃常识的观念，虽然此种观念也是按相同方式具体地总结的。常识断言，实在的客观性，由于实在、世界是上帝独立于人、在人之前创造的，从而这种客观性是神话世界观的表述。此外，常识在描述这种客观性时，陷入更加粗俗的谬误泥潭，大部分仍然停留在托勒密天文学阶段，根本不能确定实际的因果联系等，这样肯定的“客观性”就是某种过时的“主观性”，因为还不会设想可能存在一种主观世界观，也不会设想它想要或能够意味着什么？然而，科学肯定的一切都是“客观地”真实吗？是最终的吗？如果科学真理是最终的，那么科学就不再作为科学、新经验而存在了，科学活动就沦为对已知知识的传播。幸好，科学不是这样的。然而，如果科学真理不是终极的和不可置疑的，那么科学也是历史范畴的，是不断发展的运动。只要科学不提出任何“不可知的”形而上学形式，而是把人们不认识的东西变成某种经验上“不认识的”东西，并且不否定其可知性，但这种可知性受身体工具因素发展、各个科学家历史智力发展的制约。

如果是这样，科学感兴趣的主要不是实在的客观性，而是建构其研究方法的人，不断地改进自己辨识与确证的物质工具（以

强化自己的感官）和逻辑工具（包括数学）的人。人必须不断提高文化，改进世界观，通过技术中介改善人与实在的关系。当然，还要探寻在人之外的实在，但在宗教和形而上学意义上理解这一点，只能显现为某种悖论。没有人，宇宙的实在性意味着什么？全部科学都和人的需要、生活、活动有关。没有人——一切价值（包括科学价值）的创造者——的活动，客观性意味着什么？一种混沌，即虚无。因为，事实上，如果想象人不存在，那么也就不能想象语言和思想存在。对于实践哲学来说，思维不能脱离存在[①]，人不能脱离自然，活动不能脱离物质，主体不能脱离客体；如果发生这种脱离，就会坠入形形色色的宗教形式之一或毫无意义的抽象之中。

（B11，1932—1933）

把科学视为生活的基础，让科学成为杰出世界观，该世界观驱散任何玄想的迷雾，让人们耳聪目明，让人们面对真实面目的实在，这意味着实践哲学需要自身之外的哲学支持。然而，实际上科学也是一种上层建筑、一种意识形态。因此，可以说在上层建筑研究中，科学占据一个优先位置，由于它对经济基础的反作用具有规模巨大、持续发展等特征，尤其在18世纪之后，从那时起科学受到普遍重视。科学是上层建筑，可以由如下事实证明：

① 原文直译是“存在不能脱离思维”，但从后文整体地看，葛兰西实际要表达的思想是“思维不能脱离存在”。此外，我们还要考虑到葛兰西写作的恶劣条件和笔记性质。

科学曾有整个暗淡无光时期，另一种意识形态——宗教使它黯然无光，宗教断言吸纳了科学。这样，阿拉伯人的科学与技术，在基督徒看来，就是纯粹的巫术。此外，尽管科学家们做出一切努力，科学从未作为纯粹反映客观的观念存在，总是披着意识形态的外衣，更具体地说，科学是客观现象描述和超越纯粹客观现象的假说或假说体系的结合物。然而，千真万确的是，在这一领域，把反映客观的观念和假说体系区分开相对容易，它通过在科学方法论中固有的抽象过程，可以吸纳前者并摒弃后者。这就是一个社会集团可以接受另一个社会集团的科学，却拒绝后者的意识形态（譬如，庸俗进化论）的原因所在。由此可见，米西罗利（和索列尔[①]）在这方面的看法站不住脚。

（B11，1932—1933）

必须指出，除了对科学非常肤浅的混乱看法外，其实还有对科学现象和科学方法的极端无知，对那些因新的研究分支不断专门化而非常复杂并日益复杂的事物的极端无知。科学迷信带给自身十分可笑的玄想和非常幼稚的观念，以致宗教迷信本身都变得令人尊重。科学进步使得对新型救世主的信仰和期待产生，这位救世主会在地球上实现天国；无须任何人类努力，凭借日益完善的机械装置，自然力将向人类提供极其丰富的所有必需品，以满足人类的需要，并让人类生活安逸舒适。我们要反对这种玄想，因为其危险显

① 索列尔（1847—1922），法国作家和政治家，工团主义者。

而易见（对人的奇异力量的抽象迷信，荒谬地导致这种力量基础动摇，并且摧毁对具体、必要劳动的热爱，皆因沉湎于幻想，仿佛吸食上一种新鸦片）。我们必须采用各种手段同其作战，其中最重要的当属更好地认识科学的本质知识，通过科学家和严肃学者的活动传播科学知识，而不是靠“万金油”记者和傲慢的自学者的活动。事实上，由于人们对科学期待太多，就把它设想成超级巫术，从而，不能实事求是地对科学具体提供什么进行估价。

（B11，1932—1933）

思维的逻辑工具

〔马里奥·戈维的方法论〕

参阅马里奥·戈维的《方法论基础·认识论逻辑》（都灵，博卡出版社 1929 年版，共 579 页）。戈维是个实证主义者，他的著作倾向于革新旧的古典实证主义、创造新的实证主义。说到底，在戈维看来，“方法论”具有非常狭隘的、“小逻辑”的意义。他认为，主要是构建一种脱离任何内容的新形式逻辑；他在此还谈及不同科学（根据一般方法论分类，但总是外在的），在其特殊抽象逻辑（专门化的，但总是抽象的）中介绍不同科学，他把后种逻辑称作“认识论”。戈维恰恰把方法论分为两部分：一般方法论或所谓真正的逻辑，特殊方法论或认识论。认识论的首要和主要目的是确切认识那种特殊认识目的，每种研究都是朝向这一特殊认识目的的，旨在其后能够确定实现其目的的手段和程序。戈维把人类探索的合法认识目的减少为三种，这三种目的构成人类的知识，由于它们本质上不同，不能简化为一种。两种是最终认识目的：理论认识或实在认识，具体认识或应当或不应当的认识；第三种是获取前两种认识的手段。由此可见，认识论有三部分：理论科学或实在科学、实际科学、工具科学。全部科学分类就源于此。在戈维的体系中合法的概念具有非常重要的意义（它是一般方法论或判断科学的一部分）：任何判断自身被考察，无论是真是假，都是主观地被考察，即作为判断者思维活动的产物，是合法的或许是不合法的。一个判断可被认为是真或是假，只由于被承认是合法的或是不合法的。对所有人都一样的判断是合法的（所有人拥有或进行判断），并且在所有人那里同样地形成。因此，自然地形成的原初概念是合法的，没有这些原初概念就不能思维，靠方法论形成的概念、原初判断和方法论的判断都源于合法判断。

这些段落摘自1930年11月15日的《天主教文明》上刊发的“方法论或不可知论”。戈维的著作似乎对历史材料感兴趣，尤其围绕一般逻辑和特殊逻辑，围绕认识问题及观念起源理论、科学分支、人类知识、理论科学及实际科学等方面的分歧意见收集那些历史材料。戈维称自己的哲学是“经验主义–完整主义”，以同宗教观念及旧理性观念相区分，在其哲学中，康德哲学出众。它还同“特殊经验主义”观念即实证主义相区分，由于他不仅否定任何宗教形而上学或理性主义形而上学，而且否定形而上学的任何可能性和合法性；相反，戈维承认一种具合法性的形而上学，但带有纯粹经验主义根据（！）并且其后以特殊实际科学为基础部分地形成

（戈维的理论，被英国新实在论者，尤其被罗素[①]所接受）。

（B11，1932—1933）

作为形式逻辑和修辞学部分的辩证法

耶稣会士利贝拉托雷和科尔西的小书《辩证法》（那不勒斯，商务出版社 1930 年版，共 80 页）可同新托马斯主义者的辩证法观相比较。利贝拉托雷神父是耶稣会士中著名论战作家之一，还是《天主教文明》的主编。

还有待比较天主教徒拉班卡的两部论辩证法的著作。此外，在其论“辩证法与逻辑”一章中，提及在基本问题上，普列汉诺夫[②]认为辩证法是形式逻辑的分支，作为运动的逻辑而同静止的逻辑相区分。在日常语言中继续肯定辩证法和修辞学的联系，在褒义上，是指一种简洁、严密的雄辩术，在这种雄辩术中，推理或因果联系具有极大说服力的特征；在贬义上，是指讼师式的雄辩术，能让乡巴佬瞠目结舌。

（B11，1932—1933）

逻辑及形式方法论的纯粹工具价值

形式逻辑和抽象方法论可以接近“语文学”。跟博学一样，语

① 罗素（1872—1970），英国哲学家、数理逻辑学家，分析哲学的主要创始人。

② 普列汉诺夫（1856—1918），俄国最早的马克思主义理论家和马克思主义的传播者，杰出的马克思主义哲学家。

文学也具有纯粹工具价值。数学也具有类似价值。设想形式逻辑具有工具价值，那么它就具有自己的意义和内容（内容在于其功能），正如劳动工具具有其价值和意义一样。一把锉刀可以同样地用来锉铁、铜和各种合金，但并不意味着它“没有内容”，即使只具有纯粹形式的内容。这样，形式逻辑也就有自己的发展、自己的历史，可以被教授并被充实、丰富等。

（B11，1932—1933）

思维的技术

关于这个论题，有待参阅《反杜林论》序言中的论断（第3版，斯图加特，1894年，第19页）：“而运用这些概念的艺术不是天生的，也不是和普通的日常意识一起得来的，而是要求有真实的思维，这样的思维也有同经验自然研究一样长的经验历史。”[①]（克罗齐在《历史唯物主义和马克思主义经济学》一书中引述，1921年，第31页。）这一思想在一些评注中被提及。有待阅读恩格斯的原文，以便把此段落放在整个语境中考察。克罗齐引述这一论断，在括号中指出这不是“奇异的”思想，而是在恩格斯之前就变为常识。然而，问题不是该思想的原创性或奇异性的多少，在此种情况下，并限于这部著作[②]，主要是其重要性，它在实践哲学体系中应居的位置，以及重点考察它是否得到应当得到的“实践和文化”的承认。引述这一论断，旨在理解恩格斯想要表达的观点，他所描述

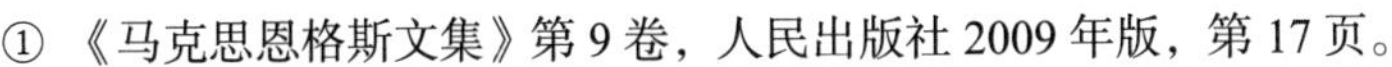

① 《马克思恩格斯文集》第9卷，人民出版社2009年版，第17页。

② 《反杜林论》。

的在实践哲学带来革新之后，某些旧哲学仍然存在，其中包括形式逻辑。克罗齐在其关于黑格尔的论文中引述了这一论断，并伴以一个感叹号。克罗齐觉得在恩格斯的论断中暗含为形式逻辑“恢复名誉”，他对此感到惊愕。这种惊愕应当和他的艺术技术学说有关，譬如，和一系列构成其有效的“反历史主义”和方法抽象主义（“差异”，其方法原则被克罗齐吹嘘为引入传统“辩证法”，“差异”从科学原则变成“抽象”的和在其形式主义应用中反历史主义的原因）结论的其他看法有关。然而，艺术的技术和思维的技术的相似是表面的和虚假的，至少在一定意义上是这样。可能有一位艺术家，并非“自觉地”或“反思地”认识以前的技术建构（他的技术单纯从常识中获取）。但这种情况在科学领域不会发生，在科学中存在进步，并且应当存在进步，在科学中认识的进步同工具的、技术的、方法论的进步紧密相连，甚至受后种进步的制约，恰恰正如在狭义的实验科学中所发生的那样。

甚至有待提出这一问题：现代唯心主义，尤其是克罗齐主义，由于将哲学沦为历史方法论，在本质上是否为一种“技术”；在本质上“思辨”概念本身是否为一种“技术”研究，当然在更高意义上，在比建构经院式形式逻辑的最高研究更内在、更非材料化的意义上理解。阿道夫·奥莫代奥[①]的观点似乎很接近这种看法，当他写道（1932 年 7 月 20 日的《批判》，第 295 页）：（卢瓦齐[②]）

① 阿道夫·奥莫代奥（1889—1946），意大利历史学家，行动党员，曾任意大利王国教育大臣（1944）。

② 卢瓦齐（1857—1940），法国圣经学者、语言学家、宗教哲学家。一般认为是现代派神学的创始人。

“拥有神学体系的经验，对哲学体系持怀疑态度。他害怕哲学体系公式扼杀对具体历史的兴趣，害怕或多或少辩证的推论消灭实际精神形态的充分人性。千真万确，在康德后的全部哲学中，由于产生泛历史观，一种形而上学的历史倾向非常活跃，它自身想要提供一种形而上学的精神概念。卢瓦齐发现，在意大利产生将哲学沦为历史的抽象方法论的企图，告诫必须反对在道德问题上鄙视‘历史的巨大物质性’的傲慢形而上学。在道德问题中，他澄清了自己的思想。他拒绝哲学公式，因为它们通过对道德的反思，消除生活及道德行为的问题、个性及良心的形成问题，这一切我们通常称作‘精神的历史性’，精神的历史性不是抽象哲学的推论。然而，要求或许矫枉过正，甚至拒绝承认哲学的功能——对我们的思维方法进行检验。”

在恩格斯的论断中，有待考察（即使使用不够严谨的术语表达），这一方法要求越强烈，越是不言而喻，不是对知识分子，或所谓有文化阶级而言，而是对无文化的人民群众而言，对后者来说，还需要靠形式逻辑、思维的最基本规则及语言的最基本语法来赢得。进而可产生如下问题：某种技术应当在哲学框架内占据一个位置，即它应属于科学的一部分，或业已建构的科学，或科学入门，或科学建构过程的一部分（正如无人否认催化剂在化学中的重要性，虽然它在最终结果中不留痕迹）。对于辩证法来说，也提出了相同问题：它是一种新思维方式，一种新哲学，但因此也是一种新技术。克罗齐所主张的差异原则和金蒂莱的行动主义的全部论战，不也是技术问题吗？可以将技术事实同哲学事实分开吗？只有为了实际教学目的才可以分开。其实，应当指出思维技术对制定教学大纲的重要性。不能将思维技术同旧修辞学相提并论。旧修辞学既不创造艺术家，也不创造趣味，还不提供鉴赏美的标准，它们的功能只是创造文化的“因循守旧”和文人之间的对话语言。思维技术将不会创造出大哲学家，但将提供判断和检验的标准，并且将纠正常识思维方式的缺陷。

将常识的、普通人哲学的技术同反思的、一贯的思维的技术进行比较研究将饶有兴味。在这方面，麦考利[①]关于靠雄辩及朗诵形成的文化在逻辑上虚弱的论述很有价值。

我们应当全面地、认真地研究这一论题，当然在尽可能收集全这方面的材料之后。和此问题紧密相连的是实用主义者提出的语言是造成错误原因的问题：普雷佐利尼[②]、帕累托[③]等。有待深入研究思维技术作为基础知识、建构过程的问题，但必须谨慎小心，因为技术“工具”映象可能出现错误。在“思维活动”和“技术”之间存在同一性，但在实验科学中，“物质工具”和科学本身之间不存在同一性。或许可以设想一位天文学家不会使用其仪器（他可以从他人那里获取研究材料，再在数学上建构），因为“天文学”和“天文仪器”之间的关系是外在的和机械的，在天文学中除天文仪器的技术外，还存在一种思维的技术。一位诗人可以不会阅读和书写。在一定意义上，一位思想家可以让人为他阅读其他人的作品，可以让人笔录其口述的深思熟虑的思想。因为阅读

① 麦考利（1800—1859），英国政治家、演说家、政论家、历史学家。

② 普雷佐利尼（1882—1982），意大利作家。

③ 帕累托（1848—1923），意大利经济学家、社会学家。其代表作为《普通社会学纲要》（*Compendio di sociologia generale*）。

和书写关乎记忆，是对记忆的一种帮助。因此，思维的技术不能同这些活动相提并论，从而可以说教授这种技术，正如教授阅读和书写一样必要，只是后者不涉及哲学内容，正如诗人和阅读及书写无关一样。

“人们使用的思维及道德的工具永远相同（？）：观察、试验、归纳及演绎的推理、手的灵巧性（？）和虚构想象力。根据这些手段采用的方法，人类活动具有一种经验的或科学的方向，两种方向存在差异：后一方向更加迅速，并且有巨大效益。”（马里奥·卡米斯，“航空学与生物科学”，载1928年3月16日的《新文选》。）

根据常识进行简单化推理，这是绝大多数人的推理方式（他们不会检验，因此不会发现情感及直接利益对逻辑过程的干扰及破坏）。例证：巴比特对工会组织的推理（在刘易斯[①]的小说中）：“好的工人社团是个好东西，因为它能阻止革命工会破坏财产权。但不应当强迫任何人加入社团。妄图迫使他人加入社团的所有工党鼓动者应当被吊死。总之，我们之间相传，必须不允许任何社团存在；由于这是同社团斗争的最佳方式，但商人都应当属于一个企业家协会和商会。团结就是力量。因此，每个不属于商会的孤独的利己主义者都应当被强迫加入。”

堂菲朗特[②]的推理在形式上无过错，但在事实的前提及推理者

① 刘易斯（1885—1951），第一个获诺贝尔文学奖的美国小说家。1922年出版小说《巴比特》。“巴比特”这个名字成为鼠目寸光的庸俗市侩的同义词。

② 堂菲朗特是曼佐尼长篇历史小说《约婚夫妇》中的一个人物。他是个迂腐文人，博览群书，却沉迷于魔法和巫术，知识杂乱无章，一无所用。当瘟疫在米兰肆虐时，他说在自然环境中只存在本质和偶性，而瘟疫既非本质也非偶性，故感到并不存在瘟疫，它只是人们的幻觉。

的假设上有错，从而具有讽刺意味。

托尔斯泰的小说《伊万·伊利奇之死》[①] 中伊利奇的推理方式（人人都是要死的，卡伊是人，所以卡伊也要死，但我不是卡伊，诸如此类，不一而足）。

（B11，1932—1933）

哲学与科学的世界语

从不理解语言的历史性，从而从不理解哲学、意识形态和科学知识的历史性，产生一种构建哲学和科学的世界语或沃拉普克语[②]（这恰恰是所有思想形式的，包括唯心主义-历史主义的形式）的倾向。可以说原始民族对与其有关系的其他民族的心理状态是不变的（总以不同的、或多或少减弱的形式）。所有原始民族都用一个含义为“人”的词汇称呼自身，用含义为“哑巴”或“结巴”（蛮族）称呼其他民族，由于后者不认识“人的语言”（从而产生非常精彩的自相矛盾的词语，“残忍者”或“食人肉者”最初——在词源学上——含义是“人杰”或“真正的人”）。对哲学和科学的世界语者而言，所有未用其语言表达的东西都是神志昏迷、偏见、迷信等；他们（借助类似于教派精神状态形成的过程）把本应是纯粹历史判断的东西变成道德判断或精神病学性质的诊断。在《社会学通俗教材》中充斥着此类倾向的印迹。尤其在实证主义和自然主义的观念中，哲学“世界语”倾向根深蒂固；“社会学”

① 俄国伟大作家托尔斯泰于 1886 年发表的中篇小说。

② 一种人造语言。

或许成为这种精神状态的最大产物。抽象“分类”、方法论主义和形式逻辑的倾向也是如此。一般逻辑及方法论被设想为自在自为的东西，就像脱离具体思想和具体特殊科学的抽象数学公式（正如人们设想语言在词典和语法中存在，技术在劳动和具体活动之外存在）。此外，千万不要认为“反世界语的”思想形式意味着怀疑主义、不可知论或折中主义。当然，每种思想形式都应认为自身“正确”和“真实”，并且同其他思想形式论战，但一定要“批判地”这样做。因此，问题是包含在每种思想形式中的“批判主义”及“历史主义”的比重。实践哲学将“思辨性”减少到正确限度（即否定“思辨性”是哲学的本质特征，像唯心主义的历史主义者理解的那样），实践哲学显现为更接近实在和真理的历史方法论。

（B11，1932—1933）

哲学及科学语言的可译性

在1921年论述组织问题时，伊里奇（大约）写道并说道：我们不会将我们的语言译成欧洲语言。

（B11，1932—1933）

有待解决的问题：不同哲学和科学语言的相互可译性，是否恰恰为每种世界观的“批判”因素，或仅为实践哲学（有机地）拥有，而被其他哲学部分地据为己有的“批判”因素。可译性的前提是，文明的特定阶段拥有一种“基本”同一的文化表达，即使语言在历史上不同，它由每种民族文化、每种哲学体系、每种精神或实际活动的优势等独特传统所决定。于是，有待考察在不同文明阶段表达之间是否存在可译性，由于这些阶段是不同文明发展的时代，因此它们相互补充，或者一种特定表达是否可用同一文明的前一阶段的术语翻译，前一阶段比特定语言更好理解。恰恰似乎可以说，只有在实践哲学中，“可译性”具有有机的、深刻的意义；而从其他观点看，它往往是普通“笼统”的简单游戏。

（B11，1932—1933）

乔瓦尼·瓦伊拉蒂和科学语言的可译性

在《神圣家族》中有一段，断言蒲鲁东[①]的政治语言同德国古典哲学语言一致并可译成后种语言。对认识实践哲学的某些特征，对找到解决历史发展诸多明显矛盾的办法，对这种历史学理论的肤浅诘难的回答（也有益于同某些机械论抽象主义的论战），这一论断非常重要。

有待考察，这种批判原则是否接近或混同类似论断。1930 年 9—10 月期《法律、经济和政治新研究》刊载了路易吉·埃诺迪[②]致鲁道夫·贝尼尼的公开信（*在历史上是否存在经济学家对*

---

① 蒲鲁东（1809—1865），法国小资产阶级思想家，无政府主义创始人之一。

② 路易吉·埃诺迪（1874—1961），意大利经济学家、政治家。

生产者国家概念的所谓厌恶），在第303页的评注中他写道：“如果我拥有已故朋友瓦伊拉蒂的神奇力量，拥有翻译任何理论的极强能力，把几何学语言译成代数学语言，把享乐主义语言译成康德道德语言，把纯粹经济学术语译成实用规则术语，我就能尝试把精神作品译成你的形式主义作品或古典经济学作品。这将是一种卓有成效的练习，类似于洛里亚[①]所说他在青年时代所做的练习：先用亚当·斯密的语言，接着用大卫·李嘉图的语言，再用马克思、穆勒[②]、凯尔恩斯[③]的语言，连续阐述特定经济学论证。然而，这些练习，正如洛里亚所为，在完成后就放置在抽屉里藏匿。当我们瞬间幻想发现某些创新，这类练习有益于教导我们每人都要谦逊。因为如果这种创新能用他们的语言表达，并置于老人思想中，这就标志着它包含在那种思想中。然而，他们不能也不应当阻止每代人使用更好、更适合的思维方式及理解世界方式的语言。人们重写历史；为什么不应当重写经济学，先用生产价格术语，再用效用即静态平衡术语，最后用动态平衡术语？”埃诺迪的方法论-批判的提示非常局限，并不涉及民族文化语言，而只涉及科学人士的独特语言。埃诺迪重新接续由帕累托、普雷佐利尼等意大利实用主义者代表的思潮。他用公开信提出相当局限的批判及方法论目的，想给乌戈·斯皮里托[④]上一堂课，在

① 洛里亚（1859—1943），庸俗马克思主义的代表，他相信用经济可以解释一切，忽视文化和思想的作用。葛兰西在《狱中札记》中轻蔑地称其思想为“洛里亚主义”。

② 穆勒（1806—1873），英国哲学家、经济学家。

③ 凯尔恩斯（1823—1875），爱尔兰经济学家，常被称作“最后一位古典经济学家”。

④ 乌戈·斯皮里托（1896—1979），意大利哲学家，金蒂莱的学生。

后者那里，观念、方法、问题提法的创新往往纯粹、简单地纯属词语、术语、个人或集体的“行话”问题。然而，有待考察，这是否为《神圣家族》断言中内含更广泛、更深刻的问题的雏形。正如两位在同一基本文化领域造就的“科学家”，认为支持不同“真理”，只因使用不同科学语言（并没有说，他们之间不存在差异，而那种差异没有意义），同样两种民族文化、基本类似文明的表达，被视为是不同的、相反的、对立的，其中一种比另一种高级，因为它们使用不同传统的语言，并在各自独特活动中形成：在法国是政治-司法语言，在德国是哲学、学说、理论的语言。其实，对于历史学家而言，这两种文明是可以互译的，一种可以转化为另一种。当然，在所有细节上，包括在重要细节上，这种可译性并非“完美无缺”——但哪种语言能准确译成另一种语言呢？哪种独特词语能准确译成另一种词语呢？就本质“深层”而言，它是成立的。也可能一种文明确实比另一种文明高级，但从未如其代表和“狂热信徒”自认为的那样，尤其是整体上也并非如此高超。文明的实际进步，由于所有民族的合作，由于各个民族的“促进”才发生，但这种促进几乎总涉及特定文化活动或一组问题。

今天，金蒂莱哲学是产生诸多“语汇”“术语”“行话”问题的哲学，通过“创造”新词语而阐述思想的哲学并非总非常容易和适当。埃诺迪的评注激怒了乌戈·斯皮里托，但后者未能给出结论性回答（有待考察本期杂志中全部论战）。

（B11，1932—1933）

《神圣家族》中的看法——法国政治语言等于德国古典哲学语言——被卡尔杜齐[①]“用诗歌”表达：“被斩首者：伊曼努尔·康德，上帝；马克西米连·罗伯斯比尔[②]，国王。”关于卡尔杜齐将罗伯斯比尔的政治实践和康德的思辨思想相提并论，克罗齐记录了一系列饶有兴味的语文学“出处”，对克罗齐而言，这些出处只具有纯粹语文学的和文化的意义，而不具有任何理论的或“思辨的”意义。卡尔杜齐从海涅[③]那里获取灵感（《论德国宗教和哲学的历史》，1834 年）。但罗伯斯比尔重新接近康德并非源于海涅。克罗齐探究过这种接近的起源，他写道：早在 1795 年 7 月 21 日黑格尔致谢林的信中（收入《黑格尔往来书信集》第 1 卷，莱比锡，1887 年，第 14—16 页）就提及，其后在黑格尔的《哲学史讲演录》及《历史哲学讲演录》中发展。在最初的《哲学史讲演录》中，黑格尔说“康德、费希特和谢林的哲学在形式上包含革命思想”，在近代，即在世界历史的伟大时代，在德国精神发展到这一哲学，“只有两个民族属于此时代，德国人和法国人，虽然他们彼此对立，甚至恰恰因为对立”以至于当新原则“作为精神和概念”在德国涌现，在法国“作为有效现实”得以实现（参阅《哲学史讲演录》第 3 卷，柏林，1844 年，第 485 页）。在《历史哲学讲演录》中，黑格尔解释，形式意志及抽象自由的原则（根据这些原则，自我意识的简单统一、自

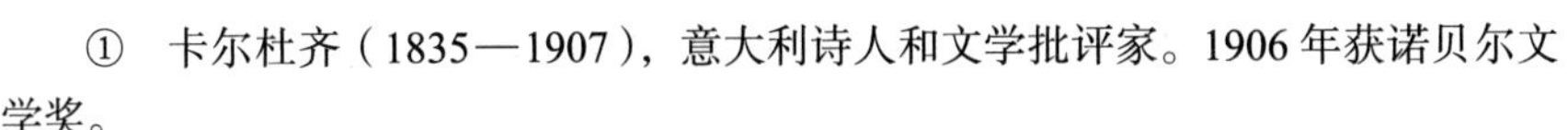

① 卡尔杜齐（1835—1907），意大利诗人和文学批评家。1906 年获诺贝尔文学奖。

② 罗伯斯比尔（1758—1794），法国大革命时期雅各宾派领袖。

③ 海涅（1797—1856），德国诗人、政论家。

我，是绝对独立的自由和一切普遍确定的根源）在德国人那里是一种宁静的理论，但法国人却想要实际地实行（《历史哲学讲演录》第 3 版，柏林，1848 年，第 531—532 页）。黑格尔的这段论述仿佛恰恰被《神圣家族》所解读，在《神圣家族》一书中，捍卫蒲鲁东反对布鲁诺·鲍威尔[①]的观点，若不是捍卫，也是遵循黑格尔解释学的规则。然而，黑格尔的论断似乎更加重要，作为《论费尔巴哈的提纲》里表述的思想——“哲学家只是用不同方式解释世界，问题在于改变世界”——的“根源”。也就是说，哲学应当变为政治，以便变得真实，以便继续为哲学。“宁静的理论”应当“被实际地应用”，应当变成“有效的现实”，正如恩格斯的断言——德国“人民”[②]是德国古典哲学的合法继承者——的根据，最终作为理论与实践统一理论的要素。

拉瓦在其著作《费希特哲学研究导言》（摩德纳，1909 年，第 6—8 页）中，提醒克罗齐注意：早在 1791 年巴格森[③]致莱因霍德[④]的信中就将两种革命相提并论；费希特在 1794 年论法国革命的著作，就受到哲学作品和政治事件之间相似性的启示；1794 年，绍尔曼做过特别比较，指出法国的政治革命“让人们从外部感到需要基本确定人权”，而德国的哲学改革“从内部指出这种需要得以满足的手段及道路”；甚至这种比较在 1797 年为反对康德哲学

① 布鲁诺·鲍威尔（1809—1882），德国唯心主义哲学家，青年黑格尔派代表人物之一。

② 恩格斯的原文是“德国的工人运动是德国古典哲学的继承者”。

③ 巴格森（1764—1826），丹麦文学家。他是亲德派，卢梭的崇拜者，法国大革命的热情拥护者，康德的信徒。

④ 莱因霍德（1758—1823），德国哲学家。

的讽刺作品提供主题。拉瓦的结论是“比较是虚无缥缈的”。

在19世纪这种比较被多次重复（譬如，在《黑格尔法哲学批判》中先被马克思，后被海涅所“扩大”）。在意大利，在卡尔杜齐之前几年，贝尔特兰多·斯帕文塔[①]的一封标题为“保罗主义、实证主义和理性主义”的信，刊载在1868年5月的《市民杂志》上，后收录在《哲学著作集》中（金蒂莱出版社，第301页）。克罗齐在总结时，作为逻辑的和历史的关系的断言，对这种比较有所保留。“因为在事实方面，法国革命确实很好地回答了自然法学派康德的话，那么康德也确实属于18世纪哲学，这一哲学是那一政治运动的先导和导师；而康德开辟未来，先天综合的康德是新哲学的第一环，新哲学超越了在法国革命中体现的哲学。”可以理解克罗齐的保留意见，但此意见既不恰当也不连贯，由于克罗齐引述的黑格尔观点表明问题不是康德和罗伯斯比尔的个别比较，而是更广泛、更丰富东西的比较，整体上的法国政治运动同整体上的德国哲学改革相比较。克罗齐赞成“宁静的理论”，不赞成“有效的现实”，他觉得“观念”的改革，而不是实际的改革，才是根本性的改革。不言而喻，德国哲学按此方向影响了意大利，在民族复兴运动[②]时期通过自由派“温和主义”（在“民族自由”的狭义上），虽然德·桑克蒂斯[③]感到不能忍受这种“理智主义”立场，正如他转向左派，在他的某些著作，尤其是在《科学与人

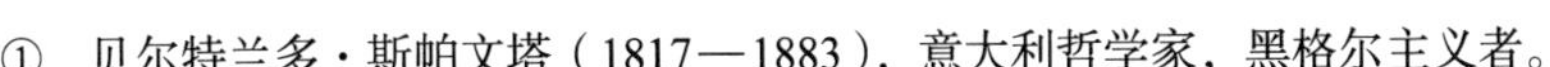

① 贝尔特兰多·斯帕文塔（1817—1883），意大利哲学家，黑格尔主义者。

② 19世纪意大利民族独立和国家统一的运动。

③ 德·桑克蒂斯（1817—1883），意大利文学史家、文学批评家。代表作是《意大利文学史》（*Storia della letteratura italiana*）。

生》及论真实主义[①]的论文中显现的倾向。

整个问题有待重新考察，需要重新研究克罗齐和瓦拉提及的材料，探寻其他材料，要把材料纳入研究问题框架：两个基本相似的经济基础，拥有“相同的”并且相互可译的上层建筑，无论是何种特殊民族语言。法国大革命的当代研究者意识到这一事实，这点饶有兴味（克罗齐对卡尔杜齐将罗伯斯比尔同康德比较的评注发表在《批判对话集》第2卷，第292页及其后）。

（B11，1932—1933）

术语和隐喻的历史

社会“解剖学”是由其“经济”构成的传统说法，是从围绕自然科学和动物分类（当分类恰恰从解剖学开始，而不再从次要性及偶然性开始，就进入“科学”阶段）的讨论获取的隐喻。这一隐喻因其“通俗性”，即由于“它为知识不足的公众提供易于理解的公式”这一事实，而变得理直气壮（人们几乎从未适度注意这一事实：实践哲学准备在知识上和道德上改造文化落后的社会阶层，有时借助于流行的“通俗并强烈的”隐喻）。对为指示概念或新发现关系而使用隐喻的语言-文化根源的研究，可以帮助更好地理解概念本身，由于它被引入历史上确定的文化界（它在该文化界出现），这样有益于确定隐喻本身的界限，即避免隐喻被物质化和机械化。在某一确定时代，实验科学和自然科学是“典范”

---

① 19世纪末、20世纪初主宰意大利文学的一种现实主义流派，代表人物是卡普安纳和韦尔加。

和“模式”；由于社会科学（政治学和历史学）试图找到客观的并在科学上适宜提供自然科学稳固性和力量的根据，就很容易理解为了创造社会科学语言必须借助自然科学。

此外，从此观点出发，需要对实践哲学的两位创始人[①]进行区分，他们语言的文化渊源不同，使用的隐喻也就反映不同兴趣。

“语言”的另一起点同法学的发展有关：在《政治经济学批判》[②]序言中写道：“我们判断一个历史时代不能以它的意识为根据”，也就是不能根据意识形态的总和来判断。这一原则应当和另一几乎同时的原则——一位法官不能根据被告对自己、其行为或不作为的看法进行判决——（虽然这并不意味着新历史学被设想为法庭活动）结合考察，该原则促使对诉讼方法的改革，对废除酷刑做出贡献，并且为司法的和刑事的活动提供现代基础。

将上层建筑视为纯粹短暂易逝“外观”现象的问题也属于同类看法。在这种“判断”中，有待考察自然科学领域（动物学和物种分类，“解剖学”带给分类基础的发现）的讨论比形而上学唯物主义的一致派生物的影响更大。对于这种派生物而言，精神事实是身体事实的不实在的、幻觉的纯粹外观。由于“判断”的这种历史上可以证实的根源，从而部分重叠甚至部分代替（可以说）没有“认识的或哲学的”意义的纯粹“心理态度”，正如不难证明在这种心理态度中缺乏理论内容（或间接的，或局限于一种意志行为，由于是普遍的，则具有一种不言明的哲学的或认识的价值），并且直接支配论战激情，不仅反对夸张的和变形的相反观点

① 指马克思和恩格斯。

② 马克思于1859年出版的著作。

（只有“精神的”才是实在的），而且反对作为其理论表现的政治-文化组织。断言上层建筑是外观，这不是哲学的、认识的行为，只是实践的、政治性论战的行为，由此可见，它不是作为“普遍性”被提出的，仅仅是对于特定上层建筑而言。人们注意到，用个人语言提出问题：对他人“漠不关心”而不是对自己“漠不关心”的怀疑论者，不是哲学上的怀疑论者，这是在提出“个人具体历史”的问题；如果怀疑论者怀疑自己或自己的哲学能力，那么怀疑论将是一种哲学行为。其实，显而易见，怀疑论者在进行哲学思维时，不是为了否定哲学，而实际上是颂扬哲学并肯定哲学。在特定情况下，断言上层建筑是外观，意味着只断言一种特定“经济基础”定要灭亡，应当被摧毁；并且提出问题：这种断言是少数人的还是多数人的，是已经或正在变成一种历史决定力量，还是受固定观念折磨的个别狂热者的纯粹孤立看法。

决定上层建筑是外观的“心理”态度，可以同在某些时代（它们也是“数学的”和“自然主义的”时代！）对待“妇女”和“爱情”的态度相比较。人们看到一位优雅少女，她拥有所有身体优点，按传统人们判断属“可爱型”，“务实的”男子估量其“骨骼”结构、“骨盆”的宽度，试图结识其母亲和姥姥，以便了解随岁月流逝现在的少女可能承受的遗传变形过程，以便可能预见10年、20年、30年后其“妻子”的状态。“邪恶的”青年持超现实主义的悲观主义态度，用“轻蔑的”目光观察少女，认为她“实际”是一袋垃圾，想象她已命丧黄泉、深埋地下、“眼眶空洞”，诸如此类，不一而足。这种心理态度似乎恰恰是刚过青春期的青年的，同最初经验、最初思索、最初醒悟有关。然而，这种心理态度被生活所超越，并且一位“特定”女人不会再引起那些思绪。

在上层建筑是“外观”的判断中，有相同性质的现象：“醒悟”“伪悲观主义”等，当获取了国家，并且上层建筑属于自己的精神和道德世界时，那种心理态度立即消失。其实，这些对实践哲学的偏离，大部分和社会上“游移的”“醒悟的”知识分子有关，他们起锚离岸，却准备在每个良港停泊。

（B11，1932—1933）

人必须“用脚站立”的命题

在考察黑格尔主义对实践哲学创始人的影响时要记住（尤其记住马克思杰出的实践–批判性）：马克思在黑格尔去世不久即开始大学生活，当时应当清晰地记得黑格尔的讲学和那些讲学引起的关于当时实际历史的激烈讨论，正是在这些讨论中，黑格尔思想的历史具体性比在其系统著作中更加显著。[①] 实践哲学的某些命题似乎特别和这种对话生动性有关。譬如，黑格尔所做的人用头走路的断言。黑格尔用这种表达方式谈及法国大革命，当他说在特定时刻世界似乎用头走路（有待准确核实）。克罗齐问（在哪儿和如何核实）马克思从何处获取这一形象化比喻，似乎黑格尔在其著作中从未使用过。该形象化比喻不似“书面语”，给人源于对

① 黑格尔于 1818—1831 年间曾在柏林大学讲过学，到了 30 年代中期，许多讲座仍由他的门生主持。黑格尔于 1831 年去世，马克思于 1835 年 10 月 15 日进波恩大学法律系学习，1836 年 10 月 22 日转入柏林大学法律系。马克思和青年黑格尔派师生积极参加关于当代各种世界观问题和政治问题的激烈争辩。

话的印象。

安东尼奥·拉布里奥拉[①]在其著作《从一个世纪到另一个世纪》中写道："恰恰是落后于时代的黑格尔说，在阿那克萨戈拉[②]之后，那些（国民公会[③]）人士试图推翻世界的概念，把世界建立在理性之上"（达尔帕内出版社，第45页）。

这一命题既被黑格尔使用，也被实践哲学使用，有待和在《神圣家族》中的法国实践-司法思想和德国思辨思想并行不悖的命题相比较（这方面，有待参阅关于"哲学研究入门"的笔记[④]）

（B10，1932—1935）

科学语言的可译性

在此栏目内所写的评注恰恰应当收集在思辨哲学和实践哲学关系的总栏目内，实践哲学"政治地"解释，将思辨哲学简化为政治环节。所有思辨哲学简化为政治，简化为历史-政治生活环节；实践哲学将认识人类关系的现实理解为政治"领导权"环节。

（B10，1932—1935）

① 安东尼奥·拉布里奥拉（1843—1904），意大利哲学家、政治家，意大利最早的马克思主义宣传者之一。

② 阿那克萨戈拉（公元前499—前428），古希腊哲学家，原子唯物论的思想先驱。

③ 法国大革命时期（1792—1779）成立的最高立法机构。

④ 参见本书葛兰西关于《神圣家族》的札记。——意文版编者注

二、关于实践哲学研究的若干问题

问题的提法

让一定历史时代的文化繁荣昌盛的新世界观的产生，并且根据原先世界观从哲学上指导其产生。马克思是这种新世界观的创造者，但伊里奇的地位如何？他纯粹是从属的和次要的吗？答案就在马克思主义本身——科学和行动——之中。从空想到科学和从科学到行动（拉狄克[①]在相关小册子中提及）。建立领导阶级（即国家）同创造世界观具有相同价值。德国无产阶级是德国古典哲学的继承者，这一表述应当怎样理解？马克思不是想用这种表述指出他的哲学成为国家领导阶级的理论的历史作用吗？对伊里奇来说，这在一定领土内确实发生了。我在另一处业已提及由伊里奇制定并实现的领导权概念及事实的哲学意义。实现的领导权意味着对一种哲学的实际批判，意味着其实在的辩证法。同格拉齐亚代伊在《价格与超价格》序言中的提法相比，他说马克思集一系列伟大科学家之大成。该说法根本错误在于：其他科学家无

① 拉狄克（1885—1939），共产国际早期领导人。1924 年因对德国革命的失败负有责任而被撤销共产国际书记职务。1936 年 9 月因参与托洛茨基的阴谋活动被捕，后被判处 10 年徒刑。

人创造一种独特的和完整的世界观。马克思在精神上开创了一个历史时代，这个时代可能要延续几个世纪，即一直延续到政治社会消亡和规范社会[①]实现。只有到那时他的世界观才会被超越（必然观念被自由观念所超越）。把马克思和伊里奇加以比较，以便分出高下，是愚蠢的和多余的。他们代表两个阶段：科学和行动，这二者同时既同质又异质。在历史上，将基督和圣保罗相比同样荒谬。基督是世界观，圣保罗是组织者、行动者，传播世界观，二者同样不可或缺，因此他们在历史上比肩而立。在历史上，基督教可以称作基督–保罗教，这种表述更为确切（只是由于人们相信基督是神，才妨碍这种情况发生，但信仰本身只是一种历史的、非理论的因素）。

（B7，1930—1931）

方法的问题

假若我们想要研究一种世界观的产生，而其创始人从未系统地阐述过（其本质一致性不要从个别著作或系列著作中探寻，而应当在包含此世界观诸多要素的不同智力劳动的整体发展中去探寻），必须预先进行细致入微的文献学工作，要求一丝不苟、准确无误、态度科学、思想纯正，没有任何先入之见、先验论和党派偏见。首先，应当重构该思想家的思想发展过程，以便确定哪些成为稳定的和“持久的”要素，即提升为自己思想的要素，该思想不同

① 共产主义社会。

于先前研究过并起过促进作用的“材料”；这些要素才是发展过程的本质环节。这种选择工作所需时间或长或短，并根据内在内容而不是外在材料（它们也能被利用）进行选择，从而剔除一系列“废料”，即该思想家在一定时刻表示过同情，并且为了其批判的或历史及科学的创造工作，而暂时接受并利用的部分学说和理论。观察每位学者的个人经历，常常会发现：他们在某个时期，尤其在青年时期，用“英雄般的狂热”（即不是出于外在好奇，而是出于深刻兴趣）研究过的新理论，本身就具有吸引力，能左右其全身心，直至被以后研究的新理论所限制。当确立批判性平衡关系[①]时，研究将会更加深入，但他们不会立即被研究的思想家的或其体系的魅力所折服。当一位思想家更激烈并好论战，就缺乏系统性；当他还是一位将理论活动和实践活动紧密结合的人士，一位思想不断创造和变动并强烈感到要进行无情、彻底的自我批评的人士时，这类观察就越有效、越有意义。从上述前提出发，应按如下步骤进行：（1）重写传记，不仅要涉及其实践活动，而且尤其要涉及其思想活动；（2）全部著作（包括最不重要的著作）按年代顺序编目，根据内在动因划分时期：智力形成期、成熟期、掌握并应用认识生活和世界的新思维方式期。研究思想发展的主旋律和节奏比研究个别偶然的断言和零散的格言更为重要。

这种初步工作使得任何进一步研究成为可能。此外，在该思想家的著作中，必须区分出哪些是由他亲手完成并发表的；哪些是生前没有发表，因为他没有完成，死后由他的朋友或弟子发表

① 指在学者和所研究的新理论之间。

的，其中并非没有修改、重写和删节之处，换言之，并非没有出版者的积极参与。显然，对于作者去世后出版的著作内容必须谨慎小心，因为不能将它视为定稿，而应看作临时性的、有待加工的材料；不应排除这种情况：此类著作，尤其当作者长时期撰写，并且从未下决心完成，那么他可能推翻全部或部分内容，或者自己并不满意。

至于实践哲学创始人的特殊情况，其文字著作可以分为两类：（1）在作者直接负责下发表的著作。其中，一般来说，不仅应包括作者本人交稿付印的著作，而且应包括作者以各种方式“发表”或使之传播的著作，比如书信、通告（典型例子是《哥达纲领批判》和书信集）。（2）不是作者直接负责出版的，而是死后由他人代为出版的著作。此类著作最好能够准确核对手稿（此项工作正在进行中），或者至少根据科学标准对原文进行详细说明。

这两类著作应当按年代-批判期重新整理，以便能够进行有益比较，而非纯粹机械的和随意的比较。

应当根据作者亲自印行著作的有关材料，细致入微地研究并分析作者完成的撰写工作。这种研究至少能够提供一些线索和标准，以便批判地评估该作者离世后由他人编辑、出版的著作的可信性。作者亲自出版著作的准备性材料离最终定稿越远，他人对同类材料的编辑工作的可信性就越小。一部著作从未与为撰写它而收集的原始材料同一：对在准备时期收集的材料的最终选择，对构成要素的安排，对此要素或彼要素的强调，这一切恰好构成一部真正的著作。

对于书信集的研究也应当谨慎小心：在一封信中坦率的断言

可能在一本书中不再重复。书信的风格生动活泼，往往在艺术上比著作的审慎的、字斟句酌的风格更感人，但有时造成论证上的缺陷；在书信中，正如在演说和讲话中，往往发生逻辑上的错误；思维快捷往往导致丧失思维可靠性。

在研究独创和革新的思想时，其他人对该思想的文献资料所做的贡献是第二位的。于是，至少在原则上，作为方法，应当提出实践哲学的两位创始人之间的同质关系问题。断言这一位和那一位彼此一致，仅就特定问题才有效。这一位为那一位的著作写了几章，这一事实也不能成为绝对理由，以说明全书都是完全一致的结果。不应当低估第二位的贡献，但不应当把第二位和第一位[①]等量齐观，也不能认为第二位归于第一位的所有东西都绝对真实，未曾掺入任何自己的东西。当然，在文献史上，第二位提供了大公无私和毫无个人虚荣心的典范，但问题不在这里，也不是怀疑第二位的科学忠诚性。问题在于第二位不是第一位，必须特别在后者直接负责下出版的真正著作中去探寻他。上述意见可以为次要研究提供一些方法上的建议和指示。譬如，1912 年由福尔米吉出版社出版的蒙多尔福[②]的《恩格斯的历史唯物主义》一书有何价值？索列尔（在他致克罗齐的一封信中）对研究此类题目的可能性表示怀疑，他说鉴于恩格斯独创思维的能力不足，就一再重复不应把实践哲学的两位创始人混为一谈。索列尔提出的问

① 第一位、那一位，指马克思；第二位、这一位，指恩格斯。

② 蒙多尔福（1877—1976），意大利哲学家，主要著作有《恩格斯的历史唯物主义》（*Il materialismo storico di Engels*）、《马克思的人道主义》（*Umanesmo di Marx*）。

题暂且不谈，似乎还由于事实本身——假设（有人断言）两位挚友中的第二位理论能力不足（或至少他同第一位相比处于从属地位），从而探究独创性思想属于谁至关重要。其实，在文化界对此（蒙多尔福的书除外）尚未开始系统研究。甚至，第二位的某些论述，某些相对系统的论述，现在被视为杰作，当作真正的来源，甚至唯一真正的来源。因此，我觉得蒙多尔福的著作十分有益，至少由于它指出了方向。

（B16，1933—1934）

安东尼奥·拉布里奥拉

把安东尼奥·拉布里奥拉关于实践哲学的全部著述编成一本客观、系统的摘要（即使是教学-分析类型），以代替现已告罄的著作，将受益匪浅。为让拉布里奥拉的哲学思想传播，这只是初步工作，因为他在一个狭小圈子外鲜为人知。令人惊奇的是，布朗斯坦[①]在他的“回忆录”里竟然说拉布里奥拉是“业余水平”。人们很难理解这一判断（至少不指他本人理论和实践脱节，实际情况并非如此），却足以看出德国知识分子集团伪科学学究气对俄国潜移默化的影响之深。其实，拉布里奥拉断言实践哲学独立于任何其他哲学思潮，是充分自主的，他是唯一尝试科学地建构实践哲学的人。

目前占优势的思潮主要有两种：

（1）由普列汉诺夫代表的所谓正统派（参见他的“基本问

① 指托洛茨基。——意文版编者注

题”[①]），事实上，尽管他声称反对庸俗唯物主义，却仍然深陷其中。他没有很好地提出实践哲学创始人思想的“来源”问题。显然，认真研究马克思的哲学文化（及其直接、间接思想形成的整个哲学氛围）不可或缺，但这只是更重要研究的前提，即要研究他自己的“独创的”哲学，在某些“来源”或“个人文化”中，不可能穷尽这种哲学。首先，必须认识他的创造性和建构性的活动。普列汉诺夫提出问题的方式是典型的实证主义方法，并且表明他缺乏思辨的和历史学的能力。

（2）“正统派”引起对立派别的兴起，那是将实践哲学同康德主义或其他非实证主义及非唯物主义思潮相结合的派别，直至奥托·鲍尔[②]的“不可知论”的结论，他在一本论“宗教”的书里写道，马克思主义可以被任何哲学，甚至被托马斯主义支持和充实。因此，这一派别不是严格意义上的派别，而是包括德曼的弗洛伊德主义的、所有拒绝德国迂腐的所谓“正统”的各派别的大聚会。

为什么拉布里奥拉及其提出哲学问题的方式如此不走运？在这方面可以提及罗莎[③]关于批判经济学及更高问题的看法：在斗争的浪漫主义时期即民众的狂飙突进[④]时期，在政治领域完全关注最直接的武器、策略问题，在哲学领域特别关注一些次要文化问题。然而，当一个从属集团实际成为一个独立自主的领导集团，从而

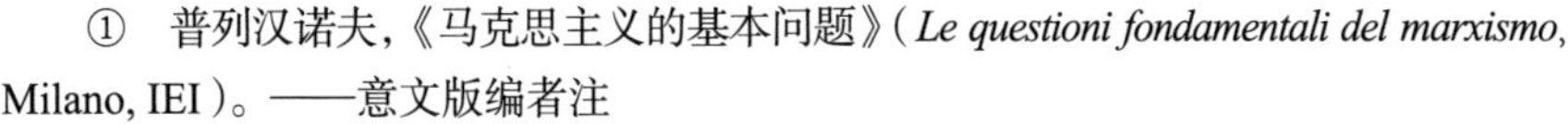

① 普列汉诺夫，《马克思主义的基本问题》（*Le questioni fondamentali del marxismo*, Milano, IEI）。——意文版编者注

② 奥托·鲍尔（1881—1938），奥地利政治家。

③ 即罗莎·卢森堡。——意文版编者注

④ 原文为德文。

引起新型国家出现时，就具体地产生建构精神与道德新秩序的需要，即建设新型社会的需要，从而需要形成更普遍的概念，制造更精致、更具威力的思想武器。因此，必须传播安东尼奥·拉布里奥拉的思想，并让他提出哲学问题的方式占优势。这样，就可以为更高级、独立自主的文化而斗争；这是斗争的正面形式，斗争的负面形式呈现为带“无”和“反”（反极权主义、无神论等）的论战形式。这样，就将一种现代的、当下的形式赋予传统的、世俗的人道主义，它应当成为新型国家的伦理基础。

对安东尼奥·拉布里奥拉哲学思想的系统论述，可以成为一种中派类型杂志（《呼声》《列奥纳多》《新秩序》）的哲学论题，在报刊的专栏内提及它们。需要编撰一个论及拉布里奥拉的国际书目（《新时代》[①]等）。

（B11，1932—1933）

〔实践哲学和现代文化〕

实践哲学业已成为现代文化的一个环节；在一定程度上，它决定并充实了某些思潮。对这一事实的研究非常重要并很有意义，却被正统派所忽视，甚至对此一无所知，其原因如下：实践哲学和形形色色唯心主义思潮的结合，是在哲学上发生的最引人注目的现象。在本质上同上世纪[②]最后 25 年的特殊文化思潮（实证主义、科学主义）相结合的所谓正统派看来，这若不是江湖骗子的

① 原文为德文。

② 指 19 世纪。

欺人之谈，只能纯属荒谬绝伦（在普列汉诺夫论“基本问题”的著作中，几处提及这一事实，但仅仅蜻蜓点水，并未尝试做批判性说明）。由此可见，似乎有必要重新估价安东尼奥·拉布里奥拉对此问题的提法。

实际情况如下：实践哲学确实受到双重修正，也就是说，它已被纳入双重的哲学结合之中。一方面，它的某些要素已被某些唯心主义思潮或明或暗地吸收（指出克罗齐、金蒂莱、索列尔、柏格森，实用主义足矣）。另一方面，所谓正统派致力于找到一种哲学，根据他们十分狭隘的观点，这是比“简单”解释历史更丰富、更全面的哲学，他们自认为是正统，却把这种哲学基本等同于传统唯物主义。另一派回归康德主义（除维也纳的教授马克斯·阿德勒外，还可举出两位意大利教授阿尔弗雷多·波吉和阿代尔基·巴拉托诺）。可以观察到，一般来说，大部分“纯粹”知识分子试图将实践哲学同唯心主义思潮相结合，而构成正统派的知识分子则明显地致力于实践活动，因此同大众的联系（或多或少外在的联系）更紧密（此外，这并未阻止发生大部分具有重要政治-历史意义的剧变）。这样区分非常重要，纯粹知识分子作为广泛传播的统治阶级意识形态的建构者，作为各个国家知识分子集团的首领，不得不至少利用一些实践哲学的要素，以强化其思想体系，并应用新理论的历史实在论约束强词夺理的思辨哲学，从而为他们与之联系的社会集团的“军火库”提供新式武器。另一方面，正统派投入反对在大众中广泛传播的意识形态的斗争，即反对宗教先验论的斗争，他们认为仅凭粗陋、庸俗的唯物主义就可以战胜它；但这种唯物主义本身就是和常识处于同一层次，

也靠宗教本身维持生命，其依赖程度比过去和现在认为的大得多，而宗教在人民中具有迷信、巫术、低级和粗俗的形式，在这方面物质起着不小的作用。

拉布里奥拉和这两派截然不同，因为他断言（说实话，并非总那么肯定）实践哲学是独立的、独创的哲学，本身包含进一步发展的要素，以便从对历史的解释变成一种普遍哲学。恰恰必须沿着这个方向发展拉布里奥拉的思想。然而，蒙多尔福的著作（至少根据记忆）似乎并非一贯地发展该思想。蒙多尔福似乎从未完全抛弃作为阿尔迪戈学生的实证主义基本观点。蒙多尔福的弟子迪安布里尼·帕拉齐的著作《安东尼奥·拉布里奥拉的哲学》（蒙多尔福为其作序）成为蒙多尔福本人在大学教学中概念和方针贫乏的证据。

为什么实践哲学会有这样的命运？它的基本要素被用来既同唯心主义又同哲学唯物主义相结合？从而，这一研究工作不能不既复杂又微妙，它要求细致入微的分析能力和十分清醒的头脑。因为，人们很容易被外在的相似性所迷惑，而看不到隐蔽的相似性和伪装起来的必然联系。要辨识实践哲学把哪些概念“转让”给传统哲学，从而让后者在短期内回光返照，这一工作需要谨慎小心和具有批判精神，这不多不少意味着撰写实践哲学创始人活动之后的现代文化史。显然，言明的吸收不难寻觅踪迹，但也应当批判地分析。克罗齐将实践哲学沦为历史研究的经验准则，就是经典的例子。这种观念甚至渗透到天主教徒之中（参见奥尔加蒂主教的著作），也促使形成意大利史学的经济–法律学派，该学派在国外也获得发展。但研究“不言明”的、未承认的吸收最为困难和微妙，发生这种情况，恰恰因为实践哲学已经变成现代文化环节、广泛扩散的氛围，通过潜移默化的作用与反作用，改变了旧的思维方式。从这一观点看，索列尔的研究饶有兴味，因为通过索列尔及其走运，在这方面可获取不少征兆；对克罗齐也可以这样说。然而，对柏格森哲学和实用主义的研究似乎更为重要，以便发现若失去同实践哲学的历史联系，其某些观点在多大程度上难以理解。

问题的另一方面是，实践哲学给那些与之激烈交锋的对手上了一堂政治学实践课，正如耶稣会士在理论上同马基雅维利针锋相对，但在实践上却是马基雅维利的得意门生。马里奥·米西罗利担任《新闻报》驻罗马记者期间（约在 1925 年），在该报发表“见解”一文，大致说过：有待考察最为睿智的企业家在意识深处，是否相信《政治经济学批判》[①] 对他们的事物知微见著，是否利用传授的教诲。这一切没有什么可惊奇的，因为如果实践哲学的创始人[②] 曾准确分析当时的现实，他仅仅将该现实历史代理人曾混乱地、本能地感觉到，并在对手批判后较为清晰地认识的东西在理性上加以系统化、一致化。

问题的另一方面更有兴味。为什么所谓正统派将实践哲学同其他哲学相结合，并且主要将同一种占优势的哲学相结合？事实上，最重要的是它同传统唯物主义相结合。它同康德主义的结合只获得有限成功，并且仅限于少数知识分子团体。关于这个问题，有待

---

① 即马克思的《资本论》（*Il capitale*）。——意文版编者注

② 指马克思。

阅读罗莎的“论实践哲学发展中的进步和停滞”（Progressi e arresti nello sviluppo della filosofia della praxis）[①]一文，她指出这种哲学的各个组成部分以不同程度发展，但总是根据实践活动的需要发展。也就是说，新哲学创始人远远走在他们时代和以后时代的前面，他们建造了一个“军火库”，内存的武器因超越时代而无用武之地，只有伴随时代的发展，它们才能更加精良。解释有点强辩，因为只是把有待解释的抽象化事实本身当作大部分解释。然而，这种解释也包含真理成分，能够对此进行深入研究。历史原因之一似乎应在如下事实中探寻：实践哲学为同人民群众中的资本主义以前世界的残余斗争，尤其要同宗教领域中的残余斗争，必须同与自己不同的思潮结成同盟军。实践哲学有两大任务：同现代思潮的精致形态做斗争，以便能够形成自己、独立的知识分子集团；并且教育人民群众，因为他们的文化还处于中世纪水平。这第二项任务，鉴于实践哲学的性质，是根本性的，它不仅在量上，而且在质上，竭尽自己的全部力量。由于“教学”的原因，新哲学已被结合成一种文化形态，这种文化略高于民众平均水平（非常低下），但绝对不足以同有教养阶级的意识形态做斗争。然而，新哲学恰恰为了超越当时文化的最高表现——德国古典哲学，为了形成新社会集团自己的知识分子队伍，该知识分子队伍代表新社会集团的世界观。另一方面，现代文化，尤其是唯心主义文化，不能给自己的教育大纲提供道德的、科学的内容，其教育大纲仍停留在抽象的、理论的模式上，还停留在狭隘的知识分子贵族的文化上，只有当它变成即刻的和偶然

① 暗指罗莎·卢森堡的“马克思主义的进步和停滞”（Stillstand und Fortschritt im Marxismus），载《前进报》（*Vorwarts*），1903 年 3 月 14 日。——意文版编者注

的政治时，才能争取青年。

有待考察，这种文化“结合”是否为一种历史必然，在过去的历史中，考虑到时间、地点诸情况，是否存在过类似结合。无疑，在意大利的文艺复兴和在新教国家的宗教改革，均为现代以前这方面的经典实例。克罗齐在《意大利巴罗克时代史》第 11 页写道:“文艺复兴运动一直是精英阶层的贵族运动，就是在作为此运动母亲和乳母的意大利本土，也未能跳出宫廷圈子，未能深入到民众之中，没有成为习俗和‘成见’，即没有成为集体信念和信仰。相反，宗教改革，确实有效地渗透到民间，但也为此付出代价，造成内在发展的滞后，其生命胚胎成熟迟缓并多次中断。”在第 8 页，他写道:“路德同那些人文主义者一样，祈免忧愁，颂扬欢乐，谴责懒惰，命令劳动；然而，另一方面，却对文学和学术持冷漠和敌视态度，以致伊斯拉谟[①]能够这样说:‘路德教所在之处文学死亡’；[②]恰恰由于其创始人的这种敌视态度，造成德国新教近两个世纪学术、批判和哲学的萧飒。意大利宗教改革家，尤其是瓦尔德斯圈子里的人和朋友，轻而易举地将人文主义和神秘主义结合起来，将热衷学术和严格道德相结合。加尔文教，由于其严格圣宠观和严格纪律，不利于开展自由研究和对美的崇拜，但通过对圣宠观和天命观的解释、发展和适应，从而有力地促进经济生活、生产和财富的积累。”路德的宗教改革和加尔文教，引起汹涌澎湃的民族-民众运动，从而它们得以广泛传播，只是在以后时期才产生较高文化。而意大利宗教改革家却没有取得巨大历史成

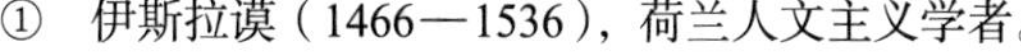

① 伊斯拉谟（1466—1536），荷兰人文主义学者。

② 原文为拉丁文。

果。千真万确，就是宗教改革本身在其高级阶段必然具有文艺复兴模式，从而在非新教国家内得以传播，那里民众条件尚未成熟；正是由于进入民众发展阶段，使得新教国家能够顽强地抵抗天主教十字军的讨伐并取得胜利，从而诞生现代欧洲最强大的民族之一——日耳曼民族。法国被宗教战争搞得四分五裂，虽说天主教获得表面的胜利，但在18世纪由于启蒙运动、伏尔泰主义及百科全书派，民众发生大变革，这种大变革是1789年法国大革命的前奏，并始终伴随大革命；实际上，是法国人民发动的伟大的精神和道德的改革，它比德国路德派发动的改革更全面，因为它动员起广大农民群众，拥有典型的世俗基础，并且试图用一种由民族团结和爱国主义体现的、完全世俗的意识形态代替宗教；但就是这种改革也没有让高级文化立即繁荣，只有以实证法学形式表现的政治学例外。（参见黑格尔所做比较：在法国大革命时期，相同文化在法国和德国具有的特殊民族形式。黑格尔观念通过不少链环，让卡尔杜齐写出著名诗句："他们的信仰相同——康德将上帝砍头，罗伯斯比尔将国王斩首。"）

实践哲学是现代民众的改革（由于那些期待意大利发生宗教改革、产生意大利新版的加尔文教的人们，正如米西罗利之流，都是纯粹的抽象主义者），索列尔由于反对议会制度和政党的丑陋，表示出某种詹森派[①]式的愤怒，纯粹从理智主义出发，可能

① 17世纪初产生于荷兰天主教会中的一派。因坚信詹森主义而被罗马教皇斥为异端。该派教会独立于罗马天主教会，并反对"教皇永无谬误"和"圣母无原罪"等教义。

隐约认识到这点，他有点（或非常）绝望。索列尔从勒南[①]那里接受了精神和道德必须改革的思想，他断言（在致米西罗利的信中）伟大的历史运动往往并非表现为一种现代文化，云云。但我觉得，当索列尔把原始基督教作为比喻项时，他的这一观点是含蓄的。的确，他过多引经据典，但仍有一点真理的成分，虽说他的引证机械死板，并且往往随意，却仍放射出一些深刻直觉的闪光。实践哲学是以过去的一切文化为前提的：文艺复兴和宗教改革，德国哲学和法国革命，加尔文教和英国古典经济学，世俗的自由主义和作为整个现代人生观基础的历史主义。实践哲学使大众文化和精英文化的对立辩证化，它是一切思想、道德改革运动的结果。实践哲学同如下结合相符：新教改革加法国革命——这是哲学也是政治，这是政治也是哲学。实践哲学仍处于民众阶段，形成独立知识分子集团绝非易事，它需要长期过程，包括作用和反作用、团结和分裂、数不胜数的新形态。实践哲学是一个从属集团的观念，该集团尚无历史首创精神，虽说不断发展壮大，但尚未组织起来，未能超越质的一定限度，没有能力掌握国家，不能实际行使对全社会的领导权，而只有这种领导权才能让知识分子集团在发展中实现一定有机平衡。实践哲学也能变成“偏见”和“迷信”。它之所以如此，因为它是现代历史主义的民众方面，但自身包含超越这种历史主义的一个原则。在文化史上（它比哲学史更宽泛），一旦大众文化产生，因为它正处于变革阶段，经历从大众矿石冶炼出新阶级钢铁的过程，“唯物主

① 勒南（1823—1892），法国哲学家、历史学家和宗教学家。

义”则会呈现一片繁荣景象。相反，与此同时，各个传统阶级死死抓住唯灵论不放。横跨法国大革命和王朝复辟时期的黑格尔，将思想生活的两个环节——唯物主义和唯灵论加以辩证化，但综合是“用头走路的人”。黑格尔的后继者破坏了这种统一，有的回归唯物主义体系，有的回归唯灵论体系。实践哲学通过其创始人，再现了黑格尔主义、费尔巴哈主义、法国唯物主义的全部经验，旨在重建辩证统一的综合——“用腿走路的人”。黑格尔主义被割裂的命运，实践哲学也未能幸免。也就是说，一方面，辩证的统一回归哲学唯物主义；另一方面，现代唯心主义高级文化竭力将实践哲学的某些成分吸纳于自身，因为对于炮制新的长生不老药，这些成分不可或缺。唯物主义观念在“政治上”接近人民，接近常识；它同许多信仰和偏见，同几乎所有民间迷信（巫术、神鬼等）紧密相连。这一点可以在民间天主教中，尤其在拜占庭东正教中看出。民间的宗教是粗俗的唯物主义，但知识分子的官方宗教却竭力阻止形成两种截然不同的宗教、两个彼此分离的阶层，从而避免脱离群众，避免正式地（实际如此）沦为狭隘集团的一种意识形态。然而，从这一观点出发，不要把实践哲学的立场同天主教的立场混为一谈。实践哲学同群众新阶层保持动态接触，并一贯努力提高群众新阶层的文化生活；而天主教竭力维持一种纯粹机械的接触和外在的统一，这种统一主要基于礼拜仪式和明显暗示群众崇拜。许多宗教异端运动是人民力量想要改革教会的表现，是想要通过提高人民而让教会接近人民的表现。教会往往以极端激烈的形式做出反应，它创建了耶稣会，用特兰托公会议[①]的决议武装起来，虽说组织起其知识分子“民主”宗教的非凡机制，但知识分子只是作为单个个人，而不是作为反映民众集团意愿的代表。在文化发展史中，必须特别注意文化组织和使该组织具有具体形式的人物。在德·鲁杰罗的《文艺复兴和宗教改革》一书中，可以看到以伊斯拉谟为首的许多知识分子的立场：他们在迫害和火刑面前卑躬屈膝。由此可见，宗教改革的主力军不是知识分子，而是不可分割的全体德国人民。恰恰由于知识分子面对敌人而临阵脱逃，造成在高级文化直接领域里宗教改革“颗粒无收”，直至从始终忠诚的人民群众中缓慢地选拔出新知识分子集团，该集团在古典哲学中达到顶峰。就目前而言，实践哲学也发生了类似情况。在实践哲学领域内形成的大知识分子，除人数不多外，同人民群众没有联系，他们并非出身于人民，而是传统中间阶级的代表，每到历史的重大“转折点”，他们就回归中间阶级；其他人留下来，不是为了努力促使实践哲学自主发展，而是要对新观念做系统修正。断言实践哲学是一种独立的、独创的新观念（虽说它也是世界历史发展的一个环节），也就肯定了一种正在发展的新文化的独立性和独创性，这种新文化将伴随社会关系的发展而发展。一次次发生的是，旧与新的变化无常的结合、文化关系的暂时平衡，这种平衡同社会关系平衡相一致。仅当国家创建之后，文化问题的全部复杂性才被提出，并趋向彻底解决。无论如何，在新国家形成之前，不能不采取批

① 天主教会的第 19 次公会议，从 1545 年至 1563 年，历时 18 年（实际开会时间为 4 年零 3 个月）。该会议的主旨是反对宗教改革，整顿教会内部，在天主教内外矛盾重重、意见分歧的情况下，会议起了集结反改革势力、稳定天主教阵营的作用。

判-论战的立场，但绝不是教条主义的立场，应当是浪漫主义的立场，这是一种自觉追求其古典性的浪漫主义。

评注一

必须将王朝复辟时期作为全部现代历史学学说的建构时期来研究，包括实践哲学，它是这些学说的顶峰，此外它恰恰在1848年前夜，正值王朝复辟四面楚歌、神圣同盟土崩瓦解之时。众所周知，复辟只是一种比喻说法；其实，没有发生旧制度[①]的任何复辟，而仅仅是各种力量的重新调整，在此次调整中，中等阶级的革命成果被限定并由法律确认。法国国王和罗马教皇分别成为各自政党的领袖，他们不再是法国和基督教的无可争辩的代表。尤其教皇的地位受到冲击，从那时开始建立"战斗天主教徒"的常设机构，经历其他中间阶段：1848—1849年、1861年（当艾米利亚管辖区被吞并，教皇国第一次解体[②]）、1870年和战后[③]时期，终于成为一个强大组织——天主教，但仍处于防御地位。王朝复辟时期的历史主义理论反对18世纪抽象的、空想的意识形态，那种意识形态作为无产阶级的哲学、伦理学和政治继续存在，直至1870年在法国相当流行。实践哲学作为群众哲学，反对形形色色18世纪的民间观念，从最幼稚的观念到蒲鲁东的观念。蒲鲁东的思想与保守历史主义相结合，因而可以称作"法国的焦贝蒂"，[④]却

① 原文为法文，指法国1789年前的王朝。

② 1859—1860年，艾米利亚-罗马涅大区并入皮埃蒙特-撒丁王国，第一次造成教皇国解体。

③ 指普法战争后。

④ 焦贝蒂（1801—1852），意大利政治家和哲学家。主要著作有《论意大利人在道德与文明上的优势》（*Del primato morale e civile degli italiani*）和《论意大利文明革新》（*Del rinnovamento civile d'Italia*）。

是一位出身于民众阶级的焦贝蒂，由于同法国历史相比，意大利历史落后，这在1848年时就可看出。如果说保守的历史学家、旧的理论家在批判僵化的雅各宾派意识形态的空想性质时非常到位，那么实践的哲学家在评价雅各宾主义的实际的（而非抽象的）历史价值、正确评价保守派本身的历史任务时更胜一筹：雅各宾主义是新法兰西民族的创造因素，事实上在特定情况下，其活动颇节制、不狂热。其实，保守派是雅各宾派的可耻子孙，尽管他们咒骂雅各宾派太过火，却精心管理后者的遗产。实践哲学不仅要解释全部过去并说明理由，而且要解释自身并说明理由，也就是说，它是最高的“历史主义”，它从任何抽象“思想体系”中彻底解放出来，它是历史领域的实在成果、新文明的开端。

（B16，1933—1934）

这些文化发展模式提供一个批判参照点，越是深思熟虑，越觉得它既全面又重要（由于其教育启示的价值）。显然，如果不理解宗教改革和文艺复兴的历史联系，也就不可能理解断言文明在当代世界发展的细致入微的过程。列弗西兹[①]在一篇关于利维耶雷的文献目录的导引文章（刊于杂志）中表现出其认识肤浅。我觉得列弗西兹根本不懂得马克思主义的伟大，他的观点可以真正称

① 参见鲍里斯·苏瓦林，“劳动社会展望学”（Prospectives de travail），载《社会批判》（*La Critique sociale*），1931年3月第1期。列弗西兹原名苏瓦林，出生于乌克兰，1906年入法国国籍，曾任法共驻共产国际的代表，1924年被开除出党。——意文版编者注

作“官僚式的”。这是喋喋不休的老生常谈，对自己十分满意的人傲慢地滔滔不绝，他认为自己的批判能力极强，以至于从未想象过，他并未继续述说惊人、独特的真理。他是从知识分子（半瓶醋）观点出发做肤浅批判。他在政治家中主要发现字面上的大知识分子，而不是大政治家。然而，谁是更为伟大的知识分子，是俾斯麦还是巴雷斯[①]？谁在文化界“实现”更多改变？他对这些问题一窍不通，他甚至不懂自己糟糕地提出的问题。的确，这是旨在形成精英集团的工作的问题，但这一工作不能同教育广大群众的工作截然分开。甚至，事实上两种活动就是一种活动。恰恰由于这一点，问题更加困难（回忆罗莎关于马克思主义的科学发展及落后原因的文章）；总之，这是同时拥有宗教改革和文艺复兴的问题。对列弗西兹而言，纯粹是失败主义的动因问题；其实，发现一切进展不顺，并且没有批判地指出摆脱这种不利局面的出路，不是纯粹的失败主义吗？一位“知识分子”，正如列弗西兹认为的那样，拥有提出并解决问题的方式：具体地工作以创造那些科学作品（因没有这些作品而痛哭流涕），而不限于要求他人（谁？）工作。列弗西兹并不奢望他的杂志就是这种工作。该杂志能够成为有益的工作，如果它以谦逊态度、良好自我批评精神、一般批判意识来写作的话。为了开始工作，为了解决文化问题，一种杂志是“一个阵地”，但它本身不是。不仅如此，它还应当具有确定的方向，从而提供知识分子集团集体工作的方式，在列弗西兹的杂志中没有看到这一切。评论著作比撰写著作要容易得多，但同

① 巴雷斯（1862—1923），法国作家。

样是有益的活动。然而，一位纲领的“评论家”，又不是一个纯粹的失败主义者，因为其他人不写著作，就能忧伤地放声大哭吗？假若其他人也喜欢写“评论”呢？

（B7，1930—1931）

目前一种新文明的细微形成进程可以同宗教改革运动相比较，这还可以通过研究两种现象的部分特征来说明。在研究宗教改革时期有待解决的历史-文化节点是恩宠观的变化，“从逻辑上看”，此观念应当导致极端宿命论和被动性；相反，在世界范围内，由于敢作敢为和积极主动的现实实践，它却成为辩证的成果，构成诞生中的资产阶级的意识形态。然而，今天我们发现历史唯物主义观念也发生了相同的情况。对许多批评家而言，“从逻辑上看”，历史唯物主义观念只能导致宿命论和被动性；相反，在现实中，它却促进主动性和积极活动，这让不少观察家惊愕不已。如果我们要撰写一部关于“联盟”[①]的专著，其第一章甚至第一部分，恰恰应当扩展到在“宗教改革和文艺复兴”专栏里收集的材料。记住马萨里克论陀思妥耶夫斯基的著作及其必须在俄罗斯进行宗教改革的观点，以及达维多维奇[②]发表在1914年8月《斗争》上的评论[③]。显而易见，马萨里克在其回忆录（《一个国家的复活：回

① 指苏维埃社会主义共和国联盟（苏联）。

② 即托洛茨基。

③ 葛兰西发表托洛茨基的这篇文章，并加上自己的按语，第一次刊于1918年的《人民呼声》（*Il Grido del Popolo*），随后刊于1920年6月19日的《新秩序》（*L'Ordino Nuovo*）。——意文版编者注

忆与反思》，巴黎，1914—1918 年）中写道，宗教改革恰恰应在此领域内发挥作用，即作为新人生观、敢作敢为态度、积极主动精神的决定因素，从而承认历史唯物主义的积极贡献，通过由历史唯物主义武装的集团的活动来实现（关于天主教和新教以及对恩宠论及“活动”论的态度，记住在天主教语言中，“活动”同活动、活动积极性、辛勤劳动的关系不大，而具有一种狭隘的“行会”的含义）。

（B7，1930—1931）

思辨的内在性和历史主义的或实在论的内在性

有人断言，实践哲学是在 19 世纪前半期高度发展的文化沃土中诞生的，而这种文化是由德国古典哲学、英国古典经济学和法国政治文献及实践所代表。也就是说，这三种文化环节是实践哲学的来源。然而，应当在什么意义上理解这一论断呢？这些运动的每一种对建构实践哲学的哲学、经济学和政治分别做出贡献？还是实践哲学综合地吸纳全部时代文化，并且在新的综合中，在所有环节（理论的、经济的、政治的环节）中，考察全部文化，而三种运动的每一种作为“预备性”环节？我恰恰这样看。我认为，这种综合统一应当在内在性新概念中辨识，内在性由德国古典哲学提供的思辨形式，靠法国政治和英国古典经济学的帮助，转化为历史主义的形式。由此可见，涉及德国哲学语言和法国政治语言之间本质同一性的关系，参见各个笔记本中零散的札记。然而，我以为，恰恰研究德国哲学、法国政治和英国古典经济学之间关系更有意义、更有成效。在某种意义上，我觉得，可以说实践哲学等于黑格尔加大卫·李嘉图。开始应当这样提出问题：由李嘉图引入经济科学的方法论新准则可以认为具有纯工具价值或哲学革新意义吗？形式逻辑“趋向律”原理的发现，导致科学地界定经济学中“经济人”和“特定市场”的基本概念，这样的发现不是也具有认识论价值吗？我以为，恰恰由实践哲学实现这种转化，它将李嘉图的发现普遍化，将这些发现适当地扩展到全部历史，并从中独创地获取一种新世界观。有待研究一系列问题：（1）概述在经验准则中的李嘉图的科学–形式原则。（2）探寻李嘉图这些原则的历史来源。这些原则和经济科学本身的产生有关，也就是同作为“具体世界”阶级的形成有关，从而同世界市场的形成有关。该市场“充满”复杂运动，以便能够从中离析并研究一些必然规律，也就是趋向律。趋向律不是自然主义的或思辨决定论意义上的，而是历史主义意义上的，也就是说形成“特定市场”，即形成一个生机勃勃和其发展运动有机联系的环境（经济学研究这些趋向律，是作为现象的量的表现；当经济学向一般历史过渡时，量的概念同质的概念及变成质的辩证的量的概念合为一体，量 = 必然，质 = 自由。量–质的辩证法和必然–自由的辩证法同一。（3）将李嘉图同黑格尔及罗伯斯比尔联系起来。（4）实践哲学如何从这三种生机勃勃的思潮的综合，上升到清除任何先验论和神学痕迹的新内在观。

（B10，1932—1935）

（1）一系列有待深化的概念还有：经验主义、历史主义的实在论、哲学思辨。

（2）伴随上文关于李嘉图对实践哲学贡献的研究，有待深入研究本笔记本第 49 页[①]提及的问题，即关于实践哲学对德国古典哲学继续（由克罗齐和金蒂莱的现代唯心主义所代表）的态度问题。应当如何理解恩格斯关于继承德国古典哲学所讲的那句话？应当理解为一个历史循环的终结，从而黑格尔主义的生机勃勃部分已经被彻底地、一劳永逸地吸收，或者可以理解为仍在运动中的历史过程，因此，再现哲学文化综合的新必要性？我认为，第二个答案正确。事实上，仍在重现关于费尔巴哈的第一个提纲中受到批判的唯物主义和唯心主义彼此片面的立场，而且同那时一样，虽然是在更高阶段，实践哲学必须实现在更高阶段上的综合。

（B10，1932—1935）

马克思主义组成要素的统一性

人与物质（自然–物质生产力）之间的矛盾通过辩证的发展达到统一。在经济学中，统一的中心是价值，或是劳动者与工业生产力之间的关系（否定价值论的人陷入愚蠢的庸俗唯物主义，他们把机器本身——作为不变资本或技术资本——提出来，认为机

① 参见本书札记“作为党派人士的克罗齐”中“10. 作为历史与精神同一性的自由”。——意文版编者注

器是价值的创造者，除操纵它们的人之外）。在哲学中，〔统一的中心〕是实践，也就是人的意志（上层建筑）和经济基础之间的关系。在政治中，〔统一的中心〕是国家与市民社会之间的关系，即国家（集中化的意志）干预以教育教育者、一般的社会环境（有待深入研究并以更准确的术语表述）。

（B7，1930—1931）

哲学、政治和经济

如果这三种活动是同一世界观的必要组成要素，那么，在它们的理论原则中，必然应当存在转化为另一种的特性，还有彼此转译为每种组成要素独特语言的特性。任何一种要素包含在其他要素中，所有要素整体地构成同质的循环论证（参见上文关于科学语言彼此转译性的札记），根据上述命题（还应改进），文化史家和思想史家得出某些意义重大的研究标准和批判准则。可能发生如下情况：一位伟人表达其最丰富的思想，并非在从外部分类观点看、貌似最应“合乎逻辑”的地方，而在其他貌似不相干的地方。一位政治家撰写哲学著作，但其真正的“哲学”可能要到其政治著作中去探寻。每人都有一种基本的、主要的活动，必须到这种活动中探寻其思想，这种思想往往是含蓄的，有时同特别清晰表达的思想相矛盾。千真万确，历史判断的这一标准里包含许多流于肤浅的危险，在使用它时务必谨慎小心；尽管如此，这一标准并未丧失孕育真理的能力。

事实上，偶然的“哲学家”很难无视他那个时代居统治地位

的思潮，很难无视对某种世界观所做的教条主义的解释，等等。相反，作为政治科学家，感觉自己是自由的，摆脱他那个时代或集团的偶像，因而能更直接地、完全独创地研究同一世界观，能够深入洞察其核心实质，并让其生机勃勃地发展。在这方面，卢森堡[①]表达的思想仍让人受益匪浅。她说，目前还不能研究实践哲学的某些问题，因为对于一般历史的或某个特定社会集团的进程而言，它们尚未成为*目前的*。在经济-团体阶段，在为争取市民社会领导权而斗争的阶段，在国家的阶段，与之一致的特定智力活动，既不能随意地临时准备，也不能提前安排。在为领导权而斗争的阶段，政治学得以发展；在国家的阶段，全部上层建筑应当发展，否则国家将遭受解体之灾。

（B11，1932—1933）

实践哲学的历史性

实践哲学历史地考察自身，也就是把自己看成哲学思想的一个暂时阶段。这一思想不仅含蓄地贯穿其整个体系，而且被一个著名论断所阐明：到一定时期，历史发展将由必然王国向自由王国过渡。以往的一切哲学（哲学体系）都是使社会分裂的内在矛盾的表现。然而，每一种哲学体系自身不是这些矛盾的自觉的表现，因为只有彼此斗争的体系总和才能产生这种表现。每位哲学家确信并不能不确信，他表现人类精神的统一，也就是历史和自

① 指罗莎·卢森堡。

然的统一。事实上，如果没有这种确信，人们就不能行动，就不会创造新历史。换言之，哲学就不能成为“意识形态”，在实践中就不会具有“民间信仰”的坚如磐石的狂热，那种信仰具有巨大的“物质力量”。

在哲学思想史上，黑格尔拥有自己的位置，由于在其体系中，以这种或那种方式，甚至以“哲学传奇”形式表述，能够让人理解什么是实在。换言之，在一种体系中，在一位哲学家身上，人们看到对矛盾的意识，而以前这种意识是靠体系总和，靠彼此争论、相互矛盾的哲学家的总和显现。

从某种意义上说，由于实践哲学是对黑格尔主义的革新和发展，也是摆脱任何意识形态片面性和狂热性的自由的（或追求自由的）哲学，是对矛盾的充分意识，在此种意识中，哲学家本人（理解为个人或理解为整个社会集团）不仅理解矛盾，而且把自己视为矛盾的因素，并把此因素提高到认识的从而也是行动的原则。〔实践哲学〕否定一般的人，不管其如何显现，嘲笑并摧毁一切教条式的“统一”概念，由于它们表现“一般的人”或每个人固有的“人性”概念。

然而，如果实践哲学是历史矛盾的表现，并且是更完整、更自觉的表现，那么就意味着它也同“必然”而非“自由”相连，因为自由不存在，并且在历史上还不能存在。由此可见，如果证明矛盾将消亡，也就含蓄地证明实践哲学也将消亡，也就是说将被超越。在自由王国里，思想、观念再也不在矛盾和斗争必然性的土地上产生。目前，（实践）哲学家只能做出这种一般性论断，并且不再前进一步。事实上，他不能逃避目前的矛盾领域，只能泛泛地谈及没有矛盾的世界，否则就会直接创造某种乌托邦。

这并不意味着乌托邦不具有哲学价值，由于它具有政治价值，并且每一种政治都内含地是一种哲学，即使是支离破碎、尚不成熟的哲学。在此意义上，宗教是最大的乌托邦，也就是在历史上出现的最大的“形而上学”，因为宗教奢望用神话形式调和历史生活的实际矛盾。事实上，宗教断言，人具有相同的“本性”，存在一般的人，因为人是上帝创造的，人都是上帝的子孙，因此人人皆兄弟，人人皆平等，人与人自由相待，彼此一样，在上帝——人类“自我意识”——这面镜子面前，人人都可以这样设想；但宗教还断言，所有这一切都不在这个世界，也不为了这个世界，而在另一个世界（乌托邦），于是平等、博爱、自由等观念在人们心中激荡，在那些阶层人们的心中激荡，他们看不到人人平等、人人是兄弟，和他人自由相处。这样，每当发生群众骚动时，总要这样或那样，在特定形式和意识形态下，提出这些诉求。

这里可以提及伊里奇对 1917 年 4 月纲领所提的意见[①]，关于公费学校那条，更确切地说那条的补充说明（参见 1918 年日内瓦版），提到雅各宾派恐怖时期被送上断头台的化学家和教育家拉瓦锡[②]，恰恰是他提出公费学校的概念，并和当时民众的情感一致，民众在 1789 年运动中看到一种发展中的现实，不仅仅是一种意识形态（即政府的工具），并从中得出具体的平等结论。对拉瓦锡来说，主要是某种空想的因素（以人的“本性”独特性为前提的所

① 指 1917 年 4 月列宁向党第七次代表大会提出的修改布尔什维克党的纲领草案。——意文版编者注

② 拉瓦锡（1743—1794），法国化学家和现代化学之父。

有文化思潮都或多或少显现的因素）；但对伊里奇而言，它却具有从理论上证实政治原则的意义。

如果实践哲学在理论上断言，任何被认为是永恒和绝对的“真理”都具有实践的来源，都代表一种“暂时的”价值（每种世界观和人生观的历史性），却很难“在实践上”让人理解，这种解释也适用于实践哲学本身，又不动摇为行动所必需的那些信念。此外，这也是所有历史主义哲学经常遇到的困难：那些低劣的论战者（尤其是天主教徒）总滥用它，以便在同一人身上搞“科学家”和“煽动者”的对立、哲学家和行动者的对立，以便推断出历史主义必然导致道德怀疑主义和堕落。这种困难让小人物的意识产生许多“悲剧”，也让大人物产生歌德式的“淡定”态度。

这就是必须对从必然王国向自由王国过渡的命题做周密细致分析及研究的原因所在。

因此，实践哲学本身也发生这种情况，趋向成为一种贬义的意识形态，即成为一种绝对及永恒真理的教条主义体系；尤其像《社会学通俗教材》那样，把该体系同庸俗唯物主义混为一谈，同“物质”的形而上学混为一谈，因为“物质”不能不永恒和绝对。

还应当指出，从必然向自由的过渡发生在人类生活，而不是在自然界（尽管这种过渡也能影响对自然的直觉，影响科学观点，等等）。

甚至可以断言，当实践哲学整个体系在大同世界里变得不稳固时，在必然王国里是空想的许多唯心主义观念，或至少其中的一些方面，在这种过渡后可能变成“真理”。当社会划分为集团时，不能提及大写的“精神”，没有必要下结论——那只是集团的精神（这已被含蓄地承认，正如金蒂莱在其《现代主义及宗教与哲学的关系》一书中，他步叔本华的后尘，说宗教是群众的哲学，而哲学是精英阶层即大知识分子的宗教），当真正实现大同时，就可以提及大写的“精神”。

（B11，1932—1933）

实在的主观概念和实践哲学

实践哲学在上层建筑理论中“吸收”实在论的主观概念（唯心主义），是历史地吸收并解释，也就是“超越”它，并让它成为自己的一个“环节”。上层建筑理论是将主观实在观译成实在论历史主义的语汇。

（B10，1932—1935）

经济基础和上层建筑

经济与意识形态（作为历史唯物主义的本质准则介绍）。奢望将政治及意识形态的任何波动都作为经济基础的直接表现来介绍和陈述。在理论上应同这种奢望做斗争，因为它是一种原始幼稚病；或在实践上应用马克思（具体政治与历史著作作者）的真正证据与之斗争。在这方面，有《雾月十八日》[1]《论东方问题》及其

---

① 马克思于1852年5月发表的著作《路易·波拿巴的雾月十八日》。

他著作（《德国的革命和反革命》[①]《法兰西内战》及次要作品）。这些著作的分析能够更好地确定马克思的历史方法论，能够让分布在所有作品中的理论更完整、更清晰、更具有说服力。人们可以发现马克思在其具体研究著作中多么谨慎，这在一般性著作中不多见（只有在伯恩海姆式系统阐述方法论的著作中可见，伯恩海姆的书可以视为历史唯物主义的“某种”教科书或“通俗读本”，书中除语文学和博学的方法外，伯恩海姆遵循其纲领，虽然在其论述中暗含世界观，却应当明确地论述马克思主义历史观）。这种谨慎态度，可以列举如下例子：

（1）在静力学意义上，同经济基础的同一（正如瞬间摄影的映象），每一次都会遇到困难；事实上，政治一次次地是经济基础发展趋势的反映，但并不是说这种趋势必定真实实现。只有当一个经济基础阶段超越其全部发展过程，而不是在发展过程中，才能具体地研究和分析它；如果它在发展过程中，只能通过假设进行研究和分析，并且要明确地声明就是假设。

（2）由此可见，一个特定政治行为可能是统治阶级领导人的筹划错误所致，这种错误靠历史发展去纠正，通过统治阶级的议会的、政府的“危机”来克服。机械的唯物主义没有考虑到犯错误的可能性，而认为任何政治行为都由经济基础直接决定，也就是看成经济基础的实际、持续（在获取的含义上）变化的反映。

① 这篇著作由恩格斯写于 1851 年 8 月—1852 年 9 月的 19 篇文章组成。这些文章于 1851 年 10 月 25 日—1852 年 10 月 23 日陆续发表在《纽约每日论坛报》的“德国”专栏，标题是“革命和反革命”，署名是“卡尔・马克思”，直到 1913 年马克思和恩格斯的往来书信发表后，人们才知道作者是恩格斯。

“错误”的原则是复杂的：可能是错误筹划导致的个人冲动，或者是在领导集团内部拥有领导权的特定小集团的企图表现，而那些企图可能以失败告终。

（3）没有考虑到许多政治行为是由组织特性的内在需要所致，也就是说它们和给予一个政党、集团、社会以一致性的需要有关。例如，在天主教会历史上这一点非常明显。人们若想要在经济基础中找到教会每次意识形态斗争的直接解释，将会徒劳无功。许多政治-经济小说根据该原因撰写。相反，显然大部分争论都和教派的、组织的需要有关。罗马和拜占庭关于圣灵发生论的争论，如果想在东欧的经济基础中探寻断言圣灵发自圣父，在西欧的经济基础中探寻断言圣灵发自圣父和圣子，将会贻笑大方。这两个教会的存在和冲突取决于经济基础和全部历史，从而提出每个教会内部差异性及一致性原则的问题，但可能发生如下情况：其中每个教会恰恰肯定另一个教会业已肯定的东西，但差异与冲突的原则依旧存在，这种差异与冲突的问题构成历史问题，而不是由每一方偶然举起的旗帜构成。

在《劳动问题》上撰写意识形态连载小说的“小明星”（应当是臭名昭著的弗兰兹·魏斯）在一篇“俄罗斯倾销及其历史意义”的冗长、乏味的奇文中，恰恰提及早期基督徒的争执。他断言这些争执同当时的直接物质条件有关，如果不能辨识这种直接联系，那是由于事实过于悠远，或许因为我们智力衰弱。这样说既方便又惬意，但在科学上一钱不值。事实上，任何实际历史阶段都在随后阶段留下自己的痕迹，在某种意义上，随后阶段是以前阶段的好文献。历史发展过程在时间上是统一的，因此现在自身包含全部过去，现在实现了过去的“本质”东西，并且认识了过去“不可认识”的东西，那正是真正的“本质”。而那些丧失的东西，也就是在历史过程中没有辩证地流传下来的东西，它们本身微不足道，是偶然和意外的“渣滓”，是编年史而不是历史，归根结底，是表面的可以忽视的插曲。

（B7，1930—1931）

道德科学和历史唯物主义

我以为，历史唯物主义的道德的科学基础应当到“当不存在解决的条件时，社会从不提出有待解决的任务”这一论断中探寻。一旦存在条件，任务的解决就变成“责任”，而“意志”变成自由的。道德变成对朝着一定目的、为实现意志自由所需条件的探究，同时是对存在这些条件的证明。不仅应当是目的等级的排序，而且应当是有待实现目的的排序，鉴于人们不仅想让每个单独个体“道德化”，而且想让由个体组成的整个社会“道德化”。

（B7，1930—1931）

规律性和必然性

在实践哲学的创始人那里，如何产生历史发展中的规律性和必然性的概念呢？这种概念似乎不能从自然科学中派生，相反应当想到在政治经济学领域，尤其在经济科学从大卫·李嘉图那里接受的形态及方法论中产生的概念建构。“特定市场”的概念和事实，也就是科学发现——一定的具有决定性和持续性的力量历史地显现，而且这种力量以某种“自动性”发挥作用，根据这种“自动性”能够一定程度地“预测”和确证个人主动性的未来，因为凭直觉或科学地发现那些力量后，个人主动性就会与之一致。因此，“特定”市场等于说在特定生产结构中特定社会力量的关系，被特定政治、道德和司法的上层建筑保证（即持续存在）的关系。该科学家[①]在指明这些决定性和持续性的力量及其自发的自动性（即它们对于个人随意和政府随意干预的相对独立性）之后，他作为假设，让自动性本身绝对化，将纯粹经济事实同它们实际呈现的或大或小重要组合相隔绝，确定了原因与结果、前提与结论的关系，这样就得出一个特定经济社会的抽象模式（对这个实在、具体的科学理论，随后附加上一个新的、更普遍的“人”的、“非历史的”、一般的概念）。

这是古典经济学产生的特定条件，为了能够谈及一种新“科学”或经济科学的新提法（二者相同），需要证明业已发现的新的力量关系、新的条件、新的前提，也就是业已“确定”新的市场及其新“自动性”和现象论（显现为某种“客观的”东西，可以和自然现象的自主性相比）。古典经济学让《政治经济学批判》得以产生，但似乎至此还不能是新科学或科学问题的新提法。政治经济学“批判”从“特定市场”及其“自动性”的历史性概念出发，相反，纯粹经济学家把这些因素视为“永恒的”“自然的”；批判是实际地分析决定市场的各种力量的关系，深入研究它们之

① 指大卫·李嘉图。

间的矛盾，评估与新因素出现及强化相连的可变性，阐述被批判的科学的“暂时性”和“可代替性”。它把该科学作为生命，同时也作为死亡来研究，并且在其深层发现不可避免地让其解体和被超越的因素，还介绍推测的“继承者”，其后“继承者”必将提供自己拥有生命力的确凿证据。在现代经济生活中，无论是个人的、社团的还是国家的“随意”因素，都具有以前所没有的重要性，并且严重破坏了传统的自动性；恰恰因为这些干预是“随意的”、程度各异的、不可预测的，这一事实本身并不证明新科学问题的提法准确。可以证实如下断言：经济生活业已改变，存在着“危机”，但这一点众所周知；此外，并没有说旧的“自动性”业已消逝，对重大经济现象而言，它显现出比以前具有更大规模，只在个别事实上显现“异常”。

为了在历史事实中确立某种“规律性”“规律”“自动性”的东西，必须从上述考察出发。不是“发现”“决定论”的形而上学规律，也不是确定偶然性的“一般”规律，主要是指明在历史发展中如何形成相对“持久的”力量，它们通过某种规律性和自动性起作用。还有大数定律[①]，虽然作为比较项很有用，但不能作为历史事实的“规律”应用。为了确定实践哲学这一因素的历史渊源（其后，这个因素只是实践哲学对“内在性”的特殊理解方式），必须研究大卫·李嘉图如何提出经济规律。主要看李嘉图在形成实践哲学上具有的重要性，不仅由于他在经济学中的“价值”概念，而且由于

① 概率论的一个定律：在随机事件的大量重复出现中，往往呈现几乎必然的规律，这个规律就是大数定律。

他提示了思考和直觉生活和历史的方式，从而也具有“哲学上的”重要性。“提出原因”的方法，即导致一定结论的前提的方法，似乎应当和实践哲学创始人的哲学经验的出发点（智力刺激物）之一相一致。有待考察是否从未从这一观点研究过大卫·李嘉图。

（这样，有待考察“偶然”和“规律”的哲学概念，“理性”或“天意”的概念，由于“天意”概念若未陷入先验论的话，最终也会陷入先验目的论，以及“命运”概念，正如形而上学唯物主义的“让世界碰运气”。）

历史“必然性”概念似乎和“规律性”及“理性”的概念紧密相连。存在在“抽象-思辨”意义上的“必然性”和在“具体历史”意义上的“必然性”。当存在有效并积极的前提，人们对此前提的意识变得强烈，并向集体意志提出具体目的，还形成像“民间信仰”那样具有强大动因的信念和信仰的整体时，才存在必然性。为了让集体意志的冲动得以实现，在前提中应当包含必要的和充分的物质条件（无论是业已发展的，还是正在发展的）；然而，显然这种在量上可计算的“物质”前提，不能脱离一定的文化水平，也就是不能脱离智力活动的总和，这些智力活动也不能脱离（作为其产物和结果）激情和急切情感的总和，因为这种总和具有不惜一切代价采取行动的力量。

正如已经说过的那样，只有通过这一途径，才可以把“理性”的历史主义（非抽象-思辨的）观念引入历史。

“天意”和“运气”的概念被意大利唯心主义哲学家，尤其是克罗齐（思辨地）使用；需要考察克罗齐论维科的著作[①]，在该著作

① 指《维科的哲学》。

中，“天意”的概念被译成思辨的语言，该书还成为对维科哲学进行唯心主义解释的开端。关于“运气”在马基雅维利那里的含义，应参见路易吉·鲁索的观点（《君主论》第23页的注释）。在鲁索看来，马基雅维利的“运气”具有双重含义——客观的和主观的含义。“运气”是事物的自然力量（即因果联系），是吉利事件的汇集，是维科称之为“天意”的东西，或者是中世纪旧学说大肆宣扬的那种超验——上帝——的力量。对于马基雅维利来说，这只是个人的美德本身，其力量源于人的意志本身。马基雅维利的美德（正如鲁索所说），不再是经院哲学家所说的美德，他们的美德具有伦理性质，并从上天索取其力量；也不是李维的美德，因为它更多地意味着军事价值；而是文艺复兴时期的人的美德，它是个人的能力、才干、勤奋、敏锐、对情势及自己潜力的准确把握。

鲁索在随后的分析中产生动摇。在他看来，作为事物的运气概念，在马基雅维利那里，正如在人文主义者那里一样，仍然保留着自然主义的和机械的性质；只是在维科和黑格尔的理性天意中，他才发现其历史的真实和深化。然而，最好注意到：这些概念在马基雅维利那里，从未具有一种形而上学的性质（而在真正人文主义哲学家那里却具有），它们是对生活的简单、深刻的直觉（因此是哲学！），而作为情感的象征，还需要理解和说明。

关于马基雅维利以前时期这些概念的缓慢形成问题，鲁索参见金蒂莱的《乔尔达诺·布鲁诺和文艺复兴思想》（“文艺复兴时期人的概念”一章和附录），佛罗伦萨，瓦莱基出版社。（关于马基雅维利的这些概念，参见埃尔科莱的《马基雅维利的政治》。）

（B11，1932—1933）

实践哲学的图书总目

（1）若把围绕实践哲学提出并讨论的所有问题汇编成一部图书总目将受益匪浅。要编成类似专科百科全书式的作品所需的材料非常广泛、各式各样、价值各异，多个语种，这需要一个编辑委员会并在不短的时间内才能完成。然而，这类编撰工作，无论对学术领域，还是对教学领域，或在自由学者之间，都具有巨大的意义。它将成为扩大实践哲学研究的最好工具，它将成为巩固科学学科的最好工具，因为它清晰地突出两个时代：现代和以前时代——蒙童幼稚、鹦鹉学舌和阅报式一知半解的时代。为制定规划，有待研究各国天主教徒关于《圣经》《福音书》、早期教父著作、礼拜仪式、护教学的、价值各异的大型专科百科全书，它们连续不断地出版，却维持着成千上万神父及其他领导者的意识形态的一致性，正是他们构成天主教会的脊梁和力量。（关于实践哲学在德国的书目，应当参见恩斯特·德兰所编，他本人在《宣传万有文库》第6068—6069期的导言中引述。）

（2）要像伯恩海姆为历史方法所做的那样，也为实践哲学做那种工作（伯恩海姆，《历史方法教科书》第6版，莱比锡，1908年被译成意大利文并由巴勒莫的桑德龙出版社出版）。伯恩海姆的书虽不是研究历史主义哲学的，但毕竟同它有内在联系，所谓“实践哲学社会学”对待实践哲学本身的态度，应当像伯恩海姆对待一般历史主义的态度一样，也就是应当对历史和政治的研究及解释的实际准则做系统阐述，成为直接标准、严谨批判的汇集，并按实践哲学立场构思的历史和政治的文献学。在某些方面，需要对实践哲学的某些倾向（因其粗糙而意外地得到广泛传播）进行批判，就像现代历史主义对旧历史方法和旧文献学所做的那样，这种旧历史方法和旧文献学导致幼稚形态的教条主义，并用外在描述和粗糙材料（往往是杂乱无章地汇集）来代替历史解释和历史建构。此类出版物的最大力量在于那种教条主义和神秘主义，它们不断地被炮制并通俗化，那些炮制者还大言不惭地宣称自己是历史方法和科学的“信徒”。

（3）关于这些问题，有待参见“杂志类型”系列和“评论词典”中的某些看法。

（B16，1933—1934）

实践哲学的创始人和意大利

必须系统地收集实践哲学的创始人关于意大利的或考察意大利问题的所有著作（包括书信）。然而，仅局限于上述选择的文集缺乏有机联系并且很不完整。两位作者的有些文章虽说没有专门论及意大利，但对意大利却具有重要意义，显然，不是指一般性意义，否则可以说他们的全部著作都与意大利有关。收集计划可按以下标准进行：

第一，专门论及意大利的著作。

第二，历史评论和政治评论的“专题”著作，虽说没有涉及意大利，但与意大利问题有关。例如：论西班牙1812年宪法的文章就同意大利有关，因为这部宪法对1848年以前的意大利运动起过政治作用。同样，《哲学的贫困》批判蒲鲁东对黑格尔辩证法的篡改，也与意大利有关，因为在相应的意大利知识分子运动中也有这种反映（焦贝蒂，温和派的黑格尔主义，消极革命的概念，革命–复辟的辩证法）。恩格斯关于1873年西班牙自由运动（阿马代奥·迪·萨沃伊[①]退位后）的文章，同样和意大利有关，诸如此类，不一而足。

至于第二类著作无须汇编，但需要充分的评论和分析说明。最具有机联系的计划或许应当分为三个部分：（1）历史的、评论性导言；（2）论述意大利的著作；（3）对间接涉及意大利的著作——为解决对意大利来说本质的及独特的问题的著作——进行分析。

（B16，1933—1934）

西方文化对全世界文化的领导权

（1）即使承认其他文化在世界文明“按等级的”统一过程中有过重要意义（这是确定无疑的），仅当它们成为欧洲文化——历史地和具体地唯一普遍的文化——的构成要素，也就是对欧洲思想进程做出贡献并被后者吸收时，才具有普遍价值。

（2）然而，欧洲文化也经历一个统一过程，在与我们息息相关的时期，黑格尔和对黑格尔主义的批判达到顶峰。

（3）从上述两点可知，这里考察的是由知识分子体现的文化过程；并不谈及民间文化，因为这种文化无批判性建构和发展过程可言。

---

① 阿马代奥·迪·萨沃伊（1845—1890），西班牙国王（1870—1873）、意大利国王维托里奥·埃马努埃莱二世之三子。

（4）也不谈及在实际活动中达到顶峰的文化过程，正如18世纪法国所发生的过程，或至少只提及同在黑格尔和德国古典哲学中达到顶峰的过程有关，作为两个过程相互转化（在多处、不止一次地谈及其含义）的“实际”证据，一个是法国的政治-司法的过程，另一个是德国的理论-思辨的过程。

（5）黑格尔主义的分化导致一种新的文化过程的开始，这种文化同以往过程的性质截然不同，也就是说，在此过程中，实践运动和理论思想相统一（或致力于通过理论和实践的斗争实现统一）。

（6）这种新运动源于平庸的哲学著作，或至少没有出自哲学杰作，这一事实并不重要。重要的是诞生了一种新的世界观和人生观，这种观念并非为大知识分子、职业哲学家所独有，而是趋于成为人民大众的并具体地带有世界意义，从而改变（即使其结果是混杂的组合）民众的思想、僵化的民间文化。

（7）如果这种开端源于明显异质的不同要素，也无须大惊小怪：作为黑格尔批判者的费尔巴哈，作为从历史和哲学批判宗教的图宾根学派，等等。甚至，必须注意，这种转变不能不同宗教有关。

（8）实践哲学是以往全部哲学的结果和顶峰。从对黑格尔主义的批判，产生现代唯心主义和实践哲学。黑格尔的内在论变成了历史主义，但只有实践哲学才是绝对历史主义——绝对历史主义或绝对人道主义（许多现代唯心主义者关于无神论和有神论的暧昧看法：显然无神论是一种纯粹否定并贫乏的形态，把它视为纯粹民间文字之争的时期除外）。

（B15，1933）

索列尔、蒲鲁东和德曼

1928年12月1日的《新文选》刊发了索列尔的一篇长文（从第289页至第307页），题目是“最后的沉思”（作者去世后发表），这是一篇1920年的文章，应当作为自1910年至1920年在意大利报刊发表文章汇编的序言（该汇编由米兰的科尔巴乔出版社出版，马里奥·米西罗利主编，书名为《暴风雪中的欧洲》，此时的标准或许同1920年撰写序言时的标准截然不同：看看在此书中某些文章是否修改将受益匪浅，比如献给菲亚特的文章及其他文章）。该书延迟出版同索列尔在意大利声誉的波动不无关系，由于一系列或多或少、漫不经心的误解，今天他已声名大跌，业已存在反索列尔的文献。

从《新文选》发表的文章，可以大概了解索列尔的所有优点和缺陷：他模棱两可，思维跳跃，不一致，肤浅，含混不清，等等；但他能提出或提示独特的观点，发现预想不到但真实的联系，并迫使自己思考和深化。

这篇文章的意义是什么？它显然就是1920年撰写的那篇文章全文，《新文选》的导引评注（可能由米西罗利本人所写，其知识忠诚度值得怀疑）是对该文的明显歪曲，其结束语是：“……一位在战后将欧洲智力及政治头名给予意大利的作家。”给予哪个意大利？在这方面米西罗利可能明确表述过，或在索列尔致米西罗利的私人信件（这些信件应当发表，或根据宣布的消息要发表，但没有发表或没有全部发表）中找到蛛丝马迹，但可以从索列尔的众多文章中推断出。这篇文章使人受益，主要作为备忘录，记下一些提示，同时记住，全文对理解索列尔及其在战后的立场非常重要。

（1）伯恩施坦[①]认为（《理论的社会主义和实践的社会民主》，法文版，第 53—54 页），对黑格尔辩证法的迷信般尊崇，导致马克思乐于建构空想的革命论题，它们特别接近雅各宾派、巴贝夫派或布朗基派的传统；但是，人们不明白，为什么在《共产党宣言》中，他没有提及巴贝夫派文献，无疑马克思对这种文献了如指掌。阿德勒认为（见其论《共产党宣言》著作的第 2 版，第 191 页），当马克思提及法国大革命后无产阶级要求中明显普遍的、粗劣的苦行主义时，他充分暗示鄙视平等派造反。

（2）马克思似乎未能彻底摆脱黑格尔的历史观，根据这种历史观，人类发展的不同时代遵循精神发展的顺序，而精神竭力完美实现普遍理性。他用阶级斗争学说对其导师的学说加以补充。虽然人们只认识社会战争，他们因经济冲突而进行战争，但他们不自觉地为完成唯一形而上学家设想的事业而合作。索列尔的这一假设十分大胆，但他并未加以解释。然而，他却对此非常重视，一是由于他赞颂俄国，二是由于他预见意大利的文明作用（关于俄国和意大利接近的观点，有待指出邓南遮[②]几乎和索列尔同期、在 1920 年春流传手稿中的立场；索列尔是否了解邓南遮

① 伯恩施坦（1850—1932），德国社会民主党和第二国际右派领袖，修正主义代表人物。反对唯物史观和唯物辩证法，反对阶级斗争和暴力革命，主张阶级合作，鼓吹“议会”道路。

② 邓南遮（1863—1938），意大利作家，意大利颓废主义的主要代表，法西斯主义者。

的立场？只有米西罗利能够回答）。索列尔认为，“马克思坚信历史服从精神发展规律，他指出在资本主义崩溃后，无须阶级斗争推动，就能实现向完美共产主义的演进（关于哥达纲领的信）。马克思似乎相信，就像黑格尔一样，不同国家显现不同发展阶段，而每个国家特别适应自己的阶段（参见 1882 年 1 月 21 日的《共产党宣言》俄文版序言）。他从未对自己的学说做清晰阐述，从而许多马克思主义者确信，在所有现代民族那里，资本主义的所有发展阶段都以同一形式显现。这些马克思主义者很少受黑格尔的影响”。

（3）问题：1848 年前后，索列尔并未理解此问题的意义，虽然这方面的文献（即使是通俗性文献）提及马克思的思想在 1850 年末发生“奇怪的”变化。3 月，他签署了伦敦革命流亡者宣言，在此宣言中，他鉴于即将发生社会新动荡，草拟出有待采取革命行动的纲领。伯恩施坦认为他当之无愧为来自俱乐部的第一位革命者（《理论的社会主义和实践的社会民主》，第 51 页）。其后，他确信由 1847 年危机引起的革命伴随危机而结束。现在，1848 年以后出现截然不同的繁荣形势，因此缺少谋划中的革命的不可或缺的首要条件：无产阶级陷入怠惰并准备斗争。（比较阿德勒的著作，第 1 卷，第 55—56 页，但为哪一版？）于是，在马克思主义者那里产生贫困化思想，这种思想应当用来吓唬工人并驱使他们去战斗，由于在繁荣形势下也可能出现贫困化（这是对事实的幼稚的和自相矛盾的解释，虽然贫困化理论确实变成一种工具、直接说服的论题，此外，还是一种武断？关于贫困化理论诞生的时间，应当参见米凯尔斯[①]的著作)。

(4)关于蒲鲁东："蒲鲁东属于最接近无产阶级的资产阶级的阶层；因此，马克思主义者可以控告他是一位资产阶级人士，而更有洞察力的作者把他视为我们的(即法国的)农民及手工业者的令人钦佩的典型(比较阿莱维在1913年1月3日的《辩论》中的观点)。"索列尔的这一判断可以接受。索列尔这样解释蒲鲁东的"司法"思想："由于其资源的微薄，农民、小工场所有者、小商人，被迫在法官面前拼命捍卫其利益。一种建议捍卫经济上较低阶层的社会主义，自然地注定重视*法律的安全性*；这种倾向在像蒲鲁东这样的作家那里特别强烈，他们脑海里充斥着对乡村生活的回忆。"为强化这一分析还需要其他提示，因为它不能完全说服人：蒲鲁东的司法思想同反雅各宾主义、同法国大革命及旧制度的文字记载相连，正是由于旧司法制度的专横，才导致雅各宾派的崛起。蒲鲁东的司法思想的实质是其小资产阶级改良主义，其社会根源有助于形成这一思想，此外其概念和情感"紧密"联系。这种分析使得索列尔同他鄙视的"正统派"思想相混了。令人奇怪的是，索列尔坚信蒲鲁东的社会倾向，他赞扬蒲鲁东，有时称他为现代无产阶级原则的模式或源泉，如果蒲鲁东的司法思想具有这一起源，那是因为工人们应当关注"新法律""法律的安全性"等问题吗？

① 米凯尔斯(1876—1936)，德国社会学家，曾在都灵大学和佩鲁贾大学任教。其代表作为《现代民主中的政党社会学》(*Sociologia del partito politico nella democrazia moderna*)。

由于这一点，人们有印象：索列尔的论文被阉割，恰恰缺少论述意大利工厂运动那部分。从发表的文章看，可以想象出：索列尔在意大利工厂委员会运动中发现内在造反，旨在监控工厂规章和一般的工厂法规（过去这种法规仅仅取决于企业家的随心所欲），这符合蒲鲁东为农民和手工业者反思的要求。如此发表的论文是不彻底的、不完整的；他关于意大利的结论（“长期以来，诸多理由让我设想，黑格尔称作的新世界，属于今天的意大利。感谢意大利，新时代的曙光不会熄灭。”）没有任何证明，哪怕是索列尔式的简述和暗示也没有。在最后一个评注中，他提及德国工农委员会，“我认为它符合蒲鲁东精神”，并且回望《用于一个理论的材料》（第 164 页和第 394 页）。要知道论文是否真正被阉割并被谁阉割将十分有趣，是直接被米西罗利还是其他人阉割？

评注一

如果不思考 1870 年后的法国，就不能理解作为“革命知识分子”形象的索列尔，正如脱离复辟时期的“反雅各宾派的恐慌”，就不能理解蒲鲁东一样。1870年和1871年，在法国发生两大惨败：一个是民族惨败，对资产阶级知识分子产生影响；一个是公社的国民惨败，对革命知识分子产生影响。前一个惨败产生克列孟梭[①]类型的、法国民族主义的、雅各宾主义的精英，后一个惨败产生反雅各宾主义者索列尔和“反政治的”工会运动。索列尔的宗派的、狭隘的、反历史的、奇怪的反雅各宾主义，是 1871 年国民大

① 克列孟梭（1841—1929），法国政治家、新闻记者、第三共和国总理。

放血的结果（有待参阅他给阿莱维的信，刊于 1907 年 8 月 16 日和 9 月 15 日的《社会主义运动》上）；正是从这种反雅各宾主义立场产生《暴力论》的奇怪闪光。1871 年的大放血切断“新国民”和 1793 年传统之间的脐带：索列尔想要成为这种国民和历史的雅各宾主义决裂的代表，但没有成功。

（B11，1932—1933）

一篇论克列孟梭的文章刊登在 1929 年 12 月 16 日的《新文选》上，另一篇文章刊登在 12 月 15 日的《文学意大利》上（第一篇署名“旁观者”，第二篇实名署名），米西罗利转载索列尔给他的信中涉及克列孟梭的两个重要段落（在《新文选》上的两段如同有机整体；但在《文学意大利》上的两段截然不同，米西罗利在两段之间插入一个“另一部分”，这有助于在文体上更好地理解内容）：（1）“他（克列孟梭）认为马克思的哲学构成当代社会主义的主干，作为一种晦涩的学说，对日耳曼蛮族很好，正如它总显现给杰出的、睿智的头脑，那种头脑惯于轻松阅读。像您这样肤浅的头脑不能理解勒南深刻理解的东西，即明显平庸的文学创作也可能具有非常重要的历史价值，奉献给人民的社会主义文学就是如此。”（2）“我认为如果克列孟梭长期不重视社会主义，当他看到饶勒斯[①] 成为各国社会党的偶像，情况应当更严重些。饶勒斯的雄辩能力激怒了

① 饶勒斯（1859—1914），法国社会党领袖，历史学家，曾任哲学教授。1902 年组建法国社会党，1904 年创办社会党机关报《人道报》。

他，他‘极端轻率’（雷纳克如此界定）地认为社会主义不包含任何严肃的东西，自从一位大学教授被公认为一种新学说的首领，社会主义从该学说中只能一无所获。他并不注意了解，群众一旦被领袖们的空洞演说所鼓动，他们是否会发现其中有些领导人，善于引导他们向民主领袖不能设想的地方前进。克列孟梭不相信存在一个备受磨难的阶级，正在形成有待履行的伟大历史使命的意识，这一历史使命旨在革新我们的全部文明。他相信民主的职责是救助穷人，以保障物质财富的生产，任何人都不可或缺物质财富。在困难时期，睿智的政权应当制定法律，强迫富人做出牺牲，以拯救民族团结。井然有序的进化导致一种相对甜蜜的生活，这就是国民以科学的名义要求的东西，如果他们拥有优秀顾问的话。在他的眼中，社会主义者是一些拙劣的指路人，因为他们把革命观念引入民主国家的政治。正如他那一代的所有人一样，克列孟梭对公社[①]记忆犹新。他坚信不疑，他尚不能原谅巴黎国民，起义的国民自卫军把他从市政厅野蛮地驱逐出去。”

（B10，1932—1935）

评注二

索列尔战后的著作对西方文化史具有一定意义。索列尔把这一时期一系列制度和思想倾向归因于蒲鲁东思想。为什么索列尔能这样做？他的这一判断是绝对武断的吗？作为思想史家，索列

① 指巴黎公社。

尔具有一定的洞察力，至少大部分不是武断。索列尔从文化经验出发，这一切对于索列尔著作中的总括性判断并非都重要？的确，应当重新研究索列尔，从而通过业余欣赏者和知识分子附加在其思想上的沉淀物，把握其更本质、更持久的东西。必须认识到人们过分夸大索列尔道德上的“严峻性”和知识上的“严肃性”。从他给克罗齐的信中可以看出，他并非总能战胜虚荣心。譬如，从其信件的做作笔调显现出，在信中他想对克罗齐解释，他（犹豫不决甚至柏拉图式地）加入瓦卢瓦的“蒲鲁东俱乐部”及同保皇派、教权派青年分子调情的原因。不仅如此，索列尔对政治属业余爱好，“从未全身心投入”，因此索列尔对其“政治”立场极不负责，那不是纯粹的政治立场，而是“文化-政治的”“知识-政治的”“激烈论战时的”立场。对索列尔还可进行许多指责，诸如其弟子的小册子《知识分子的罪行》中的指责。索列尔本人是个纯粹的知识分子，因此必须通过认真细致的分析，将其著作中肤浅的、浮华的、次要的东西（往往同偶发的论战相连）同“丰富的”及本质的东西区分开，从而让他进入现代文化界。

评注三

1929年，在发表索列尔的一封信（他在信中提及奥贝尔丹）之后，反对索列尔致克罗齐信中某些表述的文章倍增，索列尔遭到“激烈抨击”（尤其发表在那几天的《文学意大利》上的斯坦盖利尼的文章火药味更浓）。随后一期的《批判》中断了通信，后恢复通信，却没有提及事情的原委，只有某些新奇之事：某些名字只写开头字母，给人们的印象是某些信件未发表或被删除。从那时起，新闻界开始重新评价索列尔及其和意大利的关系。

由于对索列尔怀有几分敬意，可以说德曼[①]接近他，但两者之间存在差异！在思想史上，德曼谬误百出、一片混乱，并且受到表面现象的迷惑；如果他能责备索列尔分析思想实质过于精细，却往往丧失命题的意义，则恰恰说得相反。索列尔分析战后一系列事件具有蒲鲁东性质；克罗齐发现德曼显现出向蒲鲁东的回归，但德曼典型地不理解索列尔指出的战后事件。在索列尔看来，国民“自发”创造的东西是蒲鲁东性质的，而起源于官僚政治的东西是“正统的”，因为他一方面对德国组织的官僚政治着魔，另一方面对雅各宾主义着魔，这两个机制的集权现象都靠官员集团手中的操纵杆运作。其实，德曼处于比利时工党官僚的模范学究的水准。他的一切都带学究气，包括他的热忱。他认为自己有伟大发现，因为他应用“科学”公式汇编，重复描述一系列多少个别的事实。这是实证主义的典型表现，即在描述事实时多次重复，并且概括为一个公式，再把公式变成事实本身的规律。对于索列尔来说，正如在《新文选》上发表的那篇论文所显现的那样，蒲鲁东重视的是心理定向，已不再是具体、实际的立场，说实话，索列尔并没有明确指出这一点。这种心理定向存在于同国民（农民、手工业者）情感的融合，这些国民情感由国家经济制度决定的实际形势具体地形成；“深入”那些情感，为了理解它们并用司法的、理性的形式表达它们；这种解释、那种解释或全部解释不是反复无常，就是十分可笑，但一般立场可以得出有价值的结论。

① 德曼（1885—1953），比利时政治家、社会学家，比利时工党领袖。他歪曲、篡改社会主义理论，修正马克思主义。20 世纪 30 年代最初几年，其“计划经济论”对法国反成规运动（“第三条道路”）产生广泛影响。

相反，德曼的立场是“科学主义的”，他向国民屈尊求教，不是为了无偏见地理解国民，而是为了将国民情感“理论化”，为了建构伪科学模式，不是为了让国民情感一致，并且获取司法-教育原则，而是像动物学家那样观察昆虫世界，正如梅特林克[1]观察蜜蜂和白蚁那样。

德曼学究式地奢望揭示并强调工人运动的所谓“心理和伦理价值”，但这能意味着什么？正如德曼所奢望的那样，是对实践哲学断然地、彻底地批驳？这就等于说，揭示绝大多数人仍确信托勒密学说这一事实，意味着驳倒了哥白尼学说，或者民间传说代替科学。实践哲学主张人们在意识形态领域认识自己的社会地位，实践哲学或许就把人民排除在这种自我意识方式之外？然而，显而易见，意识形态领域（在整体上）落后于生产技术关系。刚从非洲来了一个黑人，就可能成为福特的雇工，即使他在很长时间内仍信奉拜物教，即使他确信吃人肉是正常的和无可厚非的进食方式。德曼做过这方面的调查，他能得出什么结论？无疑，实践哲学应当客观地研究人们对自己及相关他人的思考，但为此就应当奴颜婢膝地认为这种思维方式永恒吗？这难道不是最低劣的机械主义和宿命论？任何历史首创精神的任务都是改变以往的文化阶段，并使当代的文化同质、其水平高于以往文化，等等。事实上，实践哲学一直在这一领域工作，德曼认为这是他的发现，但这样工作旨在革新，而不是为了奴性地保守。德曼的“发现”是

① 梅特林克（1862—1949），比利时象征主义诗人、剧作家和散文家。1911年获诺贝尔文学奖。《蜜蜂的生活》（*La vita delle api*）和《蚂蚁的生活》（*La vita delle formiche*）是人们广为阅读的哲学著作。

老生常谈，他在咀嚼索然无味的残羹剩饭。

用这种“保守主义”可以解释德曼在意大利取得的适中成功，至少在某些环境内（特别在克罗齐主义–修正主义环境和天主教环境内）。克罗齐在 1928 年的《批判》上撰写了一篇德曼主要著作的书讯；德·鲁杰罗在 1929 年的《批判》上发表了一篇书评，在 1929 年的《天主教文明》和《列奥纳多》上都刊发了书评；齐博尔迪在其论述普兰波利尼的著作中也提及德曼的这本书。拉泰尔扎出版社为斯基亚维的译本刊发充满溢美之词的书讯，而斯基亚维在序言中把译本出版说成是大事；《劳动问题》刊登了赞誉文章，并将斯基亚维译本遗漏的最终论文发表。1929 年 8 月 11 日的《文学意大利》刊登了由巴尔巴罗撰写的评论。巴尔巴罗写道：“……批判马克思主义，如果应用以前对经济特性的‘修正’，那么至多基于涉及工人群众心理的策略问题。……在‘走出’马克思主义（译者、著名律师斯基亚维把书名改动了一下，变为克罗齐所说的‘超越’，此外很有说服力！由于德曼本人把自己的立场视作高级综合所不可或缺的对立）的诸多尝试中，这一尝试肯定不是最权威的，更不是最系统的；还因为批判恰恰主要基于一种神秘的和尽管迷人却短暂的伪科学，即心理学。这本书涉及‘运动’的部分是失败主义的，有时甚至给他想与之斗争的倾向提供炮弹。他对工人和‘手工业者’的‘劳动欢乐’观念得以产生的情感状态及‘情结’（弗洛伊德含义上）的一组观察，就被法西斯主义利用；由于某些论据没有有效捍卫民主和改良主义，就为共产主义和法西斯主义共同利用。”

米拉诺在 1929 年 9 月的《书写的意大利》上发表评论。米拉

诺特别指出德曼著作的两点贡献:（1）对近几年工人和社会主义运动的发展阶段的大量心理观察，对其偏向、矛盾的反应的阐述；对社会数据及文件的富有远见的收集。总之，一方面，对工人群众的改良主义演进的分析；另一方面，对雇主集团的分析。米拉诺认为，这种分析是丰富多彩的和令人满意的。（2）导致应当实现“超越马克思主义”（确切地说，德曼是要“抛弃”马克思主义）的理论大讨论。德曼认为，基于机械主义和理性主义的实践哲学业已被近期的调查所超越，在一系列人类行为动因中，此类调查仅给予理性联系一个位置，还不是最重要的。现代科学胜利地用心理反应代替马克思主义辩证法的机械反应，对动因来说，心理反应的强度不成比例。米拉诺认为:“显而易见，对马克思主义历史观的任何批判，会自动导致确立世界唯物主义解释与唯心主义解释之间的对立，导致究竟让存在还是认识处于优先地位。”德曼回避了这一问题，或更确切地说，他在半路止步，他声明拥护“心理动因”和社会“情结”引起人类现象的观点，也就是说德曼受到弗洛伊德心理学的影响，尤其通过应用到社会学说，这是阿德勒（或许是马克斯·阿德勒，在哪些著作中？）尝试过的。米拉诺指出:“此外，人们知道在历史研究中，心理学地盘瞬间即逝，以致人们谈及的此类研究大多模棱两可。其实，心理现象一次次地作为意志倾向或物质事实显现；德曼也在这些对立解释之间摇摆不定，从而回避在冲突的紧要关头选边站队。精明的读者将会判断出德曼著作的渊源主要是心理学。他的著作因信仰危机造成，他确证马克思学说在整体上不足以解释观察的现象，那些现象是在零星政治工作中显现的。尽管他的意图很好，但其著作

内容没有超越此种考证的和摇摆不定的确证，也未能在适当层面上以‘不可或缺的’魄力进行理论批判。”结论是：“最后一章再次确证，此章论述以建议一种实际政治态度来结束。同样，德曼回避夺取政权策略的两个极端，其实他的主张纯粹是唯心主义使徒的，他建议对群众进行普遍教育，这样他就置身于社会主义之外，即使他声明其全部著作忠诚于社会主义，他是社会主义的心明眼亮的追随者。”

在 1929 年 9 月 7 日的《天主教文明》上刊登了一篇题为“争取社会和平”的文章（由布鲁库莱里撰写）。该文评论主教会议对鲁贝-图尔宽地区[①]工人和天主教企业主之间冲突的著名裁决：“马克思主义（正如德曼在其最精彩段落所证明的那样）是现代工人世界的唯物主义思潮。”这也就是说，德曼的所有著述都精彩，而有些更为精彩（鉴于天主教徒对德曼倾向的态度，可以说明普雷佐利尼在 1930 年 9 月的《飞马》上提及菲利普的《美国工人运动》一书的原因，他认为菲利普是“民主主义基督徒”，虽然那本书没有显现那种性质，也没有任何证明的理由）。

在 1929 年 10 月 5 日和 11 月 16 日的《天主教文明》上刊登了广为流传的论德曼著作的论文。德曼的作品被视为“迄今为止，诸多马克思主义文献中最重要的，（我们还说）天才的，尽管有缺陷”。论文的结尾有一段总结：“虽说德曼克服了思想危机，以宽宏大量的姿态摒弃了马克思主义，但却是摇摆不定的，他渴望真理的才智并非充分令人满意。他走到真理大门的门槛

① 在法国。

前，受到几束光线的照射，却没有沐浴在阳光下。我们祝愿德曼在克服危机后，能如塔加斯特[①]大主教那样，从深思熟虑的神性（灵魂的道德规律）升华到无限神性，提升到宇宙万物永恒辉煌源泉的高度。”

1932年，米兰的科尔巴乔出版社“宣布”将集册出版索列尔从1910年至1921年在意大利报刊上发表的文章，书名是《暴风雪中的欧洲》。然而，在1928年12月1日的《新文选》上发表的索列尔的论文（标题是“最后的沉思”）并未收录在文集中，虽说宣布那是索列尔以序言方式撰写的文章。此外，文集选编的文章，不允许付印那篇序言，因为它同那本书的内容不搭界。显然，米西罗利没有遵循索列尔就他编书所做的指示，那些指示可以从不靠谱的“序言”中获取。文集是为了某种目的而选编的，只关注索列尔思想诸多方向中的一个，我们不能得出索列尔本人认为“那是最重要方向”的结论，因为否则“序言”就会是另一种笔调。相反，米西罗利的序言先于文集选编，该序言是片面的（并且和审查的序言不一致），极不真诚，因此人们从不提及。

（B11，1932—1933）

从阿尔图罗·马索埃罗的文章——“一个非享乐主义者的美国人”（刊于1931年2月的《经济学》上）中可以见出，德曼在《劳动的欢乐》及其他著作中陈述的许多看法，被美国经济学家凡

① 北非古城，在阿尔及利亚境内。

勃伦[1]的理论采用，凡勃伦把某些实证主义的，尤其是孔德[2]和斯宾塞[3]的社会学原理引入经济学。凡勃伦特别想把进化论引入经济科学。于是，我们在凡勃伦那里发现“工艺的本能”[4]，而德曼称作“创造者本能”。1890年，詹姆斯提出建构本能（建构上的本能[5]）的概念，而伏尔泰[6]早就谈及一种机械本能（将德曼的这种粗劣的本能观同马克思关于蜜蜂的本能、人同蜜蜂本能的本质区别的论述进行比较）。然而，德曼似乎还从凡勃伦那里汲取工人中“泛神论”的粗劣观念，他在《劳动的欢乐》一书中，一再重复这种“泛神论”。马索埃罗这样阐述凡勃伦的思想：“在原始人那里，神化的解释不是障碍，往往有助于农业技术和畜牧业的发展。其实，认为动植物具有灵魂，甚至具有神性，只能有益于这种发展，因为促进技术发展和革新的那些关注正是源于类似看法。相反，泛神论思想绝对妨碍制作技术的发展，妨碍工人本能对无生气物质的作用。凡勃伦正是这样解释为何在新石器时代初期，农业技术在丹麦已相当先进，而制造技术在很长时间内都没有丝毫进步。目前，工人本能不再受信仰天意及神秘因素干预的妨碍，工人本能必须和积极精神融为一体，以实现工业技术的进步，那些进步

---

① 凡勃伦（1851—1929），美国经济学家、社会学家。力图用进化论和动态学的方法研究经济制度。

② 孔德（1789—1857），法国哲学家、社会学家，实证主义的创始人。

③ 斯宾塞（1820—1903），英国哲学家、社会学家，进化论者，实证主义的主要代表之一。

④ 原文为英文。

⑤ 原文为英文。

⑥ 伏尔泰（1694—1778），法国资产阶级启蒙思想家，18世纪法国启蒙运动的领袖和导师。

恰恰是现代的。”

德曼就是这样从凡勃伦那里汲取“工人泛神论”的思想，凡勃伦认为在新石器时代存在过“工人泛神论”，今天不存在，但在现代工人中可能重新发现，还非常独特。有待注意，鉴于德曼的思想渊源是斯宾塞，导致克罗齐发现德曼超越马克思主义，云云。介于斯宾塞和弗洛伊德之间，德曼回归一种最神秘的感觉论形式，即仍是18世纪的感觉论，从而德曼恰恰值得克罗齐赞扬，并成为意大利知识分子的研究对象。由于博塔伊参议员的倡议，宣布凡勃伦著作的意大利文译本即将面世。无论如何，在马索埃罗这篇文章的注释中列有凡勃伦的主要书目。人们可以发现在凡勃伦那里——正如这篇文章所述——马克思主义的一定影响，凡勃伦对弗洛伊德的理论化也产生过影响。

（B7，1930—1931）

从知道到理解、到感悟的过渡，相反从感悟、理解到知道的过渡

大众的“感悟”因素，并不是理解或知道；知识分子的“知道”因素，并不总是理解，尤其不总是“感悟”。由此可见，这两个极端，一个是卖弄学问和庸人作为，另一个是盲目激情和宗派主义。甚至，学究不能不是痴迷的，痴迷学究气同宗派主义及肆无忌惮地蛊惑人心一样可笑和危险。知识分子的错误在于相信无须理解，尤其无须感悟和热忱就可知道（不仅知道自己，而且知道认识对象）。换言之，知识分子只有和大众相结合（才不是纯粹

的学究），才能感受到大众的基本痛苦，理解并解释这些痛苦，并在一定历史形势下为大众的痛苦伸张正义，把它们同历史规律、一种高级世界观辩证地结合起来。这种世界观——“知道”——是科学、一致形成的。没有感受到这种痛苦，也就没有知识分子和人民大众之间的情感联系，在政治上将无所作为。没有这种情感联系，知识分子和人民大众的关系将沦为纯粹官僚性质的、形式的关系；知识分子沦为一个种姓或教士阶层（所谓有机集中制）。如果知识分子和人民大众、领导者和被领导者、管理者和被管理者之间的关系由有机认同形成，在这种认同中，情感–激情变成理解，从而变成知道（并非机械地，而是生机勃勃地）。只有此时，这种关系才具有代表性，被管理者和管理者、被领导者和领导者之间发生个体成员交换，从而整体生气勃勃，这才形成社会力量，进而创造“历史集团”。德曼“研究”民众情感，并未赞同那些情感，从而没有指导并引导它们升华至现代文明净化。他的立场是民俗学学者的，他始终害怕现代性破坏他研究学科的对象。此外，在他的著作中，对实际要求的反思是学究式的，民众情感被认识和研究，仿佛它们客观地显现，是历史运动中不被重视的毫无生气的东西。

（B11，1932—1933）

三、对《社会学通俗教材》尝试的评注

引 言

一部像《社会学通俗教材》这样[①]的著作，注定主要以非专业知识分子作为读者对象。它应当从分析批判常识的哲学开始，那是一种“非哲学家的哲学”，即从不同社会文化环境内不加批判地吸纳的世界观，正是在那些环境中，普通人发展其道德个性。常识并不是在时空上统一的、同一的观念。它是哲学的“民俗学”，作为民俗学呈现数不胜数的形式，其基本特征是一种破碎的（即使在个体头脑中）、不一致的、不合逻辑的观念，但这种观念却和民众在其中信奉常识是哲学的社会文化地位相一致。当在历史上形成同质的社会集团的同时，也产生一种同常识对立的同质的哲学，即一致的、系统的哲学。《社会学通俗教材》以错误假设（含蓄地）开始：传统哲学的庞大体系及高级教士的宗教，即知识分

① 指布哈林的《历史唯物主义理论：马克思主义社会学通俗教材》（*La teoria del materialismo storico.Manuale popolare di sociologia marxista*），1921 年在莫斯科出版。1927 年，法文版在巴黎问世（根据俄文第 4 版译出）。葛兰西在狱中阅读的大概是法文版。——意文版编者注

子及高级文化的世界观，阻碍民众形成这种独特哲学。其实，民众对那些体系一无所知，那些体系对他们的思维及行为的方式没有直接影响。当然，这并不意味着这些体系完全没有历史影响，只不过影响的性质不同。这些体系作为外在政治力量，作为领导阶级的内聚力因素，从而作为服从外在领导权的因素影响人民群众。这样，它们就消极地影响人民群众，妨碍他们只具雏形并混乱的世界观和人生观发生内在剧变。常识的主要因素由宗教提供，因此常识与宗教的关系比常识与知识分子哲学体系的关系紧密得多。然而，对宗教也要批判地区分。任何一种宗教，即使天主教（甚至，尤其是天主教，恰恰由于它竭力维持“表面”上的统一，力求避免分裂为各民族的和各社会阶层的教会），其实也是截然不同、往往矛盾的宗教的大杂烩：有农民的天主教，有城市小资产阶级和工人的天主教，有妇女的天主教，有五花八门、支离破碎的知识分子的天主教。然而，不仅迄今存在的形形色色天主教的极其粗陋、拙劣形式在影响常识，而且以前的宗教和目前天主教的以前形式——民众的异教运动、与以前的宗教相连的科学迷信等——也在影响常识，并且成为当下常识的组成部分。

在常识中“实在论的”、唯物主义的因素，即原初感觉的直接产物占主导地位。此外，它同宗教因素并不矛盾，绝对不矛盾；但宗教因素是“迷信的”、非批判性的。由此可见，《社会学通俗教材》的危险性就在于它往往确认那些非批判性的因素，而不是科学地加以批判，从而让常识仍停留在托勒密的、拟人说的和人类中心说的水准上。以上就《社会学通俗教材》批判具有体系的哲学而没有从批判常识开始所谈的看法，恰恰应当作为方法论来理解，并且限于一定范围内。当然，这并不意味着可以忽视对知识分子体系哲学的批判。当群众中的个体能够批判地超越常识，由于这一事实本身，就接受了一种新哲学。由此可见，在陈述实践哲学时，要同传统哲学展开论战。甚至，由于“趋向成为群众的哲学”这一特征，实践哲学只能理解为具有论战形式，并处于不断斗争中的哲学。然而，其出发点始终是常识，它是趋向成为思想同质的群众的自发哲学。

法国哲学文献中关于“常识”的论著，远比其他国家要多。这应归因于法国文化突出的“民众-民族”性。也就是说，由于特定的传统条件，法国知识分子比他国知识分子更倾向于接近民众，从而在思想上指导民众，并让民众和领导集团保持联系。因此，在法国文献中可以找到许多关于常识的可供利用和研究的材料；不仅如此，法国哲学文化对常识的立场，可为建构领导权意识形态提供样板。英美文化也可以提供许多提示，但不似法国文化那样完整和有机。“常识”被用不同方式考察过，甚至作为哲学的基础，或受到另一种哲学观点批判。其实，无论如何，结果都是超越一种常识，而创造另一种更贴近领导集团世界观的常识。在1931年10月17日的《新文选》上刊登了一篇亨利·古耶论布伦斯维克[①]哲学的文章，他写道：“只存在唯一一种精神化运动，无论是在数学、物理学、生物学中，还是在哲学、伦理学中，都竭力让精神摆脱常识，摆脱自发的形而上学，即假定世界由感性、实在的万物构成，而人类是这个世界的中心。”（布伦斯维克的著作：

① 布伦斯维克（1869—1944），法国批判唯心主义哲学家。认为数学判断是人类思想的最高形式。

《数学哲学的阶段》《人的经验和物理因果性》《西方哲学中的意识进步》《认识自我》《精神生命导论》）。

克罗齐对“常识”的态度似乎不够明朗。在克罗齐那里，人人都是哲学家的命题对他判断常识影响颇大。克罗齐仿佛往往乐于特定哲学命题也被常识分享，但具体地说，这能意味着什么？常识是截然不同观念的混乱汇聚，在常识中，人人都能找到想要的东西。此外，克罗齐对常识的这种态度不会形成从民众-民族观点看丰富多彩的文化观，即一种更具体的历史主义的哲学观。另外，只有在实践哲学中才能实现这一点。

关于金蒂莱，有待考察他的“人本主义世界观”一文（刊于1931年6月1日的《新文选》上）。金蒂莱写道：“哲学可以界定为批判性反思的巨大努力，以获取常识及幼稚意识中的确定真理，可以说是源于自然感受并构成生活所需精神状态坚实结构的真理。”这似乎是金蒂莱思想绝对粗陋的又一实例。金蒂莱的断言似乎“天真地”源于克罗齐的断言——民众的思维方式证明一定哲学命题的真理性。进而金蒂莱写道：“健康人信仰上帝，也相信自己精神自由。”这样，我们在金蒂莱的两个命题中发现：（1）无法确切认识为何物的超历史“人性”；（2）健康人的人性，从而不健康人的人性；（3）健康人的常识，从而不健康人的常识。但健康人的含义是什么？身体上健康，不疯？还是思维正常，观念正统，思想庸俗？“常识的真理性”意味着什么？譬如，同常识完全对立的金蒂莱的哲学，时而把常识视为憎恶任何主观唯心主义形式的民众的幼稚哲学，时而理解为良知，时而是对某些科学及哲学陈述的深奥、复杂、晦涩的蔑视态度。金蒂莱同常识调情，真令人啼笑皆非！

以上所说并不意味着在常识中不存在真理，而意味着常识是一种模棱两可的、矛盾的、形式多样的观念，借助常识来证明真理，是毫无意义的。可以准确地说，一定真理成为常识，只说明真理已广泛传播，超出知识分子集团的小圈子。在此种情况下，仅仅确证历史性并肯定历史理性，在此含义上谨慎使用常识，该论题才有价值，恰恰因为常识喜旧厌新、保守，若新真理能渗透其中，证明这一真理具有极强穿透力和扩展力。

记住朱斯蒂[①]的警句：“良知，过去何等显赫，而今在我们学派中已寿终正寝。科学，它的爱女，将它分解以观真相。”这些警句可做一章的引言，指出人们如何暧昧地使用“良知”和“常识”这两个词语：作为“哲学”，作为具有一定信仰和看法的内容的特定思维方式，作为一种善意宽容的态度鄙视深奥晦涩、错综复杂的东西。因此，科学必须破坏一定传统良知，才能创造一种“新”良知。

马克思的著作常常提及常识及其信仰的坚固性。但不是指那些信仰内容的坚固性，而是指其形式上的坚固性；从而当那些信仰成为行为准则时，是指其强制性。这一论述不言自明地肯定了民众新信仰的必要性，即一种新常识的必要性，从而一种新文化和新哲学的必要性在民众意识中扎根，因为具有和传统信仰相同的坚固性和强制性。

评注一

对金蒂莱的常识命题还需加以补充，作者的语言由于不光彩

① 朱斯蒂（1809—1850），意大利讽刺诗人。

的意识形态机会主义而故意暧昧不明。金蒂莱写道，“健康人信仰上帝，也相信自己精神自由”，他的本意是将其作为常识的真理性靠批判性反思确证的实例，他想让人相信，他的哲学是对天主教真理的批判性确证的成果，但天主教徒并未上当，他们仍坚持金蒂莱唯心主义是纯粹的异端邪说，等等。然而，金蒂莱仍坚持其暧昧观点，因为这对创造一种半上流社会的环境并非无用，在那种环境中，所有猫都是灰色的，宗教同无神论拥抱，内在性同超验性调情。安东尼奥·布鲁埃斯兴高采烈，因为线团越理不出头绪，思想越暧昧隐晦，他就越认为其混乱不堪的“思潮调和论”有道理。如果按字面理解金蒂莱的那句话，那么行动唯心主义[①]就真变成了“神学的婢女”。

评注二

如果哲学教学不是为了让学生了解过去哲学的历史发展，而是为了在文化上塑造学生，帮助学生形成自己的思想，以便参加某个思想、文化团体，就必须以学生现有认识或其哲学经验为起点（恰恰首先向他证明，他拥有那种经验，他是“哲学家”，而自己却浑然不知）。鉴于假设学生具有某种知识、文化平均水平，他们大概只掌握一些不连贯和支离破碎的信息，还缺乏方法论和批判的准备，不能不首先从“常识”开始，然后再到宗教，第三阶段才能进入传统知识分子建构的哲学体系。

（B11，1932—1933）

① 金蒂莱将自己的唯心主义哲学称作“行动主义”（attualismo）。

一般问题

〔历史唯物主义和社会学〕

一个初步看法：该书书名和它的内容不符。“实践哲学理论”应当意味着对以实践哲学冠名的散乱的著名哲学概念（许多概念是伪造的，源于其他思潮，因此应当剔除）做合乎逻辑的、通盘的安排。在头几章内应当论述如下问题：什么是哲学？在什么意义上，世界观可以被称作哲学？迄今为止，人们对哲学有着怎样的理解？实践哲学是否更新了此种哲学观？“思辨”哲学意味着什么？实践哲学永远不会具有思辨形式吗？意识形态、世界观、哲学之间存在什么关系？理论与实践之间是或应是什么关系？传统哲学如何认识这些关系？……对这些或那些问题的回答就构成实践哲学的“理论”。

在《社会学通俗教材》中有一个前提：真正的哲学是哲学唯物主义，实践哲学是纯粹的“社会学”。此前提暗含在陈述中，或在别处偶然地、明确地提及，但缺乏严密论证。这一断言实际意味着什么？如果实践哲学的理论真是哲学唯物主义，那么说实践哲学是社会学又意味着什么？这种社会学又会是什么呢？它是政治学和历史学，还是根据某种纯粹经验性观察，对政治艺术和历史研究外在准则进行系统收集和分类？在此书中，没有对这些问题的回答，但只有回答了这些问题，才称得上是理论。由此可见，该书的正标题“理论”和副标题“通俗教材”之间的联系缺乏根据。副标题或许更贴切，如果对“社会学”这个术语的含义严格限定的话。其实，这里提出了什么是“社会学”的问题。它不是试图成为一门关于社会现象的所谓精确的（即实证主义的）科学，即政治及历史的精确科学，或是只具雏形的哲学？社会学不是试图从事同实践哲学相类似的工作？但我们必须认识到：实践哲学是在格言和实践标准的形式下诞生的，这一点纯属偶然，因为其创始人[①]把全部精力投入了对其他问题的研究，尤其是经济问题。然而，在这些实践标准和格言中，包含一种完整的世界观即一种哲学。社会学试图根据一种业已建构的哲学体系——进化论的实证主义——创造一种历史-政治科学的方法，社会学对进化论实证主义也起反作用，但仅限于局部。因此，社会学变成一种独立思潮，变成非哲学家的哲学，试图根据按自然科学模式建构的标准，公式化地描述历史及政治现象并加以分类。由此可见，社会学力图“经验地”概括人类社会的进化规律，旨在“预见”未来，其精确性如同从橡子预见长成橡树那样。庸俗进化论是社会学的基础，从而社会学不能认识从量变到质变的辩证原理。从量变到质变的规律动摇了庸俗进化论理解的所有进化和一致性规律。无论如何，任何社会学都以一种哲学、一种世界观作为前提，它仅仅是这种哲学或世界观的从属部分。千万不要把形形色色社会学的特殊的内在“逻辑”同普遍理论即哲学混为一谈。正是由于那种“逻辑”，形形色色的社会学才具有机械一致性。自然，这并不意味着：研究一致性“规律”是无用、无趣之事，一篇直接观察政

① 指马克思。

治艺术的论文没有存在的理由。然而，是面包就应说是面包，应当按真实面目介绍各类论文。

所有这些问题都是“理论”问题，同《社会学通俗教材》的作者提出的那些问题截然不同。他提出的问题直接属于政治、意识形态性质的问题（他把意识形态理解为哲学和日常实践之间的中间阶段），是对毫无联系的、偶然的个别历史-政治现象的反思。当作者一开始提及一种否定从实践哲学建构社会学的可能性，主张社会学只能通过具体历史著作来体现思潮时，他就面对着一个理论问题。反驳这一思潮非常重要，但他仅靠三言两语不可能解决。当然，通过对过去历史的具体研究和创造新历史的目前活动，实践哲学得以实现。然而，可以建构关于历史和政治的理论，虽说在历史运动流转中事实总是个别的和易变的，但概念可以被理论化；否则就不能知道什么是运动和辩证法，并且陷入唯名论新形式的泥沼（由于他没有确切提出什么是“理论”的问题，就妨碍他提出什么是宗教的问题，从而未能对过去的哲学做出实在论的历史判断，把过去的哲学全都说成是神志昏迷和一派胡言）。

评注一

作为原因的所谓社会学规律（由于那一规律，那一事实才发生）不具有任何构成原因的重要性，它们几乎总是同语反复和谬误推理。它们通常只是被观察事实本身的翻版。通过抽象概括的机械过程来描述一个事实或一系列事实，并得出相似的关系，进而把这种关系称作规律，又把原因的职能赋予这种规律。然而，事实上发现了什么新东西？要说新，只是把集合名词给予一系列事件，但名词并不新奇（在米凯尔斯的论文中可以发现同语反复的记载，最近、最著名的是关于“超群的领袖”的同语反复的抽象）。人们观察到，这样就陷入了柏拉图唯心主义的古怪形式，因为这些抽象规律同柏拉图的纯粹理念颇为奇怪地相似，那些纯粹理念是尘世实际事实的本质。

（B11，1932—1933）

实践哲学沦为一种社会学

实践哲学沦为社会学，恩格斯早就批判过（刊于《社会主义大学生》杂志上的致两名大学生的信）这种僵化的低劣倾向，指出它将一种世界观贬低为一种机械的公式大全，给人的印象是把全部历史囊括其中。这种僵化的低劣倾向倒极大刺激“怪才们”驾轻就熟地创作出新闻即兴文章。作为实践哲学基础的经验不能是公式化的；它是具有无限差异性和多样性的历史本身，只有通过研究历史才能产生作为证实个别事实的学术方法的“文献学”，才能产生理解为历史一般方法论的哲学。《社会学通俗教材》第一章匆忙提及的那些作家，他们否定从实践哲学构建社会学的可能性，断言实践哲学只能活在具体历史著作中（如此露骨、武断的断言，无疑是错误的，是唯名论及哲学怀疑论的一种古怪新形式）。否定建构理解为社会科学（即作为历史和政治的科学）的社会学的可能性，并不意味着不能撰写扩大传统意义上的文献学领域的实际观察的经验集成。如果文献学从方法论上表现确定特殊事实的不可混淆“个性”的重要性，就不能否定在政治领域辨识某些更为一般的“趋向律”的实际效用，这些规律类似于促进

某些自然科学发展的统计规律和大数法规律。然而，除非广大人民群众对历史学家和政治家感兴趣的问题持消极态度，或者设想他们持消极态度，否则不能把统计规律应用到政治科学和政治艺术中，但这一点从未被强调过。此外，把统计规律扩展到政治科学和政治艺术领域并用以制定未来规划和行动纲领，可能造成非常严重的后果。如果在自然科学中，统计规律仅能造成谬误和大错并容易被新研究纠正，那么最多只能让使用此规律的个别科学家成为笑柄；但在政治科学和政治艺术中可能造成真正灾难性后果，其“严重”损害难以弥补。其实，在政治领域将统计规律视为注定起作用的本质规律，不仅造成科学谬误，而且铸成行动实践的大错。此外，此种规律会导致人们心智的怠惰和制定纲领的肤浅。必须注意到：政治行动恰恰致力于让群众摆脱消极状态，也就是要摧毁大数法规律；那么，怎么能将大数法规律视为社会学规律呢？如果认真思考计划经济或受计划指导的经济的相同要求，也必然摧毁机械地理解的统计规律，也就是由无数个体随意、偶然地杂乱形成的统计规律，虽然这类经济要以统计学为基础，但这是性质不同的两码事。人的自觉性取代了自然主义的“自发性”。在政治艺术领域动摇自然主义旧模式的另一个因素是，集体机构（政党）代替单个个人、领袖个人（或如米凯尔斯所说，超群的领袖）行使领导职能。伴随群众政党的发展及其有机地参与群众本身的重要生活（经济-生产），民众情感统一化过程从机械的和偶然的（即由条件及类似压力的环境决定）变成自觉的和批判的。领袖对民众情感重要性的认识和判断，不再根据统计规律启发的直觉即通过理性和智力（领袖翻译成观念力量、言语力量，

往往是虚假的）做出，而是由集体机构通过“积极和自觉的共同参与”，通过“情感共鸣”，通过对特殊事物的直接体验，通过可以称作“活文献学”的体系做出。这样，形成广大群众、政党、领导集团之间的紧密联系，形成一个活动自如的整体，能像一个“集体的人”那样运动。

德曼的书，如果具有其价值，恰恰在于激励读者细致入微地“了解”实际情感，而不是根据社会学规律设想的集团和个人的情感。然而，德曼没有任何发现，也没有找到一个独创性原理，用以超越实践哲学，或证明实践哲学在科学上错误或一无所用。他把政治艺术中众所周知并被采用的经验性标准提升到科学原理的高度，虽然那种标准尚未令人满意地确定和发展。德曼甚至不会精确地限定其标准，因为他最终用另一个名称——社会学数学及外在分类的新方法，不知不觉地创造一条统计学新规律、一种新抽象社会学。

（B11，1932—1933）

〔实践哲学的组成部分〕

对实践哲学做系统阐述，不能忽视其创始人的学说的任何组成部分。但应当如何理解这一点呢？应先从一般哲学部分全面论述，再严密地论述历史、政治及艺术、经济、伦理的方法论的所有一般概念，让它们像在自然科学中那样，在普遍联系中找到自己的位置。一种看法颇为流行：实践哲学是一种纯粹的哲学、辩证法的科学，其他部分是经济学和政治学，因此该学说由三个组成部分构成，它们是对 1848 年前后欧洲最先进国家的科学——德国古典哲学、英国古典经济学和法国政治活动及科学的最高水平的总结和超越。这种看法主要是对学说的历史渊源进行探索，而不是对学说进行内在分类，因此不能作为最终模式，同更符合实际的学说结构相对立。人们提问：实践哲学是否恰为历史的理论。答案是：的确如此，但政治和经济不能脱离历史，尤其在政治科学及政治艺术、经济科学及政策的专业化阶段。也就是说，在一本通俗教材中，在一般哲学部分（这是真正的实践哲学、辩证法科学或认识论，在其中，历史、政治、经济的一般概念结成有机统一体）完成主要任务后，对每个环节或组成部分（即使作为独立学科）的一般观念进行阐述将受益匪浅。如果认真观察就会发现，在《社会学通俗教材》中所有各点都提及了，却是偶然地、不彻底地、混乱地和模糊地提及，因为缺少实践哲学本身是什么的任何清晰概念。

（B11，1932—1933）

〔经济结构和历史运动〕

（1）人们对如下问题从未探讨过：在经济结构的基础上，历史运动如何产生？然而，这一问题至少在普列汉诺夫的《基本问题》[①] 中提及，且还需要进一步展开。在围绕实践哲学产生的所有问题中，这是关键之点。它不解决，社会与“自然”之间关系问

① 指普列汉诺夫的《马克思主义基本问题》。

题就不能解决，对此《社会学通俗教材》专辟一章加以论述。在《政治经济学批判》序言中有两个命题：第一，“人类始终只提出自己能够解决的任务……任务本身，仅当解决它的物质条件业已存在或至少在形成过程中时，才会产生。”第二，“无论哪一个社会形态，在它所能容纳的全部生产力发挥出来以前，是决不会灭亡的；而新的更高的生产关系，在它的物质存在条件在旧社会的胎胞里成熟以前，是决不会出现的。”我们应当对这两个命题的全部含义和重要性加以分析。只有在这一领域，才能消灭一切机械论和迷信“奇迹”的任何痕迹，应当提出形成积极政治集团的问题，归根结底，也是伟大人物的历史作用问题。

（2）似乎有待编辑一部“深思熟虑的”学者名录，那些学者的意见被广泛引述或批判。每位学者名下都有说明，介绍他们在学术上的意义和重要性（对实践哲学的拥护者也要这样做，当然不会把他们的独创性和意义视同一律）。事实上，此书在介绍大知识分子时仅一笔带过。人们提出问题：能否只提及敌对阵营中的大知识分子，而忽视其中的次要知识分子、拾人牙慧者呢？人们恰恰有印象：只想同最弱的知识分子论战，甚至反对最弱的（或不适当地受最弱者支持的）主张，为了轻易地赢得口头上的胜利（由于不能说是实际的胜利）。人们产生错觉：在思想战线和政治、军事战线上存在某种相似性（完全不是形式上的和隐喻的相似性）。在政治和军事斗争中能够采用突破抵抗薄弱点的战术，消灭战斗力最差的援军，才能集中优势兵力猛攻主力军。在一定限度内，政治和军事的胜利具有持久和普遍的价值，可以依靠对所有人普遍有效的手段决定性地实现战略目的。相反，在思想战线上消灭援军和力量不大的追随者的意义微乎其微，几乎可以忽略不计；在这一战线上必须反对杰出的强大劲敌。否则，就会把报纸和书籍混为一谈，把日常小争论和科学工作混为一谈；应当由报纸记录数不胜数的小争论的情况。

一门新科学，当它能够对付敌对思潮的强大辩护时，当它能用自己的方法解决强大对手提出的基本问题，或者能果断地证明那些问题的虚假之时，才能证明自己的功效和强大生命力。一个历史时代和一个确定社会，确实主要由知识分子平均水平即由普通知识分子代表，但应当把群众中流行的思想意识同科学作品、伟大哲学综合区分开来，后者才是实际的关键，它们应当被超越，从反面证明它们缺乏根据，或从正面用更重要、更有意义的哲学综合同它们对抗。我们在阅读《社会学通俗教材》时，产生如下印象：某人因皎洁月光难以入睡，就竭力杀死尽可能多的萤火虫，他认为这样做月光就会暗淡或消逝。

（3）当一种学说还处在讨论、论战和形成阶段，难道能够撰写关于它的入门书、手册和通俗教材吗？我们不可能设想一本通俗教材，如果不是作为确定论题的陈述，这种陈述在形式上是教理式的，在风格上是从容的，在科学上是清晰的。它不是对原创科学研究的陈述，只能是科学研究的入门书，专供青年或从科学观点看具有初级水平（如同青年）的公众阅读，因此他们直接需要“确定性”、像无可置疑真理的观点，至少形式上如此。如果某一确定学说尚未达到其发展的“经典”阶段，任何使它“教材化”的企图都注定要失败，它的逻辑体系只是表面的和虚假的，正像《社会学通俗教材》那样，主要是完全不同的因素的机械排列，尽管它们为着成书的需要有个统一的框架，但它们之间没有内在联系。是因为它尚未用正确的理论的及历史的术语提出问题，只满足于按专题性研究陈述一系列本质问题吗？它本应更严肃、更“科学”。然而，人们庸俗地相信，科学想要绝对地述说“体系”，从而五花八门的体系被建构，但它们不具有体系不可或缺的内在一致性，而只具有外在机械性。

（4）在《社会学通俗教材》中缺少对辩证法的任何阐述。辩证法被非常肤浅地推测，没有加以论述，这对一本应当包含研究学说本质因素的教材来说是荒谬绝伦的，其书目提要应当用来促进扩展并深化研究论题，而不能代替教材本身。缺乏对辩证法的论述可能有两个原因，首要的原因在于他认为实践哲学分为两个部分：一是历史-政治理论——他认为这是社会学，即根据自然科学（实证论意义上的实验科学）方法建构的理论；二是本义上的哲学，即哲学唯物主义、形而上学唯物主义、机械（庸俗）唯物主义。

（在批判机械论的大讨论之后，《社会学通俗教材》的作者似乎对哲学问题的提法没有多大改变，他在伦敦召开的哲学史大会上所做的报告中，继续坚持说实践哲学一分为二：历史-政治学说和哲学，不过他不再用哲学唯物主义的老字眼，而是用辩证唯物主义称呼它了。）

这样提出问题，就不会认识辩证法的重要性和意义，就把认识论和历史学及政治学的精髓贬低为形式逻辑的一个分支、一种入门的经院哲学。只有把实践哲学理解为一种完整的和独创的哲学，它开创了历史和世界思想发展史的新阶段，它超越了（超越的同时汲取富有生命力的因素）唯物主义和唯心主义这些旧社会的传统表达方式，才能充分地、从根本上认识辩证法的作用和意义。如果认为实践哲学从属于另一种哲学，就不可能理解新辩证法，因为恰恰在新辩证法中实施并表现那种超越。

次要原因似乎是心理性质的。人们感觉辩证法艰深费解，由于辩证地思维必须反对通俗常识，而后者是教理式的、渴望不容置疑的确定性，并用形式逻辑表达。为了更好地理解，我们设想在小学和中学以爱因斯坦相对论为基础讲授物理等自然学科，除讲“自然规律”传统观念外，也讲统计规律及大数法规律等观念，将会发生什么情况？学生们一窍不通，学校教学和家庭及社会生活将发生冲突，以致学校成为遭人怀疑、讥笑和讽刺的对象。

我觉得此原因对《社会学通俗教材》的作者造成心理障碍；实际上，他在常识和普通思想面前低头，因为他未用确切的理论术语提出问题，从而被实际解除武装、毫无战斗力。无教化的、粗野的环境制约着教育者，普通常识强制科学，而不是相反。如果环境成了教育者，反过来教育者就应受教育，但《社会学通俗教材》及其作者不懂得这种革命辩证法。《社会学通俗教材》及其作者的一切错误的根源恰恰在于企图把实践哲学分为两个部分：一是“社会学”，二是系统哲学，离开历史-政治理论的哲学只能是形而上学，而以实践哲学为代表的现代思想史上的伟大成果恰恰是哲学的具体历史化及哲学与历史的同一。

（B11，1932—1933）

论形而上学

能从《社会学通俗教材》中发掘出对形而上学及思辨哲学的批判吗？必须指出，作者不懂形而上学自身的概念，因为他不懂历史运动、生成的概念，从而也不懂辩证法的概念。应把某种哲学论断理解为一定历史时期的真理，也就是说，它是和一定历史活动、一种实践密不可分的必然表现，但在以后时期将被超越并“失去价值”，却未陷入怀疑主义和道德及思想的相对主义，换句话说，就是认为哲学具有历史性，它是有点艰难的智力活动。相反，《社会学通俗教材》的作者完全陷入教条主义，从而也陷入形而上学（即使幼稚）的形式。从一开始，这点就一目了然：从他对问题的系统提出，从他想建构实践哲学的系统“社会学”可以看出。那种社会学恰恰就是幼稚的形而上学。在导论的最后一节[①]，作者不会回击某些批判者的异议，他们主张实践哲学只能存在于具体历史著作中。他未能阐明如下思想：实践哲学是“历史方法论”，而“历史方法论”就是哲学，是唯一具体的哲学。也就是说，他未能从实际辩证法观点提出并解决克罗齐从思辨观点提出并试图解决的问题。他不是构建一种历史方法论、一种哲学，而在编写一本具体问题实例汇编，他教条主义地理解这些问题，并凭借既幼稚又自大的谬误推理教条式地解决它们，纯属吹牛皮、放大炮。这种实例汇编可能有用和有趣，如果按本来面目只提供对直接实践有用的经验性质的近似模式的话。此外，人们懂得《社会学通俗教材》必然写成那样，因为在此书中，实

① 指第六节：历史唯物主义理论是马克思主义的社会学。

践哲学不是一种自主的和独创的哲学，而是形而上学唯物主义的“社会学”。形而上学本身就是对一种哲学、唯心主义思辨哲学的阐述，而不是对超越历史的真理、超越时空的普遍抽象的所有体系的阐述。

《社会学通俗教材》（包含）的哲学可以被称作“实证论的亚里士多德主义”，即让形式逻辑适应物理学和自然科学的方法。因果律及对规律性、规范性和一致性的探究代替了历史辩证法。然而，从这种思维方式中可以得出超越、“彻底改变实践”的结论吗？从机械论观点看，结果永远不能超越原因或原因体系，因此发展只能是庸俗进化论的毫无生气的进化。

如果“思辨唯心主义”是范畴和精神先天综合的科学，即一种反历史主义的抽象形式，那么《社会学通俗教材》包含的哲学就是一种颠倒的唯心主义，即用同样抽象的反历史的概念及分类代替思辨范畴。

（B11，1932—1933）

在《社会学通俗教材》中，旧形而上学最醒目的一个痕迹，是企图把一切都归结为一个原因、最后原因、终极原因。可以重构唯一及最后原因的问题的历史，并能证明它是“探寻上帝”的一种表现。反对这种教条主义，还应当记起恩格斯在《社会主义大学生》杂志上发表的两封信。

（B11，1932—1933）

“科学”的概念

探寻规律，探寻不变、规范、一致的路线，这样提出问题，同有点幼稚天真设想的要求有关，即“断然地解决预见历史事变”这一实际问题。由于根据诸多前景的奇怪逆转，“似乎”自然科学能够预见自然过程的进化，历史方法论被认为是“科学的”，仅当它善于抽象地“预见”社会的未来。因此，就要探寻本质的原因，甚至“第一原因”“原因的原因”。但《关于费尔巴哈的提纲》预先批判过这种简单化观点。事实上，只能“科学地”预见斗争，而不能预见斗争的具体阶段，它们只能是敌对力量不断运动的结果，永远不能成为恒定的量，在这些敌对力量中，量不断地转化为质。实际上，在人们活动、自觉努力的限度内，从而在为创造“预见”结果做出具体贡献的限度内，可以“预见”。因此，预见不是作为科学认识行为的显现，而是作为实践努力的抽象表现、创造集体意志的实践方式。

如何让预见成为一种认识行为？需要认识业已存在或现在存在的情况，而不是认识未来存在的情况，未来存在的在现在并不存在，因此不能准确地认识。由此可见，预见若不是一无所用和浪费时间的话，就只能是一种实践行为，对它只能按上述说明来理解。必须准确地提出历史事变可预见性的问题，以便能对机械论的因果观进行彻底批判，让它丧失任何科学声望，还其纯粹神话的真面目，它在过去、某些从属社会集团发展的落后时期或许有用（参看以前的一个评注）。

然而，如《社会学通俗教材》中出现的“科学”概念，必须批判并摧毁，它完全源于自然科学，似乎自然科学是唯一的科学，或如实证主义所说，是杰出的科学。但在《社会学通俗教材》中使用的“科学”术语具有多种含义，有些是明言的，有些是含蓄的或点到为止。明言的“科学”含义存在于物理学研究中，但有时似乎指方法。然而，是否存在某种一般的方法，如果存在，那不就是哲学吗？有时它仅仅指形式逻辑，但能把形式逻辑称作一种方法或一种哲学吗？必须肯定地说，所有研究都有自己确定的方法，并形成其确定的科学。伴随那种研究及科学的形成及发展，方法也在发展并与研究及科学融为一体。认为在其他研究领域根深蒂固并卓有成效的方法是典型的、优选的方法，把它应用于某种科学研究就能促进其发展，这种想法纯属和科学毫不沾边的奇怪幻觉。然而，也存在一般准则，可以说它们构成每位科学家的批判意识，而无论他从事什么“专业”，并且它们始终自发地监督其工作。这样，对自己的准则缺乏自信的人，对自己使用的概念没有充分认识的人，对所研究问题的历史情况一知半解的人，极不谨慎做出论断的人，思维随意、逻辑混乱、止步不前的人，不重视现有认识的漏洞、三缄其口并满足于纯粹口头上的解决或联系、不声明现有看法具有暂时性并需审视和发展的人，可以说都不是科学家（所有观点，通过列举合适实例都能展开）。

对《社会学通俗教材》里提及的许多争论，可以这样批评：它执拗地拒不承认引述作者可能犯错误，于是就把截然不同的意见和非常矛盾的意愿归因于某个社会集团，而科学家或学者总是该集团的代表。这同更普遍的方法论准则有关：在论战时专挑最愚笨、最平庸的对手，或专选最不重要、最偶然的对立观点，就

认为“摧毁所有”对手，因为业已摧毁次要和偶然的看法；或者自认为摧毁某种思想体系、学说，因为业已证明其三四流的“勇士”的理论缺陷。这种做法和认识极不“科学”，或者直截了当地说“极不严肃”。“必须公正地对待对手”，意思是说，我们要努力理解他们实际想说的内容，不要恶意地停留在他们表述的表面和直接的意义上。换言之，如果我们确定的目标是提高追随者的格调和知识水准，而不是想方设法造成我们四周一片荒漠的话，就应当从如下观点出发：我们的追随者应当同睿智、能干的对手辩论，而不应同那些粗俗并缺乏准备的人士（他们迷信“权威”或“多愁善感”）争论，从而捍卫并坚持自己的观点。关于犯错的可能性，应当加以肯定并说明，但不能缺少自己的观点，因为重要的不是张三、李四、王五的个人意见，而是各种意见的总和，即变成集体的意见，成为一种社会因素和社会力量。对这种集体意见的批判，矛头要对准最有代表性的理论权威，他们的思想高度和“公正无私”的态度令人尊敬。但不要认为批倒他们就摧毁了相应的社会因素和社会力量（这是纯粹的启蒙运动理性主义），而要想到这有利于：一方面，巩固自己一方，强化独立自主精神；另一方面，为自己一方创造合适条件，以便吸收同自己生活状况一致的独创学说并使其生机勃勃。

必须指出，《社会学通俗教材》的许多缺陷同“演说术”有关。作者在序言中颇为荣耀地谈及这本书原本是“讲稿”。但正如麦考利就希腊人的口头辩论所说的那样，雄辩家的“口才”和思想恰恰总伴随逻辑和论证的惊人肤浅。此外，这并未减轻没有修改就把讲稿付梓的作者责任，因为在演说时往往突发奇想，机械、偶然的观念联想往往代替了内在逻辑联系。更为糟糕的是，这种演说实践助长了草率思考之风，而批判不起制约作用。在《社会学通俗教材》中，无的放矢和偷梁换柱的批判比比皆是，这可能由于演说时的“性急匆忙”。我觉得，最肤浅和最荒谬的例证，莫过于论述施塔姆勒[①]那一节[②]。

（B11，1932—1933）

所谓“外在世界的实在性”

用“外在世界的实在性”这一“吓人”论题同主观主义实在观进行论战，这样布局很糟糕，论述得更差，大部分空洞无用（我还要提及那篇向1931年6至7月在伦敦召开的科学史大会提交的论文）。从《社会学通俗教材》的观点看出，全部论述更符合知识分子学究气而非逻辑必然性。公众甚至不相信能提出这个问题：外部世界是否客观存在。这样提出问题，足以让人哄堂大笑。公众“相信”外部世界是客观存在，但这里恰恰产生一个问题：这种“信仰”源于什么，“客观地”具有什么批判价值？实际上，这一信仰源于宗教，即使如此确信的人对宗教不感兴趣。由于所有宗教过去、现在都教导说，世界、自然、宇宙是在造人之前由上帝创造的，从而人面对一个一劳永逸、完美无缺的世界。这种信仰变成坚如磐石的“常识”，即使宗教情感消失或淡薄，它仍

① 施塔姆勒（1858—1938），德国法学家。

② 参见布哈林的《历史唯物主义理论：马克思主义社会学通俗教材》，人民出版社1983年版，第18—22页。

然毫不动摇。由此可见，以常识的经验为基础，用某种“滑稽戏”去摧毁主观主义实在观，更具有“反动的”意义，即隐蔽地回归宗教情感。其实，天主教作家和演说家采用相同手段，旨在达到冷嘲热讽的效果。

在提交给伦敦大会的论文中，《社会学通俗教材》的作者含蓄地回答这种指责（虽说具有意义，却是外在性质的），他指出最先宣扬主观主义实在观的贝克莱[①]是一位大主教（从而似乎应当得出此理论源于宗教的结论），接着又说，只有首次面对世界的亚当可以想到世界因他思考才存在（这里也暗指此理论的宗教来源，但说服力不强或没有说服力）。

我觉得，应是另一个问题：这种实在观并非无用，在今天对实践哲学家而言也是如此，但向公众陈述时只能引起嘲笑和讥讽，这如何解释？在我看来，最主要的原因是科学和生活、处于高级文化领导中心的某些知识分子集团和广大群众之间逐渐产生距离。另一个原因是哲学语言变成喜剧丑角口中的台词，就能让人捧腹大笑。然而，如果“常识”令人发笑，实践哲学家就应当想方设法解释：这种实在观的真正意义，为什么它在知识分子中间诞生并传播，为什么常识认为它可笑。千真万确，主观主义实在观是现代哲学最完整、最先进的形式，如果历史唯物主义源于它并超越它得以诞生，那么历史唯物主义在其上层建筑理论中，用实在论的和历史主义的语言提出传统哲学用思辨形式表达的问题。证

① 贝克莱（1685—1753），英国哲学家，是主观唯心主义与唯心主义经验论的主要代表之一。1734 年任爱尔兰南部克洛因地区基督教新教主教。

明这一点（这里[①]仅仅略微提及）具有重大文化意义，因为它将终结一系列空洞无用的争论，并促进实践哲学有机地发展，直至让其成为高级文化的权威代表。令人惊奇的是，对这两种实在观之间的关系，人们始终没有做出适当论断并展开。

显而易见，这个问题同所谓精确科学或自然科学的价值以及自然科学在实践哲学内获取的地位有着密切关系，自然科学获取近乎拜物教的地位或被视为唯一真正的哲学、对世界的认识。

但应如何理解主观主义的实在观呢？能够研究由一系列哲学家和教授精心建构的所有主观主义实在观，直至唯我论吗？显然，在此种情况下，实践哲学只同黑格尔主义相比较，因为黑格尔主义代表此观念的最完整、最天才的形式，而以后那些理论只需考察其部分和工具价值。必须在此种实在观多少睿智的追随者和批判者那里，研究它具有的怪异形式。这样，有待记起托尔斯泰在其童年和青年回忆录中所写的内容。托尔斯泰写道，他曾对主观主义实在观满怀激情，他往往突然转头，导致头晕，认为这样可以捕捉他什么都看不见的瞬间，因为他的精神没有时间“创造”实在（或类似的东西，托尔斯泰的这段话颇具特色，文学趣味性很强）。同样，在《批判哲学大纲》中（第159页），瓦里斯科写道：“我翻阅一张报纸，旨在了解现实；你们认为我一翻阅报纸就创造了新闻？”托尔斯泰把如此直接和机械论的意义赋予主观主义实在观，尚可以理解。但瓦里斯科这样写怎能不令人吃惊？虽说他今天已皈依宗教并信仰超验二元论，但他毕竟是一

① 指布哈林的《历史唯物主义理论：马克思主义社会学通俗教材》。

位严肃的学者，应当熟悉自己的学科。瓦里斯科的批判是常识性的，恰恰唯心主义哲学家忽视此类批判，相反它在阻碍一种思维方式或一种文化传播方面起着举足轻重的作用。让我们回忆米西罗利在《文学意大利》上发表的文章。他写道，如果他不得不在普通公众面前和一位新经院哲学家公开辩论，譬如捍卫主观主义观点，他将会感到非常窘迫。从而，米西罗利指出，天主教为了和唯心主义哲学竞争，倾向于俘获自然科学。米西罗利在其他地方写道，他预见思辨哲学会有一个衰落期，实验科学和“实证”科学将会日益广泛传播（但在《试金者》上发表的第二篇文章中，他预见到反教权主义浪潮，似乎不再相信天主教会俘获自然科学）。同样，需要记住阿尔迪戈的《杂论集》（由马尔凯西尼编辑整理，勒莫尼埃出版社1922年版）中的“南瓜[①]论战”：在一张外省小报上，一位作家（主教公署的一位教士）为了取消阿尔迪戈面对公众的资格，称他差不多“属于那类哲学家，他们硬说（曼图亚或另一座城市）大教堂存在，仅仅因为他们想到它，当他们不再想它时，它就立即消逝，云云”。对这种指责，阿尔迪戈感到愤愤不平，因为他是一位实证主义者，并且赞同天主教徒领会外部实在的方式。

有必要说明，“主观主义”实在观用以批判超验哲学、常识及哲学唯物主义的幼稚形而上学时，在上层建筑理论中能找到其真谛，并做出历史主义的解释；而在其思辨形式中，只能是一部纯粹的哲学小说。在德国古典哲学中对主观主义做带点实在论色彩的解

① 意大利文为“zucca”，也有傻瓜的含义。

释，在德·鲁杰罗对康斯坦死后发表作品（我觉得是书信）所写的评论中可见，康斯坦的书信刊登在几年前的《批判》杂志上。

还应当指出，《社会学通俗教材》从批判常识的观点介绍主观主义实在观，并用最粗俗和无批判的形式接受外部世界的客观实在观，甚至没有怀疑它会遭到神秘主义的批驳，但实际已经发生。（在提交给伦敦大会的论文中，《社会学通俗教材》的作者提及对神秘主义的批判，他把这种批判归于桑巴特[①]，却轻蔑地忽视该批判。桑巴特肯定受了克罗齐的影响。）然而，只要对这种实在观[②]进行分析，继而对这种机械论理解的外部世界实在性观点进行辩护就绝非易事。能够存在一种超历史和超人类的客观性吗？但由谁来判断这种客观性呢？谁能从这种“自在宇宙”的观点出发呢？这一观点意味着什么？我们可以斩钉截铁地认为，这是上帝观念的残余，恰恰在于其未知上帝的神秘观。“世界的统一性在于它的物质性，而这种物质性是由哲学和自然科学的长期的和持续的发展来证明的”，恩格斯的这一论断恰恰包含正确思想的萌芽，因为要证明客观实在，需要求助于历史和人。客观地总意味着“人类客观地”，它能与“历史主观地”完全一致，也就是说客观地就是“普遍主观地”。人们能够客观地认识，因为对于历史地结合在统一文化体系中的全人类来说，认识是实在的。但这一历史统一过程由于分裂人类社会的内部矛盾消失才得以实现，这些矛盾是形成集团和产生意识形态的条件，那些意识形态不是普遍具

① 桑巴特（1863—1941），德国经济史家。

② 指外部世界客观实在论。

体的，因直接受其实体的实践来源影响，而是暂时、易变的。由此可见，存在争取客观性的斗争（从支离破碎的和失败的意识形态中解放出来），这一斗争也是争取人类文化统一的斗争。唯心主义者称作“精神”的东西不是起点，而是终点，它是朝着具体统一和客观普遍而发展变化的上层建筑总和，不再是统一的必要条件，等等。

迄今为止，实验科学已经为此种文化统一提供了阵地，并在此阵地上实现了极大发展。实验科学是使精神统一并使其更普遍的认识因素，实验科学是最客观的及具体普遍化的主观性。

形而上学唯物主义的“客观”概念，似乎意味着在人之外存在的客观性，但当人们断言即使人不存在、实在也存在时，要么是在比喻，要么陷入某种形式的神秘主义。仅当实在和人发生关系，我们才能认识实在，由于人是历史生成的，认识和实在也是生成的，从而客观性也是生成的。

（B11，1932—1933）

贝克莱的“主观”实在观能够脱离宗教吗？贝克莱以什么方式将其“主观”实在观同宗教信仰联系起来？《社会学通俗教材》如同关于《理论和实践》的论文一样，因过于简单化，不能理解机械唯物主义同宗教相联系，其程度绝不亚于最极端的主观主义。贝克莱不是宗教的“异端”，甚至他的实在观是一种思考神性和人的思想之间关系的方式，归根结底就是“神学”。在关于《理论和实践》的论文中，引述了“生活是梦”，没有想到这是语言问题，因为如果一切是梦，那么梦也是梦，梦就是“生活”和“实在”。

（B11，1932—1933）

对照托尔斯泰的《自传》第1卷（《童年—少年》，都灵，斯拉夫出版社1930年版）第232页（《少年》第十九章，标题恰为“少年”）：“然而，没有任何其他哲学思潮能像怀疑主义那样让我着迷，在一定时期内，它让我接近疯狂状态。我曾想象，在整个世界除我之外，任何人和物都不存在，并且物不是物，而是映象，仅当我注意它们时，映象才向我显现，我刚一不想它们，那些映象立即消逝。一句话，我赞同施莱格尔[①]的观点，他主张物不存在，只存在我们和物的关系。在这种根深蒂固观念的影响下，我近乎疯癫，于是我往后急转头，希望意外撞见我在其中并不存在的虚空。”

（B11，1932—1933）

除托尔斯泰的例子外，再提及一位记者用滑稽形式描述一位“职业或超验”哲学家（克罗齐在“哲学家”一章里描述过）：他年复一年地坐在自己的桌前，一直注视着墨水瓶，并问自己同一个问题——这个墨水瓶是在我之内还是在我之外呢？

（B10，1932—1935）

① 施莱格尔（1772—1829），德国作家、批评家。

恩格斯关于“世界的物质性是由哲学和自然科学的长期的和持续的发展来证明的”表述，应当加以分析并更准确。将科学理解为科学家的理论活动还是其实践-实验活动？或者是这两种活动的综合？可以说，实在的典型的统一过程就存在于科学家的实验活动，这种活动是人与自然之间关系辩证调解的首个模式，人通过基本的历史因素，借助技术同自然发生关系，认识自然并征服自然。无疑，实验方法的兴盛导致两个历史世界分开、两个时代划分，启动神学及形而上学解体的和现代哲学发展（实践哲学是这一发展的顶峰）的过程。科学实验是新的生产方法的、人与自然积极统一新形式的首个细胞。科学家-实验者也是工人，而不是纯粹的思想家，他的思想不断受实践检验，反之亦然，直至形成理论和实践的完美统一。

评注一

必须研究卢卡奇[①]教授对实践哲学的立场。似乎卢卡奇断言，只能对人的历史谈辩证法，对自然则不能。他可能错，也可能有道理。如果其论断以自然和人之间的二元论为前提，他就错了，因为他陷入宗教性质的和希腊-基督教哲学的自然观，也就是唯心主义的自然观，这种自然观实际上（不是口头上）不能把人和自然统一并联系起来。然而，如果人的历史也应理解为自然史（通过科学史），怎么能把辩证法和自然分离呢？或许为了反对《社会学通俗教材》中的奇怪理论，卢卡奇犯相反性质的错误，陷入一种唯心主义的形式。当然，恩格斯在《反杜林论》中的不少论述可能导致

① 卢卡奇（1885—1971），匈牙利哲学家、美学家、文学理论及文学史家。

《社会学通俗教材》的偏差，人们忘记，尽管恩格斯长期工作，但对许诺的证明宇宙辩证规律的著作来说，留下的材料不多，此外，人们夸大了实践哲学的两位创始人之间思想的一致性。

（B11，1932—1933）

新经院哲学家卡索蒂（《教师与学生》，第 49 页）写道："博物学家和生物学家的研究，以生命和实在有机体业已存在为前提"，这一表述接近恩格斯在《反杜林论》中的表述。

天主教和亚里士多德主义在实在客观性问题上是一致的。

为了确切理解外部世界的实在性问题可能具有的意义，有必要看一下"东方""西方"这两个概念的例子。它们一直就是"客观地存在的"，虽然分析时只呈现为"约定俗成的"即历史-文化的结构（"人为的"和"约定俗成的"这两个词表示作为文明发展结果的"历史事实"，而不再是唯理论的、随意的或个人构想的东西）。应当记起罗素那本小书（已出版意大利文译本）中包含的例子。罗素近乎这样说道："地球上没有人存在，我们不能想到伦敦和爱丁堡的存在，但可以想到空间里两点的存在——它们就是今天的伦敦和爱丁堡，一点在北，另一点在南。"对此，可以反驳说，没有想到人存在，就不能想到"想到"，也就通常不能想到由于人存在才存在的事实或关系。如果没有人，东西、南北意味着什么？它们是实在的关系，但没有人、没有文明的发展，它们就不会存在。显然，东和西是人为的、约定俗成的，即历史的范畴，因为离开了实际的历史，地球上任何一点同时是东又是西。这从

如下事实可以看得更清楚：这些词语不是根据想象的忧郁症患者（平民百姓）的观点形成的，而是根据欧洲有文化阶级的观点形成的，它们通过其世界领导权，让世界各地接受这些词语。日本是远东国家，这不仅对欧洲人来说是如此，对加利福尼亚的美国人和日本人自己也是如此。日本人根据英国政治文化可以称埃及为“近东”。这样，通过不断注入地理名词的历史内容，“东方”“西方”最终揭示不同文明整体间的确定关系。于是，意大利人在提及摩洛哥时，通常把它称作“东方”国家，正是归因于它的穆斯林和阿拉伯文化。但这些概念是真实的，它们和真实事实一致，它们使人们能够通过陆地和海洋旅行到达预定的目的地，使人们“预见”未来，使实在客体化，使人们理解外部世界的客观性。理性的和实在的相一致。如果不理解这种关系，似乎就不能理解实践哲学以及它同唯心主义及机械唯物主义相比的立场、上层建筑学说的重要性和意义。像克罗齐所说，在实践哲学中，黑格尔的“理念”被经济基础所代替，这种看法是不准确的。黑格尔的“理念”既在经济基础中也在上层建筑中被超越，理解哲学的整个方式已经“历史化”了，也就是说比以前更具体、更历史的哲学思维新方式开始诞生了。

（B11，1932—1933）

对过去哲学的判断

《社会学通俗教材》对主观主义的肤浅批判，涉及一个更一般的问题，即对过去的哲学及哲学家的态度问题。判断过去全部哲学似乎都是精神错乱和愚蠢透顶，这不仅犯下反历史主义错误，因为内含不合时宜的奢望——过去应当如今天这样思维，而且是不折不扣的形而上学残余，因为设想一种适用于一切时代和所有国家的教条主义思想，并且以该思想为尺度判断过去的一切。方法上的反历史主义就是形而上学。过去的哲学体系被超越，并不排除它们在历史上具有价值并起过必要的作用。应当从整个历史发展和实在辩证法的观点来考察它们的暂时性，它们应当衰落，这不是从某种客观的观点出发做出道德上或思想卫生上的判断，而是辩证-历史的判断。可以比较恩格斯引述的黑格尔的命题：“凡是合理的都是现实的，凡是现实的都是合理的。”这一命题对于判断过去将会有益。在《社会学通俗教材》中，过去被判断为“非理性”和“恐怖”，哲学史变成关于畸形学的历史著述，因为它[①]从形而上学观点出发。（相反，在《共产党宣言》中，包含对垂死世界的高度赞扬。）如果这种判断过去的方法是一种理论错误，是对实践哲学的偏离，那么它能否具有一定教育意义，能否激励人们精神振奋？似乎不能，因为问题变成设想古人或古物在当代出现，而非在以往的一个世纪出现。然而，在每个时代都有过去和当代。因此，“当代人”是个好名分只限于开玩笑。（提及一个法国小市民的逸事，他把“当代人”印在自己的名片上，以前认为自己微不足道，后来有一天，却发现自己是个人物——一个真正的“当代人”。）

（B11，1932—1933）

① 指布哈林的《历史唯物主义理论：马克思主义社会学通俗教材》，简称《社会学通俗教材》。

内在性和实践哲学

《社会学通俗教材》指出，“内在性”和“内在的”这两个词虽被使用，但“显然”只是使用“喻义”。很好，但这样就解释清“内在性”和“内在的”这两个词的“喻义”了吗？为什么这两个词被继续使用而没有被替代？仅仅由于厌恶创造新词吗？一般来说，当一种新世界观取代以前的世界观时，以前的语言被继续使用，但恰恰使用其喻义。全部语言就是一个不断比喻的过程，而语义学史就是文化史的一个方面。语言就是集活生生的事物和过去生活及文明的化石博物馆于一身。当我使用“天灾”这个词时，无人指责我信仰占星术；当我说“天啊！”时，无人认为我是异教神祇的崇拜者。然而，这样表达却证明现代文明也是由异教信仰和占星术发展来的。“内在性”一词在实践哲学中有其确切含义，但它暗含在喻义中，因此需要界定和阐明；其实，这种阐明就是真正的“理论”。实践哲学是内在性哲学的继续，但彻底扬弃其形而上学的外壳，并把它引导到历史的具体领域。比喻的用法仅仅意味着旧内在性已被超越，虽然已被超越，但总被设想为思想进程中的一个环节，新思想从中诞生。此外，内在性的新概念是完全新的吗？譬如，在乔尔达诺·布鲁诺[①]那里就有这种新概念的不少痕迹；实践哲学的创始人[②]了解乔尔达诺·布鲁诺，他们阅

① 乔尔达诺·布鲁诺（1548—1600），意大利文艺复兴时期著名哲学家、思想家、科学家和文学家。他是为真理献身的英雄。代表作是《论无限、宇宙和诸世界》（*De l'infinito,universo e mondi*）和《论原因、本原和太一》（*De la causa, principio et uno*）。

② 指马克思和恩格斯。

读其著作，并且在书上留下不少旁注；还有，乔尔达诺·布鲁诺对德国古典哲学并非没有影响……可见，哲学史的许多问题将让人受益匪浅。

（B11，1932—1933）

在《社会学通俗教材》的若干处，就这样断言实践哲学的最初著作家只在“喻义”上使用“内在性”和“内在的”这两个词，但没有其他说明，似乎纯粹断言本身就令人信服。然而，语言和比喻之间的关系并非如此简单，完全不是。语言总是在打比方。或许我们不能确切地说，任何谈话都在打比方，以免过于扩大比喻的概念；但可以说，就使用的词语在以往文明时期具有的含义和思想内容而言，目前使用的语言是在打比方。譬如，布雷埃尔的一篇语义学论文，就能提供历史地、批判地重构的一组组词语语义变化一览表。如果不注意这一事实，即对语言现象没有批判性和历史性的概念，将会在科学领域和实践领域铸成许多大错。

（1）美学性质的错误。对于这类错误，今天正在不断地加以纠正，但在过去却是一种占统治地位的学说，该学说的错误在于主张某些表述本身就“美”，因为它们是比喻的积淀，从而有别于其他表述。修辞学家和语法学家对某些词语情有独钟，他们发现其中包含（天晓得）多少抽象艺术的优越性和实质性。语言学家因切盼其词源学或语义学分析出成果而如学究般沾沾自喜，却同真正的艺术享受混为一谈。当下，贝尔托尼的“语言与诗”一文就是此种病态的实例。

（2）实践性错误。这是一种让语言固定和通用的空想，但其追随者甚多。

（3）随意使用新名词术语的倾向。该倾向源于帕累托提出的问题和实用主义者的“语言是错误的原因”的命题。帕累托和实用主义者一样，认为自己创造了一种新世界观，或至少革新了某门科学（从而把一种含义或至少一种新细微差异赋予词语，或业已创造了新概念），却面对着一个事实：传统词语，不仅在日常用法上，而且在有文化阶级甚至在研究语言学的专家那里，仍然继续保持旧的含义，虽然其内涵更新。于是，他们做出反应。帕累托创造了自己的“词典”，表现出创造其“纯粹的”或“数学的”语言的倾向。实用主义者将“语言是错误的原因”抽象地理论化（参阅普雷佐利尼的小书）。然而，可以剔除语言的喻义和引申义吗？这不可能。语言是随着整个文明的变化而变化的，通过新阶级在文化上先进，通过一种民族语言对其他民族语言行使领导权，等等。确切地说，是以比喻的形式吸纳以前文明及文化的词语。今天，无人认为词语“天灾”同占星术有关，也不会对使用该词语者的意见产生误解。同样，一位无神论者也可以说“天灾”，而不会被人视为宿命论的追随者，等等。新“喻义”伴随新文化的传播而传播，此外，新文化也创造新词语，还从其他语言中借用词语并赋予确切含义，从而这些外来词语丧失原有的更为宽泛的含义。这样，对于许多人来说，第一次认识、理解并使用“内在性”这个词语，只限于实践哲学赋予的新“喻义”。

（B11，1932—1933）

术语和内容的问题

知识分子的特点之一，是“积淀结晶”而成的社会阶层（该阶层认为自己是历史上不间断的继续，从而独立于集团的斗争，而不是每一个社会统治集团造就自己知识分子阶层的辩证过程的表现），恰恰在于在意识形态领域，通过相同的概念术语同以前的知识分子阶层重新结合起来。每一个新的社会组织（社会类型）都创造新的上层建筑，而其专业化代表和旗手（知识分子）只能视为“新”知识分子，他们是在新形势下涌现的，而不是以前知识分子的继续。如果“新”知识分子自认为是以前知识分子阶层的继续，他们就根本不是“新”的，也就是说，他们没有同有机地代表新历史形势的新社会集团相结合，而是历史上被超越社会集团的保守、僵化的残余（这等于说新的历史形势尚未达到能够创造新上层建筑的必要发展程度，仍然生存在旧历史千疮百孔的外壳里）。

然而，必须记住，任何新的历史形势，即使它是彻底变化的结果，都不能完全改变语言，至少在其外在、形式方面。但语言的内容应当改变，即使人们难以直接地准确意识到这一改变。此外，从历史角度看，这一现象既复杂又微妙，因为在新社会集团的各个阶层存在不同类型的文化，而某些阶层在意识形态领域仍深陷在以前历史形势的文化中，有时甚至是刚刚被超越的文化。一个阶级，尽管某些阶层还坚持托勒密的世界观，却仍然可以成为非常进步的历史形势的代表；那些阶层虽然在意识形态上落后（或至少其世界观的某些方面是支离破碎的、幼稚的），但在实践上即在经济及政治的作用上很先进。如果知识分子的任务是决定并组织道德及智力的改革，也就是让文化适应实践功能，那么显然“结晶化”的知识分子就是保守的和反动的；因为当新社会集团至少感觉到已同以前的社会集团决裂时，他们却没有感觉到这种差异，还希望能够同过去藕断丝连。

此外，不能说过去的一切遗产都应当摒弃。有些“工具价值”应当整体接受，以便让它们继续完善并精确。但怎样才能将工具价值同无疑应摒弃的暂时性哲学价值区分开？往往发生如下情况：由于接受了过去甲思潮的暂时性哲学价值，就摒弃乙思潮的工具价值，因为乙思潮同甲思潮对立，即使乙思潮的工具价值有益于表达新的文化、历史内容。

我们看到，“唯物主义”一词连同其过去的内容被一并接受，而“内在性”一词被摒弃，因为在过去它具有确定历史文化内容。难以让语言表达适应概念内容，将术语问题同实质问题混为一谈，或者反向地视同一律，是对哲学一知半解、把握文化发展进程不同阶段时缺乏历史感的典型表现，也就是反辩证法、教条主义、受形式逻辑抽象模式禁锢的观念的典型表现。

在19世纪前半叶“唯物主义”一词不能仅从哲学术语的狭义上去理解，还应从伴随现代文化的产生及发展在欧洲引起论战的广义上去理解。凡把超验逐出思想领域的哲学学说都被称作“唯物主义”，因此，实际上不仅泛神论和内在论，而且受政治现实主义启示的实际立场也可称作“唯物主义”。这种政治现实主义反对某些政治浪漫主义的低劣思潮，比如大众化的马志尼[①]学说，它

① 马志尼（1805—1875），意大利革命家，民族复兴运动中民主共和派领袖。

只大谈“使命”“理想”及类似空洞、模糊及伤感主义的抽象辞藻。在今天天主教徒的论战中，“唯物主义”一词往往在此含义上使用；唯物主义是狭义唯灵论的对立面，也就是宗教唯灵论的对立面，因此在唯物主义中，除包含感觉论和法国启蒙运动外，也包含黑格尔主义，一般来说还包含德国古典哲学。于是，在常识术语中，一切想要在这个地球而不是在天堂找到人生目的的倾向都可称作“唯物主义”。超越中世纪生产局限的任何经济活动也是“唯物主义”，因为它们似乎以自身为目的，为经济而经济，为活动而活动，正如今天在一般欧洲人眼中，美国是“唯物主义的”，因为美国在使用机器、公司和业务的规模上均超过一般欧洲人认为“正确的”（即“精神”需求不受损害的）限度。这样，作为反击发展中的资产阶级的论战武器的封建文化，今天被欧洲资产阶级文化一方面用来反对比欧洲资本主义更先进的资本主义，另一方面用以反对从属社会集团的实践活动，对它们[①]而言，从一开始直至能建构自己的经济及社会结构前的整个历史时代，其主要活动不能不是经济活动，或至少以经济及结构的术语表达。这种唯物主义观的痕迹保留在语言中，在德语和俄语中的“精神的”[②]一词就有“教士的”“教士特有的”含义。从许多实践哲学著作家那里，可以得出该唯物主义观占优势的结论：他们正确地把宗教和有神论视为识别“彻底唯物主义者”的重要标志。将历史唯物主义贬低为传统的形而上学唯物主义的原因之一——或许是主要原

① 从属社会集团。

② 在德语中是“geistlich”，在俄语中是“dukhoviez”。

因——应当从如下事实中去探寻：历史唯物主义不能不是主要处于批判及论战阶段的哲学，而人们需要一个更完整、更完善的体系。然而，完整、完善的体系总是个别哲学家的作品，在体系中除有（历史上）现在部分，即符合当代生活条件的部分，还存在一个“非历史的”抽象部分，该部分同过去的哲学相连，并且因体系结构的需要或由于个人特质差异而具有故弄玄虚的外观。因此，一个时代的哲学不能是一个人或思潮的体系，而是全部个人哲学及思潮的总和，再加上科学知识、宗教和常识。通过个人和团体，能否人为地建构此类体系？唯一的可能是批判活动，尤其是指批判地提出并理解表现历史进程的问题。但必须提出并理解的第一个问题是：新哲学不能同过去的任何体系一致，无论那个体系怎样称呼。术语的同一不等于概念的同一。

关于这个论题，朗格[①]的《唯物主义史》是一本需要研究的书。仅就对个别唯物主义哲学家研究方面，此书或多或少被超越，但从如下视角看，其文化重要性未受损害：一系列历史唯物主义追随者都参阅此书，为的是了解先驱者并获得历史唯物主义的基本概念。可以简要地说是这样发生的：从教条主义的前提出发——无疑，历史唯物主义是稍加审视和修正（用“辩证法”修正，从而辩证法沦为形式逻辑的一章，而不是自身作为逻辑，即本身就是认识论）的传统唯物主义。人们研究朗格的著作，发现作为历史唯物主义介绍的传统唯物主义及其概念是些什么货色。于是，可以说在历史唯物主义的招牌下，贩卖大部分概念私货的始作俑

① 朗格（1828—1875），德国哲学家和社会党人。

者不是别人，正是朗格。这就是研究此书具有很大文化及批判意义的原因所在。朗格是一位认真的、敏锐的历史学家，但其唯物主义概念既严谨、明确又有局限，以至于某些人（比如普列汉诺夫）既惊愕又愤怒：朗格既没有把历史唯物主义，也没有把费尔巴哈的哲学，视为唯物主义的哲学。这里还可以看出，名词术语虽说是约定俗成的，却具有其重要性，因为若忘记应永远上溯其文化渊源，就会造成错误和偏差。原因就在于在相同的帽子下，可能有不同的脑袋。此外，众所周知，实践哲学的创始人[①]从未把自己的观念称作“唯物主义的”，当他谈及法国唯物主义时进行了批判，还断言批判应彻底。他从未使用“唯物辩证法”的惯用语，而是采用同“神秘的”对立的“合理的”一词，这样就将非常确切的含义赋予该词。

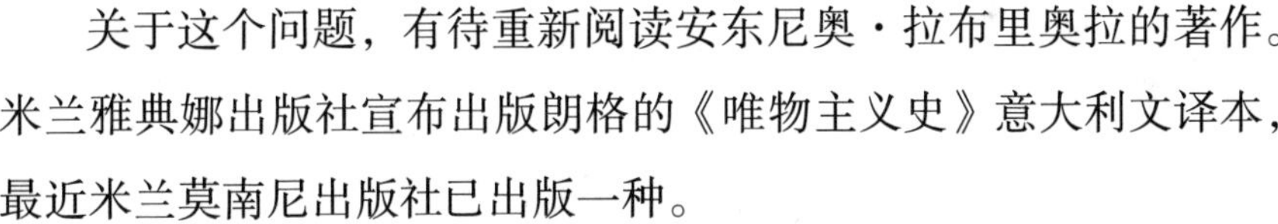

关于这个问题，有待重新阅读安东尼奥·拉布里奥拉的著作。米兰雅典娜出版社宣布出版朗格的《唯物主义史》意大利文译本，最近米兰莫南尼出版社已出版一种。

（B11，1932—1933）

科学和科学工具

《社会学通俗教材》断言，科学的进步取决于科学工具的发展，正如结果取决于原因。这是《社会学通俗教材》接受源于洛里亚的“生产及劳动工具”历史作用的一般原理的结果：代替了

① 指马克思。

社会生产关系的总和。然而，在地质学中只使用一种工具——锤子，锤子的技术进步肯定同地质学的进步没法比。若按《社会学通俗教材》的观点，科学史可以归结为各门科学独特的工具历史，那么地质学史将能如何建构？说地质学建立在其他科学的整体进步上，从而其他科学的工具历史有助于揭示地质学的发展，此种说法也站不住脚。因为靠这种“脱身之计”，最终大谈空洞普遍性，再回溯到越来越宽泛的运动，直至生产关系。因此，地质学正确的座右铭是“大脑加锤子”。

通常可以说，科学的进步不能从物质上证明；科学史只能通过记载生生不息。所有科学的历史，都不能靠描述工具的不断进步（它们曾是进步手段之一），靠描述被科学本身采用的机器来建构。科学进步的主要工具是智力的（甚至政治的）、方法论的准则，恩格斯正确地写道，“智力工具”不是从无中产生，也不是人生来就有的，而是后天获取的，过去和现在都是历史地发展的。从科学领域去除亚里士多德和《圣经》的权威，对科学进步有多么大的贡献？这种去除不是由于现代社会的普遍进步吗？让我们想想关于动机渊源的形形色色理论的实例；在狄德罗[①]的《百科全书》中，才首次确切表述动机得以产生的方式。可以证明，平民百姓对此问题有正确看法，但在科学领域，各种随意和怪异的理论层出不穷，它们企图用良知的经验观察同《圣经》及亚里士多德相协调。

① 狄德罗（1713—1784），法国唯物主义哲学家、美学家，百科全书派的主要代表，第一部法国《百科全书》的主编。

还有一个问题:《社会学通俗教材》的论断是否正确，科学史同技术史如何区分？随着科学“物质”工具的发展（历史上它开始于实验方法的产生），一门特殊科学——工具科学得以发展，这门科学同生产及技术的普遍发展有密切关系。

关于这个论题，可以参阅博菲托的《科学工具和工具科学》（佛罗伦萨，谢贝尔国际书店 1929 年版）。

《社会学通俗教材》的论断多么肤浅，可以从数学科学的实例看出。数学科学不需要任何物质工具（算盘的发展，我认为无关大局），但数学科学本身是所有自然科学的工具。

（B11，1932—1933）

“技术工具”

《社会学通俗教材》关于技术工具的观点是完全错误的。根据克罗齐论洛里亚的一篇论文（见《历史唯物主义和马克思主义经济学》）可以发现，恰恰是洛里亚首先随意地（或者出于独创发现的幼稚虚荣心）用“技术工具”的表述代替“物质生产力”和“社会关系总和”的概念。《政治经济学批判》序言的表述如下：“人们在自己生活的社会生产中发生一定的、必然的、不以他们的意志为转移的关系，即同他们的物质生产力的一定发展阶段相适合的生产关系。这些生产关系的总和构成社会的经济结构，即有法律的和政治的上层建筑竖立其上并有一定的社会意识形式与之相适应的现实基础。……社会的物质生产力发展到一定阶段，便同它们一直在其中运动的现存生产关系或财产关系（这只是生产关系的法律用语）发生矛盾。于是这些关系便由生产力的发展形式变成生产力的桎梏。那时社会革命的时代就到来了。随着经济基础的变更，全部庞大的上层建筑也或快或慢地发生变革。……无论哪一个社会形态，在它所能容纳的全部生产力发挥出来以前，是决不会灭亡的；而新的更高的生产关系，在它的物质存在条件在旧社会的胎胞里成熟以前，是决不会出现的。”（安东尼奥·拉布里奥拉在《纪念〈共产党宣言〉》中的译文。[①]）以下是洛里亚的改写（引自《世界与社会制度》，维罗纳，德鲁克出版社 1892 年版，第 19 页；但克罗齐断言，在洛里亚的其他著作中也有类似观点）：“与生产工具一定阶段相适应并建立其上的一定生产制度以及一定经济关系，构成社会存在的全部方式。但生产方法的不断改进迟早会引起技术工具的彻底改变，这种改变使得建立在以前技术阶段上的生产制度与经济制度变得不可容忍。于是，通过社会革命，旧经济力量被摧毁，并被与生产工具新阶段相适应的更高经济形式所代替。”（在一篇享有盛誉的精彩论文——“飞机的社会影响”——中，洛里亚论述了技术工具的惊人优点。该论文被切萨罗公爵的《当代评论》刊于 1912 年分册上。）克罗齐补充道，《资本论》（第 1 卷，第 143、335—336 页）和其他著作强调了技术发明的重要性并援引了技术史，但没有一部著作将“技术工具”变成经济发展的唯一的和最高的原因。《政治经济学批判》序言包含“物质生产力的发展阶段”“物质生活的生产方式”“生产的经济条件”等类似表述，它们的确断言经济发展取决于物质

① 中文译文采用《马克思恩格斯文集》第 2 卷，人民出版社 2009 年版。

条件，但从未把这些条件只归结为“技术工具的改变”。克罗齐继续说道，实践哲学的创始人[①]从未建议对经济生活的终极原因进行研究，“他的哲学并非如此廉价，他不会徒劳无益地同黑格尔的辩证法‘调情’，为了探寻什么终极原因。”

必须指出，《社会学通俗教材》没有引述《政治经济学批判》序言中的那段话，甚至都没有提及。这一点非常奇怪，因为这关乎重构实践哲学的最重要的真正渊源。此外，在这方面，在《社会学通俗教材》中表述的思维方式和洛里亚的没有什么不同，如果不是更加肤浅和更应批判的话。在《社会学通俗教材》中，不能确切理解什么是经济结构、上层建筑、技术工具，所有一般概念都模糊不清。技术工具被理解得太宽泛，指所有器具和用具，甚至包括科学家实验用的仪器和乐器……这种提出问题的方式只能徒劳无益地让事物复杂化。从这种怪异的思维方式出发，涌现出一系列怪异的问题。譬如，图书馆是经济结构还是上层建筑？还有科学家的实验室呢？如果能断言艺术或科学因相应技术工具的发展而发展，那么为什么不能做反向的断言，甚至断言某些工具形式同时既是经济结构又是上层建筑？可以说，某些上层建筑具有自己独特的经济结构，但仍然是上层建筑。这样，印刷术会是一系列甚至全部意识形态的物质基础，而印刷工业的存在足以为全部历史提供唯物主义的证明。其后，剩下纯数学和代数学的情况，它们没有自己的工具，也就不可能发展。显然，《社会学通俗教材》的整个技术工具理论只是一种文字游戏，可同克罗齐炮

① 指马克思。

制的“记忆”理论相媲美，克罗齐为了解释艺术家不满足于单纯在观念上构思自己的作品，从而写出了、雕刻出来的原因……（遭到蒂尔盖尔非凡的反驳：在建筑学上，把工程师建筑一座大厦视为对设计的记忆太夸大其词了。）无疑，这一切都是对实践哲学可笑的偏离，这种偏离由一种奇怪信念造成：越是求助于“物质”客体，就越“正统”。

（B11，1932—1933）

反驳“经验主义”

探究一系列事实以发现它们之间的关系，要以某个“概念”为前提，靠它才能把一类事实同另一类事实区分开。如果不预先存在一个选择标准，如何能对事实进行选择，然后作为证明自己论断是真理的证据呢？但这种选择标准是什么，难道不是某种高于被探究的每一个个别事实的东西吗？一种直觉，一种观念，必须认识到其历史复杂性，其过程应同整个文化发展过程相联系，等等（同关于“社会学规律”的观念联系起来考察，在“社会学规律”中只把同一事实重复两次，一次作为事实，另一次作为规律，可见是重复事实的诡辩，而不是规律）。

（B17，1933—1935）

“正统”概念

根据上述的某些要点，似乎“正统的”概念应当革新并上溯至其真正渊源。正统不应在实践哲学的这位或那位追随者中去探寻，也不应在外在于实践哲学的各种思潮派别中去探寻，而应在“自给自足”的实践哲学的基本概念中去探寻。它本身包含为建构全面、完整世界观及整体哲学和自然科学理论的所有基本因素，不仅如此，而且包含促使一个社会实践组织生机勃勃的基本因素，即成为全面、完整文明所需的基本因素。如此革新的正统概念有助于更好地界定“革命的”属性，人们惯于轻易地用它修饰形形色色的世界观、理论、哲学。同异教相比，基督教是革命的，因为它是造成新世界支持者同旧世界支持者彻底决裂的因素。一种理论之所以是“革命的”，恰恰在于它成为有意识地造成两个敌对阵营的因素，由于它是敌对阵营不可企及的高峰。认为实践哲学不是一种同一切传统哲学及宗教相对抗的、完全独立自主的思想结构，事实上就意味着没有同旧世界决裂，如果不是向旧世界投降的话。实践哲学不需要异质理论的支持，它本身如此强大并富有新真理，旧世界不得不求助于它，以便用更现代、更有效的武器充实其“军火库”。这意味着实践哲学开始对传统文化行使其领导权，但传统文化仍很强大，尤其是更精致、更完善的传统文化，正如败北的希腊人竭力反抗，渴望最终战胜粗野的罗马征服者。

可以说克罗齐的大部分哲学著作代表这种倾向，妄图吸收并同化实践哲学，让其变成传统哲学的婢女。然而，正如从《社会学通俗教材》可以看出，那些自称“正统派”的实践哲学的追随者也落入了圈套，他们设想自己的哲学从属于一种一般（庸俗）唯物主义理论，正如其他人的哲学从属于唯心主义理论一样（这并不意味着在实践哲学和旧哲学之间没有关系，但这种关系同基

督教与希腊哲学之间的关系相比要小得多）。在奥托·鲍尔论宗教的小册子[①]里，可以发现数处提及此种结合，这是由于如下错误认识造成的：实践哲学不是独立自主的，从而一次次地需要其他哲学、唯物主义的或唯心主义的哲学支持。奥托·鲍尔认为政党的不可知论是一个政治论题，主张应允许党员按唯心主义者、唯物主义者、无神论者、天主教徒等聚集，这是最卑鄙和最可耻的机会主义。

评注一

人们总去探寻一种一般哲学作为实践哲学的基础，从而含蓄地否定实践哲学内容及方法的独创性。这类错误的一个原因似乎在于：把实践哲学创始人的个人哲学文化同实践哲学的来源或组成部分混为一谈。他的个人哲学文化史指他青年时代特别感兴趣的哲学思潮和大哲学家，并且他经常沿用他们的语言（但始终以拉开距离的精神，有时强调这样做是为了让自己的概念更易理解）。这种错误历史悠久，尤其在文学批评领域。众所周知，在一定时期，探寻伟大诗歌作品的渊源成为许多著名学者的艰难工作。于是，提出了作品外在形式上的所谓抄袭问题，但同样众所周知，即使某些模仿、抄袭之作，对于原创作品来说，不排除也能具有独创性。可以举出两个著名例子：（1）乔尔达诺·布鲁诺在《论英雄气概》（或在《圣灰晚餐》）中模仿坦西洛[②]的十四行诗《由于您说明解释，我的美好愿望展翅高飞》（这是坦西洛献给

① 指《社会民主、宗教和教会》（*Democrazia sociale, religione e chiesa*）。

② 坦西洛（1510—1568），意大利诗人。

瓦斯托侯爵夫人的一首情诗）。（2）献给多加利死者的组诗，邓南遮称是自己独著，其实是逐字逐句抄袭托马塞奥[①]编辑的塞尔维亚歌集。然而，乔尔达诺·布鲁诺和邓南遮的模仿之作具有新的独特趣味，使人忘记了它们的原作。研究一个人——比如实践哲学创始人——的哲学文化，不仅饶有兴味而且必不可少。但不要忘记，这种研究只属于重构其思想传记，而斯宾诺莎主义、费尔巴哈主义、黑格尔主义和法国唯物主义等因素绝不是实践哲学的本质部分，也不能把实践哲学归结为这些因素。实践哲学最关注的是超越旧哲学、新综合或新综合的因素、理解哲学的新方式。理解哲学新方式的因素包含在实践哲学创始人的格言警句或散见于其著作中，恰恰需要连贯、一致地辨识并展开它们。在理论领域，不要把实践哲学同任何其他哲学混为一谈，更不能归结为任何其他哲学。实践哲学是独创的，不仅因为它超越以前的哲学，而且尤其因为它开辟了全新的道路，也就是完全彻底地革新了理解哲学本身的方式。在历史-传记领域，要研究实践哲学的创始人从哪些兴趣出发进行哲学思维，了解这位青年学者的心理状态，从而一次次地在精神上受到所研究和考察的每一种新思潮的吸引，并且在游移中形成自己的个性，进而在试验、比较许多对立思想后，具有批判精神和独立思考能力。必须探究他从对立思想中吸收了哪些因素，并使它们和自己的思想同质，但尤其要探究那些新创造的东西。的确，黑格尔主义是实践哲学创始人（相对而言）最重要的哲学思维动因，主要由于黑格尔主义试图在新综合中超越

① 托马塞奥（1802—1874），意大利作家和爱国者。

唯心主义和唯物主义的传统思想，这种新综合肯定具有巨大重要性，并代表哲学研究的世界–历史的阶段。由此可见，当《社会学通俗教材》说在实践哲学中，“内在性”这一术语只在喻义上使用，等于什么也没有说。其实，术语“内在性”具有独特含义，它既不是“泛神论者”使用的含义，也不是形而上学的传统含义，而是需要确定的新含义。人们忘记在一个极普通表述[①]中，应当把重点放在头一个词——“历史”上，而不应放在源于形而上学的第二个词上。实践哲学是绝对“历史主义”，是绝对世俗化和尘世化的思想，是绝对的历史人本主义。我们应当按这条路线去探究新世界观的实质。

评注二

关于术语对新事物具有的重要性。1927 年 10 月 2 日的《马尔佐科》刊登了安杰利的《波拿巴在罗马》第十一章，此章献给卡洛塔 · 波拿巴公主（她是约瑟夫国王的女儿和拿破仑三世的弟弟——路易 · 波拿巴之妻，其夫在罗马涅起义中离世），引述焦尔达尼[②]致卡洛塔公主的一封信。在信中，焦尔达尼写出他对拿破仑的个人看法。1805 年，拿破仑到博洛尼亚参观“学院”（博洛尼亚学院），并同那里的科学家（其中有伏打[③]）长时间交谈。此外，拿破仑说：“我相信，当在科学中发现某些新东西时，必须用全新的术语称呼它们，以使观念保持准确和鲜明。如果你们把新含义赋予旧术语，虽然你们公开声称和术语相连的旧观念同赋予它新含

① 历史唯物主义（il materialismo storico）。——意文版编者注

② 焦尔达尼（1774—1848），意大利古典文献学者。

③ 伏打（1745—1827），意大利物理学家，电池的发明者。

义的观念毫无关系，但人们的头脑不能不认为，旧观念和新观念之间存在相似之处和联系；这会扰乱科学并引起无用的争论。”根据安杰利的意见，焦尔达尼的信没有日期，但可以认为是在1831年春写的（因此可以认为焦尔达尼记得同拿破仑对话的一般内容，而不是细枝末节）。还需要考察，在焦尔达尼论语言的著作中，是否就此论题阐述了自己的观点。

（B11，1932—1933）

“物质”

《社会学通俗教材》将“物质”理解为什么？一本通俗教材（不似专供学者阅读的著作），尤其是自称第一本此类读物，不仅要精确界定基本概念，而且要精确界定全部术语，以避免因科学术语的民间、庸俗用法造成的谬误。显然，对于实践哲学来说，“物质”不应在自然科学（物理学、化学、力学等）的意义（这些意义有待在自然科学的历史发展中考察研究）上理解，也不应在各种唯物论形而上学的意义上理解。物质的各种物理的（化学的、力学的等）属性的总和构成了物质本身（只要不陷入康德的“物自体”观），但仅当它们成为生产的“经济因素”时才被考察。因此，物质不是作为其本身，而是作为生产社会地、历史地组织起来的物质来考察。这样，自然科学从本质上看好像是其与历史范畴、人的关系。每种物质的全部属性总是一成不变的吗？科学技术史证明不是这样。在很长一段时间内，人们对蒸汽的机械力一无所知，那么能说这种机械力在人的机器利用之前就存在着吗？

那么，在何种意义上以及直至何时，自然没有提供预先存在力量的、物质预先存在质的发现和发明，而仅仅提供同社会的利益、同生产力发展及进一步必然发展紧密相关的“创造”？对于把自然视为经济范畴的唯心主义观念，在剔除思辨上层建筑之后，不是能够成为实践哲学的术语，并证明它同实践哲学历史上有联系并是实践哲学的发展吗？实际上，实践哲学研究一部机器不是为了认识和确定这一材料的原子结构，也不是为了认识和确定它的自然成分的物理、化学、力学属性（那是自然科学和技术研究的对象），而是因为它是物质生产力的一个要素，是一定社会力量所有权的对象，因为它反映了一种社会关系，而且这种社会关系又与一定历史时期相一致。物质生产力的总和是历史发展中变化不大的因素，它可以一次次地用数学精确性加以证实和度量，可以被观察并产生实验性标准，从而重新构建历史发展的坚实框架。物质生产力总和的变化也可以度量，当其发展从量变到质变时，度量可以具有某种精确性。物质生产力的总和还是过去全部历史的积淀、现在及将来历史的基础，是文献，也是能动、现实的推动力。然而，不能将物质生产力的能动性概念同物理学或形而上学意义上的能动性混为一谈或加以比较。在历史上，电是能动的，但不是作为自然力（譬如，放电引起火灾），而是作为受人支配的生产要素纳入物质生产力的总和；它是所有制的对象。作为抽象自然力，电在变为生产力之前就已存在，但在历史上不起作用，在自然史上它是个假设的论题（更早时期，它是历史上的“无”，因为无人关注它，甚至所有人对它一无所知）。

上述观察有助于理解，自然科学用因果律解释人类历史是纯粹的恣意妄为，若不是倒退至旧意识形态解释的话。譬如，《社会学通俗教材》断言，新原子论摧毁了个人主义（鲁滨逊精神）。但这意味着什么？让政治向科学理论靠拢。若不是说历史由这些科学理论推动，也就是说由意识形态推动的话，那会是什么意思呢？由此可见，本想做一个极端唯物主义者，却陷入抽象唯心主义的奇怪形式。若不能回答说，不是原子论摧毁了个人主义，而是理论描述和确证的自然实在摧毁了个人主义，则会陷入更为复杂的矛盾之中。由于这种自然实在被认为先于理论存在，因此当个人主义极为盛行时，它早已在起作用了。如果说“原子论”实在是一种自然规律，那为什么它不一直起作用，而要等待人们创立该理论才能起作用呢？人们是不是只服从他们认识的理论，比如议会颁布的法令？谁能让人们遵守他们不知道的法律，根据现代立法原则，罪犯不能奢望借口对法律无知而获得赦免吗？（也不能说某门自然科学的规律和历史规律同一，或者由于整个科学观念体系是一个同质统一体，就可以把某门科学变为另一门科学，把一种规律变为另一种规律。因为在此种情况下，是物理学的甲因素而不是乙因素，凭什么特权可以成为世界观统一性的因素呢？）其实，这只是《社会学通俗教材》诸多基本原理之一，那些基本原理表明它对实践哲学问题的提法相当肤浅，当实践哲学面对自然科学时，它未能将科学独立性及地位赋予该世界观；当面对模糊的科学一般概念时，那恰恰是民间庸俗观念（对那种一般概念而言，连魔术都是科学），表现得更为糟糕。现代原子论是一劳永逸的“终极”理论吗？哪位科学家敢这样断言？或许它不是一种可被超越即被一种更广泛、更全面的理论所吸收的科学假

说？那么，为什么说该理论应当是终极的，并能终结个人主义和鲁滨逊精神的问题呢？（不顾如下事实：鲁滨逊精神有时可以是实际模式，用以表示一种倾向，或为了证明荒谬；连《政治经济学批判》的作者[①]也使用鲁滨逊精神的说法。）但还存在其他问题：鉴于社会的历史是一系列剧变的历史，社会形态的数目颇多，而原子论仿佛是永远相似自然实在的反映，若原子论恰如《社会学通俗教材》的作者所言，那么为什么社会没有永远服从该规律？或许认为从中世纪行会制度向经济个人主义的转变是反科学的，是一种历史的和自然的错误。根据实践哲学理论，显然不是用原子论解释人类历史，而是相反，即原子论正如所有假说和科学意见都是上层建筑。原子论将生物人解释为不同身体的集合体；若还能用以解释人类社会，这一理论该多么博大精深啊！

（B11，1932—1933）

量和质

《社会学通俗教材》里说（对该论断[②]没有论证、评价，也没有阐述丰富内涵的概念，只是前后没有联系地、偶然地提及），每个社会大于其单个组成部分的简单总和。抽象地看，这一论断是正确的，但具体地说，它意味着什么？该书给出的解释，从经验上看，往往是些稀奇古怪的东西。说百头乳牛一头头地数同百头

① 指马克思。
② 量和质。

乳牛整体截然不同，后者是一群乳牛，这就产生了一个简单的词语问题。同样，当数字数到12时，就说是一打，仿佛一双、三个一组、四个一套等都不存在，其实只是计数方式不同罢了。在《资本论》第1卷里，有对理论和实践的具体解释：它证实在工厂制度中存在一定生产定额，但这种定额不能针对任何个体劳动者，而是针对工人总体、集体劳动者。对全社会来说，也存在类似情况：全社会建立在劳动分工和职能分派的基础之上，从而它大于其各组成部分的总和。实践哲学如何将黑格尔的量变质变规律“具体化”，这是《社会学通俗教材》没有阐述的另一个理论焦点，它认为这已众所周知，就满足于简单的文字游戏，比如水随温度变化而有三态（固、液、气）的变化，其实这是受外因（火、太阳或干冰挥发）决定的纯粹机械现象。

至于谈及人，这种外因又是什么呢？在工厂里，是劳动分工，即由人本身创造的条件；在社会里，是生产力的总和。但《社会学通俗教材》的作者却没有想到，如果每一个社会集合体大于（并异于）其组成部分的总和，这就意味着解释社会发展的规律或原理不能是一种物理学规律，因为在物理学中总不能脱离量的领域，除非打比方。但在实践哲学中，质总同量相联系，或许这种联系是其最具独创性、最丰富的部分。事实上，唯心主义把质实体化，使它成为自在本体——“精神”，正如宗教把质变成神性一样。然而，若在宗教和唯心主义那里，质成为实在，即一种随意的抽象，而不是出于教育原因不可或缺的实际分析、区分的过程，那么庸俗唯物主义的质也变成实在，它将物质实在“神化”了。

应当把这种社会观思维方式同行动主义唯心主义者[①]的国家观相比较。对于行动主义者来说，国家恰恰是高于个体的存在（虽然在乌戈·斯皮里托得出个人和国家的财产关系同一的唯心主义结论后，金蒂莱在1932年8月的《法西斯教育》上做了谨慎调整）。庸俗行动主义者的思想已经陷入纯粹鹦鹉学舌般的卑劣境地，即认为唯一可能的批判就是揶揄奚落。我们可以设想，一位新兵向征兵军官陈述国家高于个人的理论，并要求他们给予他身体和物质的个人自由，而只需征募那点有助于建设国家的东西入伍。或者回忆《短篇小说选》中那位睿智的萨拉迪诺（Saladino）解决烤肉店老板和乞丐之间纠纷的故事：老板让乞丐付钱，因为他享用了烤肉的香味，而乞丐不愿付；萨拉迪诺让钱币发出响声，并对老板说，请把响声装进衣兜，就像他吃掉散发的香味一样。

（B11，1932—1933）

目的论

在目的论问题上，《社会学通俗教材》的缺陷更加明显。它在庸俗和平庸层面上介绍过去的哲学，从而使读者产生如下印象：过去的全部文化都是酒徒醉汉神志昏迷的幻象。从诸多观点看，此方法应受谴责。想扩展知识深入学习的严肃读者会感觉受到嘲弄，从而对整个体系产生怀疑。人们很容易认为，通过贬低一种主张就能超越它，但这是纯粹的痴人说梦。用滑稽的笔调介绍问题，在伏尔泰那里能具有某种意义，但不是任何想当伏尔泰的人，

① 金蒂莱。

都能成为伏尔泰，即大艺术家。

这样，《社会学通俗教材》以十分幼稚的表述介绍目的论问题，而忘记康德对此问题的解决。或许可以证明，在《社会学通俗教材》中存在许多无意识的目的论，不知不觉地重复着康德的观点：譬如，论“社会与自然界的平衡”那章[①]。

摘自歌德的《二人集》：“目的论者——我们崇拜的世界创造者，在创造栓皮栎的同时，就发明了软木塞。”（克罗齐译，在“论歌德”那卷，第262页。）克罗齐附加一条评注：“在18世纪受到普遍欢迎的外在目的论，很快遭到康德的反对和批判，并用更深刻的目的论概念取代它。”歌德在别处并以其他形式重复同一主题，并说源自康德：“康德是现代哲学家中的佼佼者，他的学说对我的文化有极大影响。主体同客体的区分，事物根据内在原因存在并发展的科学原理（套用谚语，栓皮栎不是为我们提供软木塞才诞生的），让我和康德心心相印，进而我下功夫研究他的哲学。”

（B11，1932—1933）

在“历史使命”观中，能否发现目的论的渊源？事实上，在许多情况下，这一概念具有暧昧和神秘的含义。然而，在另外一些情况下，在康德的目的论概念之后，它能具有由实践哲学支持和辩护的含义。

（B11，1932—1933）

① 该书第五章。

论艺术

在“论艺术”的一章里断言，美学近作还强调形式与内容的同一。这可以作为最明显的例证，表明作者不能批判地把握概念的历史，不能根据不同理论确定概念本身的实际含义。事实上，内容与形式的同一是由唯心主义美学（克罗齐）肯定的，是建立在唯心主义前提之上，并使用唯心主义的术语。因此，“内容”和“形式”并不具有《社会学通俗教材》设想的含义。形式与内容的同一，是说在艺术中，内容不是“抽象的主题”，即不是小说情节和大量一般情感，而是艺术本身、一种哲学范畴、精神的“不同”环节等。因此，形式也不具有《社会学通俗教材》设想的含义。《社会学通俗教材》里包括的所有美学及艺术批评的观点及材料都应整理并分析。同时，可将论歌德的“普罗米修斯[①]”那节作为实例。所做判断既肤浅又特别一般化。根据给人的印象，作者既不懂歌德这首颂诗的确切历史，也不了解此前（尤其是歌德从事文学活动的当时及之前时期）普罗米修斯神话在世界文学中的历史。然而，若恰恰不了解这些内容，能做出像《社会学通俗教材》那样的判断吗？否则，如何将属于歌德个人的东西同代表一个时代或一个社会集团的东西区分开？这类判断若情有可原，仅当不再充斥泛泛的空论，而是增加截然不同却准确、证实、不容置疑的

① 普罗米修斯，希腊神话中人物。宙斯为了惩罚人类，把火藏起来，普罗米修斯则盗天火送给人类。为此，宙斯对普罗米修斯进行报复，把他锁在高加索山上，用投枪把他的胸膛刺穿，每天早晨派来一只大鹰啄食他的肝脏，到了夜间，肝脏又重新复原，如此日复一日地受折磨达三万年，直到赫拉克勒斯到来，杀死了大鹰，才救下了普罗米修斯。

东西。反之，此类判断只能败坏理论的声誉，并助长肤浅地研究问题的坏风气（要永远记住恩格斯在《社会主义大学生》刊物上发表的致一位大学生的信中的名言）。

（B11，1932—1933）

可以解释普罗米修斯神话在文学艺术和思想领域走运，研究它在不同时代采取何立场，并作为情感与思想的整体用来一次次地、系统地表达。关于歌德，我简述某些初步看法，摘自温琴蒂的一篇文章（刊于1932年3月《列奥纳多》上的“普罗米修斯”）：在颂诗中，他想要单纯叙述发生的“神话”，还是想要表达他当时对神性、基督教上帝的鲜明态度？1773年秋（当他撰写“普罗米修斯”时），歌德明确拒绝他的朋友拉瓦特尔[①]的建议——皈依基督教：“我没有他的耶稣基督。”一位当代批评家科尔夫指出（根据温琴蒂的说法）：“那些直接反对基督教上帝的诗句被构思出来，宙斯的名字被无名上帝的概念所替代，并将感到颂诗承载革命精神。”（颂诗的开头：“宙斯，用云雾遮盖你的天空吧，像个儿童在玩斩蓟头游戏！可别动我的土地，把茅屋留给我，那小屋并非你造，还有我的炉灶，那熊熊火焰让你嫉妒我。诸神，我不知在太阳之下，有比你们更可怜的了！”[②]）歌德的宗教史。18世纪普罗米修斯神话的发展，从沙夫茨伯里伯爵[③]的第一个公式（诗人其实是

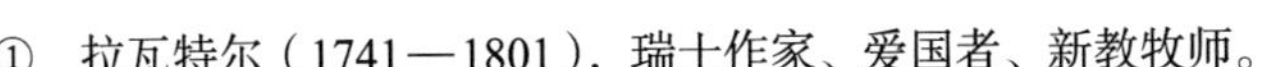

① 拉瓦特尔（1741—1801），瑞士作家、爱国者、新教牧师。

② 译文采用《歌德文集》第8卷，人民文学出版社1999年版。略做修改。

③ 沙夫茨伯里伯爵（1671—1713），英国政治家和哲学家。

第二个创造者，是宙斯之下正义的普罗米修斯），到狂飙突进运动把普罗米修斯从宗教体验转化为艺术体验。瓦尔策尔恰恰主张歌德创作的纯艺术性。但普遍看法是，其出发点是宗教体验。“普罗米修斯”应当同1773—1774年的一组著作（《穆罕默德》《萨蒂尔》《流浪的犹太人》《浮士德》）放在一起。歌德曾想写一出《普罗米修斯》戏剧，但他只留下该剧的片段。里希特指出，颂诗在戏剧之前，仅仅限于某些方面；而施密特认为，当他放弃撰写剧本的打算时，颂诗是同名戏剧片段的精华，是被诗人提取的精华。（这样说从心理学上看很重要，可以发现歌德的灵感如何减弱：（1）颂诗的第一部分，造反精神占优势；（2）颂诗的第二部分，普罗米修斯自己屈服，某种人性弱点占上风；（3）尝试撰写剧本失败，或许因为歌德再不能找到其形象的支点，在颂诗中，它业已移动，并产生内在矛盾。）里希特探索诗人的文学作品和心理状态之间的一致性，其心理状态由信件和《诗与真》[①]所证实。在《诗与真》中，歌德从一般观察出发：人们最终应当倚靠自己的力量；在人们恰恰最需要的时刻，神性本身似乎不能回报崇敬、信任和挚爱。必须自我帮助。“对我显现的独立自主的最坚实基础，总是我的创造天才。这种形势具体化为一种形象……脱离诸神的普罗米修斯的古老神话形象，人类从他的作坊移居世界。我感觉很好，可以产生某种鹤立鸡群的印象。由于我摒弃人们的帮助，像普罗米修斯那样，我也脱离诸神。”温琴蒂补充说，他的极端排他的心理状

① 歌德晚年所写之自传巨著。他前后写了20多年，逝世前半年写完，逝世后次年发表。它是研究歌德生产、活动及思想的重要文献，对西方文学产生深远影响。

态希望那样，但我觉得，在歌德那里还不能说极端主义和排他性。“我按自己的身材重新裁剪巨人的古衣，我没有想太多就开始撰写剧本，该剧表现出普罗米修斯同诸神的交恶，因为他用自己的手造出人类，靠弥涅耳瓦[①]的帮助赋予它们生命……”（温琴蒂写道：“当歌德写下这段话时，戏剧片段就消逝多年，‘消逝’意味着什么？他再不能清晰地回忆起来。他认为，他留下的颂诗应当显现为戏剧独白。”）颂诗表现与戏剧片段截然不同的特殊形势。在颂诗中，造反是在宣告时刻成熟，是宣战，战争由于对抗开始而结束：“我坐在这里，塑造人类等。”在戏剧中，战争已经开始。从逻辑上看，片段是在颂诗之后，但温琴蒂不似里希特那样明白无误。对于他来说，“如果从思想上看，戏剧片段确实比颂诗进步，那么同样确实——诗人的想象可以重返仿佛已被超越的立场，并从中再创造出新东西。我们还抛弃颂诗是戏剧精华的看法，但乐于说戏剧同颂诗相比，前者复杂，后者简单。”温琴蒂注意到颂诗中存在自相矛盾：头两节是嘲弄，最后一节是挑战，而主体笔调不同——普罗米修斯回忆其少年时代，青年时代的迷惑、疑问、苦闷，“他述说爱情的绝望”。“这些美好的梦境没有让我们忘记最后一节的震怒。一开始普罗米修斯像巨人那样说话；但其后在巨人面具下，一位青年渴望爱情的心倾诉柔情蜜意的话语。”对歌德的个性而言，《诗与真》中的一段话特别有意义：“然而，巨人普罗米修斯扰乱天庭的反抗精神对于我的诗的描写没有供给什么素材。我觉得适宜我的描写的，是巨人一方面承认比自己更高的威

① 罗马神话中的智慧女神。

力的存在，但同时又想与之比肩，以平和的、忍耐的努力同他对抗一事。”[①]（这段话恰好解释马克思对歌德的简短评语并证明其正确性。）

依我看，戏剧片段表明歌德的造反精神恰恰在文学领域，并要同“开始是行动”的格言联系起来，如果行动恰恰理解为歌德自己的活动——艺术创造。克罗齐观察到，他试图回答“为什么戏剧没有完成”这一问题：“或许在舞台表演的逻辑发展本身，他发现完成的困难和障碍，即在造反者歌德和造反批判者歌德之间的二元论。”（在此情况下，再看温琴蒂的研究仍很丰富，比如他对印象及矛盾的研究提供了敏锐的分析。）

事实上，我觉得戏剧片段要单独研究，它比颂诗复杂得多，它同颂诗的关系主要取决于普罗米修斯的外在神话，而不是内在必然联系。普罗米修斯的造反是“建设性的”，他不仅显现巨人的面貌，尤其作为对自己及其事业的意义有自觉认识的“铁匠”。对于戏剧片段的普罗米修斯而言，诸神完全不是无穷无尽、无所不能的。“你们能让我把广袤空间紧握手中吗？你们能让我脱离自身吗？你们能让我膨胀到把世界拥抱于怀吗？”墨丘利[②]耸耸肩回答道：看命运！可见诸神也是陪臣。但普罗米修斯没有在他的作坊、在被造物之间感到幸福吗？“这里是我的世界，我的一切！在这里我感觉到！”他对墨丘利说，少年已经意识到自己身体的存在，当他通知后者其脚支撑躯体、两手伸展可触摸空间时。厄皮墨透

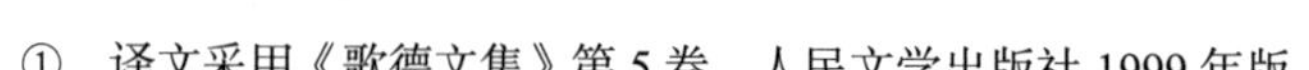

① 译文采用《歌德文集》第5卷，人民文学出版社1999年版。

② 罗马神话中的贸易神和使命神。

斯[1]指责普罗米修斯本位主义，不承认同诸神创造一切（与他们类似的物、世界和天空）的愉快。普罗米修斯回答，“我知道这一历史！”因为他不能再满足于从外部把握的统一性，而应当创造从内部产生的统一性。这种统一性只能从其活动领域中产生。

（B8，1931—1932）

从《社会学通俗教材》和其他同类出版物中能发现无批判性的论证，通过如此论证的确定概念及概念的联系也被传统哲学的截然不同并相互矛盾的发展所接纳。必须撰写每个概念的历史，上溯其渊源，概述它引起的论战。在《社会学通俗教材》中的许多错误内容应到《反杜林论》中去探索，到围绕实践哲学原创核心建构范畴体系这一外在、形式的尝试中去探寻，这一体系可满足教学完整性的需要。与其努力建构这一核心本身，不如重视研究在文化界业已传播的看法，这些看法受到更高思想形式（即使低于实践哲学）的批判和扬弃后，可以认为它们与该原初核心性质相同。

（B15，1933）

① 厄皮墨透斯是普罗米修斯的弟弟。他既胆小又愚蠢，不听普罗米修斯的劝告，收下诸神送来的礼物，并同宙斯送来的潘多拉结婚，结果给人类带来了灾难。

四、贝内德托·克罗齐的哲学

涉及要点

导言

一般评注:(1)方法札记(比较评注一)[①];(2)党派之人。党派之人：党作为对特殊问题的实际解决，作为有机政治纲领(同保守派报刊《意大利日报》《新闻报》《政治报》的合作)；党作为一般思想倾向，作为文化形态；克罗齐和朱斯蒂诺·福尔图纳托[②]从1900年至1914年意大利文化运动(《呼声》《团结》等杂志，直至《自由革命》)的“火种”(不仅仅是向导)。

(1)克罗齐在世界大战时期的立场，作为理解克罗齐战后哲学家及欧洲文化领袖活动动因的指南。

(2)克罗齐作为20世纪修正主义思潮的知识界领袖：在德国

---

① 比较本书“批判克罗齐哲学的若干一般标准及方法”一节。——意文版编者注

② 朱斯蒂诺·福尔图纳托(1848—1932)，意大利南方问题研究学者，代表作是《南方和意大利国家》(*Il mezzogiorno e lo stato italiano*)。

的伯恩施坦，在法国的索列尔，在意大利的经济-法学学派。

（3）从 1912 年至 1932 年，克罗齐（建构伦理-政治史理论）倾向继续做修正主义思潮领袖，旨在引导它彻底批判并肃清（从政治-思想上）历史唯物主义及经济-司法理论。

（4）克罗齐相对大众化因素：a. 文风因素（没有学究气，不晦涩深奥）；b. 哲学方法因素（哲学与常识的统一）；c. 伦理因素（庄严从容）。

（5）克罗齐和宗教：a. 克罗齐的宗教概念，论文“宗教和平静”受德·桑克蒂斯 1877 年的论文“莱奥帕尔迪的忧伤”（刊于 1877 年的《新文集》上）的启发。b. 克罗齐和基督教。c. 克罗齐主义在意大利天主教徒（意大利新经院哲学及其爱智的、爱实证主义的、爱唯心主义的不同表现阶段，目前回归“纯粹的”托马斯主义）中的走运与背运；杰梅利神父活动的显著“实践”特征以及他在哲学上的不可知论。d. 帕皮尼和费拉比诺刊于《新文集》上的论文，正如《天主教文明》（1932 年和 1933 年）发表的四篇文章，是天主教世俗思想的杰出表现，这些文章全都关乎《欧洲史》[①] 的导言；第三篇文章后，该书被列入索引。e. 克罗齐是“宗教”改革家？比较发表在《批判》[②] 杂志上的短文，在这些短文中，天主教神学的某些概念（圣宠等）被译成“思辨的”语言，以及

① 指克罗齐 1932 年出版的《十九世纪欧洲史》。

② 1902 年 11 月，克罗齐创办并主编的哲学、历史、文学的综合月刊。初期，金蒂莱是积极合作者，后因政见及学术观点不同而与克罗齐分道扬镳。该刊除在战时的 1944 年改为不定期的《批判手册》外，准时无误地发行 40 年，几乎每期都刊登克罗齐的文章。

刊于《卡拉乔洛》杂志上的论加尔文教神学的论文等。在克罗齐的许多著作中都附带包含类似翻译和解释。

（6）克罗齐和意大利传统或意大利传统的确定思潮：复辟时期的历史理论；温和主义学派；科科[①]的被动革命变成有待告知民族伦理力量的“行动”公式；历史的“思辨”辩证法，历史的武断机械论（比较在《哲学的贫困》中被批判的蒲鲁东的观点）；“知识分子的”辩证法，他们设想自己是正题和反题，因此也是合题的建构者；这种未“全力以赴”投入历史行动的行为，难道不是一种怀疑主义或懒惰的形式吗？至少其本身不就是一种政治“行动”吗？

（7）“伦理-政治史”公式的实际意义。它是“领导权”环节的机械、武断的本质。实践哲学并不摒弃伦理-政治史。克罗齐历史学说和实践哲学之间的对立在于克罗齐思想的思辨性。克罗齐的国家观。

（8）超验-目的论-思辨。思辨历史主义和实在论历史主义。唯心主义的主体论和实践哲学中的上层建筑理论。克罗齐论战中的把戏：“今天”将形而上学、思辨超验的含义赋予实践哲学的术语，从而“经济结构”同“隐秘的上帝”同一。克罗齐著作及论文中的一系列判断变化不定，对实践哲学创始人[②]的重要性及哲学家形象没有确定的论述。

（9）欧洲历史被视为“被动革命”。没有有机地论述法国大革

① 科科（1770—1823），意大利历史学家和政治家。他深受维科和法国启蒙运动思想的影响。

② 指马克思和恩格斯。

命和拿破仑战争，怎么能撰写19世纪欧洲史？没有民族复兴运动的斗争，怎么能撰写意大利近代史？在这两种情况下，克罗齐出于外在的、带倾向性的原因，撇开斗争的环节（正是在此环节中，经济结构被建构并改造），从而文化扩张的或伦理–政治的环节平静地成为历史。"被动革命"观"目前"具有什么意义？我们正值一个"复辟–革命"时期，在此时期有待持续调整、在思想上组织、激情满怀地赞颂？意大利同苏联的关系，正如康德–黑格尔的德国及欧洲同罗伯斯比尔–拿破仑的法国的相同关系？

（10）作为历史与精神同一的"自由"，作为直接详细说明的意识形态、"迷信"、政府实际工具的"自由"。如果说"人的本性是精神"，等于说它是历史，即发展中的社会关系的总和，也就是自然与历史、物质的与精神或文化等的力量的总和。

（11）然而，可以说在克罗齐的理论中，在最近几年精心构建之后，没有实践哲学的痕迹？他的历史主义没有受实践哲学从1890年到1900年知识经验的影响？克罗齐在这方面的立场恰恰反映在1917年新版《历史唯物主义和马克思主义经济学》的序言中：克罗齐想要人们相信这一经验的价值在本质上是否定的，意思是有助于摧毁偏见等。但克罗齐在近期顽固地反对实践哲学因素令人怀疑（尤其是对德曼著作的介绍，平庸至极）：印象是对于不要求清算的克罗齐而言，进攻过于猛烈。在对特殊问题的解决中可以发现实践哲学的痕迹（有待考察全部特殊问题是否含蓄地包含对实践哲学的整体重构，即克罗齐的方法论或哲学，也就是这些问题同实践哲学的相应问题没有直接联系，但同其他问题却有直接联系）：我觉得，这一错误学说非常典型。总之，可以说反对纯行动哲学[①]的论战迫使克罗齐接受一种更大的实在论，并对行动主义者思辨语言的夸大其词感到厌恶。

关于克罗齐哲学中的实践哲学“残余”或“残存”（但其实是具有独创性的有机建构）可以构成某种文献。譬如，比较塔利亚科佐的论文“纪念安东尼奥·拉布里奥拉”（刊于1934年12月20日和1935年1月20日的《新意大利》上，尤其是后一期），以及乔内的《历史主义的逻辑》，那不勒斯，1933年。（根据刊于1935年1—2月的《新历史杂志》第132—134页对上述作品的评论，乔内似乎认为克罗齐通过撰写《十九世纪欧洲史》，彻底剔除实践哲学的残余。应当参阅乔内此作品和其他作品。）评注：在对卡洛杰罗著作的评论中（刊于1935年5月的《批判》上），克罗齐指出如下事实：卡洛杰罗恰恰把实践哲学称作是“对金蒂莱行动主义的解释”。必须澄清术语（或许不仅仅是术语）问题。

（12）因此，伦理-政治史的历史观或许无关紧要？必须确定克罗齐的历史思想，包括最近时期的历史思想，应当认真细致地加以研究和思考。从本质上看，它代表对“经济主义”和“宿命论机械主义”的反动，虽然仿佛显现对实践哲学的超越。对克罗齐同样适用如下原则：不是根据他自己怎样标榜，而是应当根据实际怎样，并在具体历史著作中，批判并评价其思想。对于实践哲学而言，思辨方法本身并非一钱不值，它是思想的有效“工具”价值，实践哲学将其吸收（譬如，辩证法）。因此，克罗齐的思想应当作为工具价值受到重视，从而可以说它有力地促进对文化现象及作为政治统治因素的思想的研究，促进对大知识分子在国家

① 金蒂莱的行动主义哲学。

生活中作用的研究，促进对作为具体历史集团的必要形式的领导权和认同的研究。由此可见，伦理-政治史是历史解释原则之一，在考察和深入认识历史进程时要始终遵循这一原则，如果人们想要撰写完整的历史，而不是残缺不全和外在的历史的话。

（B10，1932—1935）

批判克罗齐哲学的若干一般标准及方法

开始阶段研究克罗齐哲学，最好根据克罗齐本人肯定的某些标准，这些标准反过来构成一般观念的一部分：

（1）在克罗齐那里，不要探寻“一般哲学问题”，而要考察在他的哲学中，哪一问题或哪一系列问题在一定时刻更令他关注，也就是说它们同现实生活关系更紧密，并且作为现实生活的反映。我觉得，这一问题或这一系列问题，一方面是历史问题，另一方面是实践哲学、政治学、伦理学的问题。

（2）必须认真细致地研究克罗齐的“较小”作品，即除系统的、有机的作品外，那些论文、评注、小专题文章的汇集，它们同生活、具体历史运动的联系更紧密、更明显。

（3）需要确定克罗齐的“哲学家传记”，即克罗齐思想呈现出的不同表达，对某些问题的不同提法和不同解答，在他工作中涌现并引起他注意的新问题，对于这类研究，恰恰参阅在《批判》杂志和其他出版物上刊登的较小文章受益匪浅；可以由《自我评论》[①] 和卡斯泰拉诺和弗洛拉的文章（自然得到认可）提供这类研

① 《自我评论》是克罗齐于1915年发表的学术自传，后于1941年和1950年他又加以补充、修订再版。

究的基础。

（4）克罗齐的批判对象：实证主义者、新经院哲学家、行动主义唯心主义者。这些批判对象的反驳。

（B10，1932—1935）

作为党派人士的克罗齐

政党概念的区分：

（1）作为实际组织（或实际倾向）的政党，即作为旨在解决国家或国际生活的一个或一组问题的工具的政党。在此含义上，克罗齐从未明确地属于任何自由派，他甚至批判观念本身和持续组织政党的事实（“作为判断和偏见的政党”，收入《文化与道德生活》，该文最初发表在佛罗伦萨的《团结》创刊初期的一期上），并宣布支持那些政治运动，它们没有提出“教条的”、持久的、有机的、确定“纲领”，而是倾向于一次次地解决直接政治问题。此外，在形形色色的自由主义思潮中，克罗齐表示对由《意大利日报》代表的保守思潮抱有好感。《意大利日报》不仅在《批判》广泛发行之前长期刊发该杂志的文章，而且还拥有克罗齐不时对政治及文化政策论题阐明观点的文章的“专卖权”，那些论题令克罗齐感兴趣，他认为必须表达自己的看法。战后[①]，《新闻报》也刊登了《批判》上的新作（或克罗齐发表在学报上的近作），但不刊登那些《意大利日报》发表后再由其他报刊转载的文章。

① 指第一次世界大战。

（2）作为一般意识形态的政党，它高于形形色色直接的派别。其实，1876年后，在意大利，自由党的存在方式在全国呈现为国家、地区派别及集团的“零乱状态”。政治自由主义派别，既有人民党自由基督教，正如民族主义（克罗齐同罗科及科波拉的《政治报》合作）；也有君主制联盟，正如共和党和大部分社会主义；还有民主主义激进派，正如保守派，包括索尼诺[①]、萨兰德拉[②]、奥兰多[③]和尼蒂[④]等。克罗齐是这些集团和小团体、奸党和黑手党所共有东西的理论家，是所有这些集团赞誉并利用的东西的宣传总监，是旨在革新旧政治形态而产生的文化运动的民族领袖。

正如我们业已指出，克罗齐和朱斯蒂诺·福尔图纳托共同行使自由民主文化的民族领袖的职能。从1900年至1914年及其后（但作为解决），克罗齐和朱斯蒂诺·福尔图纳托始终作为所有严肃青年新运动的启示者（作为酵素）呈现，那些新运动主张革新资产阶级政党的政治“品行”和生活，《呼声》《团结》《自由行动》《祖国》（博洛尼亚的）等刊物正是如此。伴随戈贝蒂[⑤]的《自由革命》发生根本变革：术语“自由主义”被解释得更带“哲学”色彩或更“抽象”，自由概念的含义从传统的个体个性自由过渡到

① 索尼诺（1847—1922），意大利政治家，曾任财政大臣和外交大臣，属保守派。

② 萨兰德拉（1853—1931），意大利政治家，议会右翼主要代表人物。

③ 奥兰多（1860—1952），意大利政治家，曾任首相。

④ 尼蒂（1868—1953），意大利政治家，南方问题专家，研究经济问题的学者。

⑤ 戈贝蒂（1901—1926），意大利自由社会主义思想家，研究政治与文化的关系，主要著作有《自由革命》（*La rivoluzione liberale*）和《没有英雄的民族复兴运动》（*Risorgimento senza eroi*）。

大社会集团的集体个性的自由，自由竞争不再在个体之间而在集团之间展开。为了理解克罗齐的指导、影响范围越过意大利国界的原因，必须记住这种自由主义的民族领袖的职能，这种影响是建立在他“宣传”因素基础上的——修正主义的宣传。

（B10，1932—1935）

（1）克罗齐在世界大战时期的立场。克罗齐在这方面的文章收集在《战争书稿》中（增补第2版，拉泰尔扎出版社）；但重读最初发表的那些书稿饶有兴味，它们是在《批判》或其他期刊上陆续刊登的，并且涉及克罗齐同时感兴趣的文化和道德性质的其他问题，还表明那些其他进程多少同战争形势有直接关系，从而他认为必须对那些进程做出反应。克罗齐在中立时期和战争时期的立场，甚至表明在他今日的文学及哲学活动中哪些知识的和道德的（从而社会的）兴趣占支配地位。克罗齐反对人民党的“文明的战争从而宗教性质的战争”的提法（及随后宣传），这在理论上必然导致敌人被消灭。克罗齐在和平环节看见战争环节，在战争环节看见和平及斗争环节，为了始终不破坏两个环节之间调节的可能性。战争之后应当是和平，并且和平可以迫使各集团同战时各集团截然不同。但在煽动战争的宗教宿命论后，国与国之间如何合作？由此可见，任何政治直接必然性都不能并且不应当提高到世界准则。但这些术语并非确切理解克罗齐的立场。事实上，不能说他反对战争“宗教性”的提法，由于政治上的需要，要把广大人民群众动员起来，在战壕里献身、流血牺牲——这是政治

技术问题，要由政治技术人员来解决。克罗齐重视的是，知识分子不能降低到群众的水平，他们懂得意识形态是一码事，它是用以统治的实际工具，哲学和宗教是另一码事，不应当在祭司的意识中被糟蹋。知识分子应当做统治者，而非被统治者；做用以统治他人的意识形态的建构者，而非被自己的蝰蛇咬伤并毒死的庸医。因此，克罗齐代表反对小政治的大政治，代表反对佛罗伦萨假面滑稽角色的马基雅维利主义。他居高临下，并确实认为狂怒批判和个人攻击（即使最野蛮的）在“政治上”都是必需的和有用的，因为这样做才能维护其崇高地位。克罗齐在战时的立场只能同教皇进行比较，教皇既是赞誉德奥军队的主教们的首领，也是赞誉意法军队的主教们的首领，这其中并没有矛盾。参阅《伦理与政治》第 343 页：“教会人士，在这里必须理解为教会本身，云云。”

克罗齐对现代主义也持相同立场，该立场并非没有弊病。事实上，由于人民群众从宗教阶段过渡到“哲学”阶段不可思议，现代主义实际上在腐蚀教会的思想-实践的庞大结构。克罗齐的这一表态有利于巩固教会的地位。由此可见，他的“修正主义”立场用以巩固反动思潮。（当拉布里奥拉提醒他注意这一点时，他回答道：“至于政治和反动意图，可由执政官们捍卫[①]。”）他在 1920 年接近《政治》杂志，在那不勒斯的真正、实际立场（一系列报告，加入焦利蒂内阁等）也是如此。“纯粹知识分子”立场变成真正低劣的“雅各宾派”（沿此方向，知识分子精神改变，阿马

① 原文为拉丁文。

德奥[①]可以接近克罗齐，正如梅尼尔意想不到），或者变为可鄙的“彼拉多主义”[②]，或者二者相继，或者二者兼有。

关于战争，可以提及利奥泰对克罗齐的看法：事实上，自诩民族主义者的民族情感被如此强调的种族的、文化的世界主义所“克制”，这种世界主义可以视为真正的统治工具，其“激情”不是直接的，而是服从于掌握政权。

《自我评论》并未囊括克罗齐的全部政治-知识分子的传记。关于他同实践哲学的关系，许多要素和本质要点散布在其全部著作中。在《文化与道德生活》一书（第2版，第45页及其他各页，比如解释他对索列尔有好感原因的那些书页）中，他断言虽说他天然地具有民主倾向（因为哲学家不能不是民主派），但只要民主仍在添加实践哲学作料，他的胃就拒绝消化民主；实践哲学，是“吸收了德国古典哲学的显学”。战时他断言，这场战争恰恰是实践哲学的战争（参阅刊于《形而上学与伦理杂志》《战争书稿》上的德·鲁杰罗对克罗齐的采访以及1917年为《历史唯物主义和马克思主义经济学》撰写的导言）。

（B10，1932—1935）

（2）克罗齐作为19世纪末修正主义思潮的知识界领袖。索列

① 指阿马德奥·波尔迪加。

② 指推卸责任的态度。彼拉多，公元26—36年任罗马帝国驻犹太等地总督。耶稣由他判决被钉十字架，但他想推卸罪责。见《马太福音》第二十七章：“彼拉多见说也无济于事，反要生乱，就拿水在众人面前洗手，说：‘流这义人的血，罪不在我，你们承担吧！’众人都回答说：‘他的血归到我们和我们的子孙身上。’”

尔在 1899 年 11 月 9 日致克罗齐的信中写道："伯恩施坦刚给我来信，他在《新时代》第 46 期上指出，在某种程度上，他受您著作的启发。这饶有兴味，因为德国人素来不会指出其思想的渊源。"对于索列尔和克罗齐之间的思想关系，今天刊于《批判》杂志上的索列尔致克罗齐的信件（1927 年及以后）是非常重要的证据：索列尔在思想上对克罗齐的依赖性，可能比以前人们设想的更大。修正主义者克罗齐的论文发表在《历史唯物主义和马克思主义经济学》一书中，还需补充上《批判对话集》第 1 卷第九章。对克罗齐的修正主义，需要确定一些界限。我觉得第一阶段的界限应当到卡斯泰拉诺教授对他的采访中去探寻，该采访先刊于《呼声》杂志上，后收录在《文化与道德生活》一书中。当克罗齐把历史唯物主义贬低为解释历史的准则时，就在关键时刻强化了意大利学派中的"经济-司法"方向。

（B10，1932—1935）

（3）建构伦理-政治史理论。克罗齐系统地"深化"其历史理论的研究，这一阶段以《历史学的理论和历史》一书为代表。但克罗齐学术传记中最饶有兴味的是，他继续以修正主义者的思想领袖自居，并且其史学理论沿如下方向进一步建构：他希望实现对历史唯物主义的清算，但又希望这一进程和欧洲文化运动同步。战时他的断言——战争本身可以说是"历史唯物主义的战争"，1917 年以后的东欧历史和文化的发展，这两个因素使克罗齐的史学理论更精确，它应当清除实践哲学的任何形式，哪怕是轻微形式（早在战前，克罗齐就反对建立在非理性观念上的“行动主义”理论，该理论在战后得以发展。参见《1871—1915年意大利史》及其后收录在《历史和反历史》中的报告及文章）。克罗齐在同巴尔巴加洛的短暂论战中（刊于1928—1929年的《新历史杂志》上），明确地说史学理论反对实践哲学。（应当注意埃诺迪对“清除阶段”的克罗齐文章的看法。埃诺迪认为，克罗齐对实践哲学让步太多，由于他承认该文化运动具有一定科学功绩）。克罗齐强烈感到自己是欧洲一种思潮的领袖，并认为自己的地位重要、责任重大，在《1871—1915年意大利史》中可发现明显证据，从刊于《批判》杂志上的一系列论文和评论也可看出。还应记住承认这种领导作用有文件记载。最奇怪的段落出现在博诺米[①]论比索拉蒂[②]的著作中（看看博诺米是否在其《新道路》中提及克罗齐将饶有兴味）。斯基亚维为德曼的一本书所写的序言。1890—1900年间，卡斯泰拉诺在其论克罗齐思想走运的著作中，引述拉伊蒙多的信颇有意义（《克罗齐作品研究导言》，巴里，拉泰尔扎出版社）。

（B10，1932—1935）

（4）克罗齐思想相对普及的因素，由于在克罗齐那里没有丝毫激活幻想、引起强烈激情或产生浪漫情怀的东西（在这方面不

① 博诺米（1973—1951），意大利政治家。意大利社会党改良派，因1912年参加侵略利比亚的战争，被开除出党。1921—1922年任意大利王国首相，未能阻止法西斯武装“向罗马进军”。

② 比索拉蒂（1857—1920），意大利政治家，意大利社会党创始人之一。

要忘记克罗齐美学思想的走红，甚至业余式新闻文学也受其滋养）。一个因素是其文字风格。克雷米厄写道，克罗齐是曼佐尼之后意大利最伟大的散文家，但这一判断可能引起错误的先入之见。我觉得把克罗齐置于意大利科学散文大师之列更为准确，即同伽利略这样的科学散文大师相比肩。另一个是伦理因素，在民族与欧洲生活的特定时刻表现出其性格坚毅，比如在战时和战后所坚持的立场，其立场可称作“歌德式”。当众多知识分子头脑发昏，并在普遍混乱中迷失方向，纷纷否定自己的过去，在“谁是最强者”的疑云中边哀诉边摇摆时；克罗齐却镇定自若，坚信“形而上学地看，恶不可能占上风，历史是理性”。但必须指出，克罗齐走红的最主要因素内在于思想本身及思维方式。克罗齐哲学比任何其他思辨哲学更参与生活，要在这点上探寻该因素。从这一观点看，克罗齐的那篇题名为“哲学家”的文章饶有兴味（收录在《哲学的永恒性和历史性》一书中，列蒂，1930 年；以及收录在此书中的所有文章）。在这篇文章中，克罗齐妙笔生花地描述其活动同传统“哲学家”活动的差异所在。在哲学中封闭的、终极的即学究气的、晦涩的“体系”概念土崩瓦解。他断言哲学应当解决历史进程中一次次展现的问题。不要在建筑外在结构中，而要在所有特殊问题解决的内在一致性及丰富综合性中探寻体系性。因此，哲学思想应理解为思想进程，不是始于一种思想的另一种思想进程，而是始于历史实在的思想进程。克罗齐在盎格鲁-撒克逊国家的知名度远超过在日耳曼国家，原因就在于此。盎格鲁-撒克逊人更偏爱世界观不是作为庞大、混乱的体系，而是被批判和反思充实的常识表达，作为道德的、实际的问题的解决。克罗齐完

成成百上千篇短文（评论、旁注），其唯心主义思想渗透其中，没有学院派的学究气。每个问题都独自解决，独立于其他问题的解决而被接受，恰恰由于解决问题呈现为表达普遍良知。不仅如此，从本质上看，克罗齐的活动表现为批判，从摧毁一系列传统观念开始，通过证明一系列问题（它们是以往哲学家滑稽可笑的“达达主义”）的虚假性和无用性，这与他将常识视为陈旧观念的看法相一致。

（B10，1932—1935）

（5）克罗齐和宗教。要分析克罗齐主义在意大利文化史上的意义，最重要的一点是要考察克罗齐对宗教的立场。对克罗齐而言，宗教是一种以神话形式显现的实在观，以及同这种实在观相一致的道德。因此，任何哲学都是宗教，也就是说，任何世界观都是宗教；哲学或世界观变成“信仰”，即不仅被视为一种理论活动（创造新思想的活动），而且作为行动的刺激（具体伦理-政治的活动、创造新历史的活动）。但是，克罗齐对待传统宗教相当谨慎，最“进步的”文章是《伦理学拾零》第四章（《伦理与政治》，第23页）“宗教和平静”，在战时、1916年末或1917年初首次发表。虽然克罗齐似乎不想在思想上对宗教和任何形式的神秘主义做丝毫让步（金蒂莱的态度同样十分暧昧），但他的立场绝对不具有战斗性和积极性。这种立场饶有兴味并有待指出。一种世界观若不能代替国家生活所有层面中的以往世界观和信仰的话，它就不能有效地渗透到整个社会并成为“信仰”。求助于黑格尔的神秘宗教是原始社会（人类的童年）哲学的理论，为在小学开设宗教课辩护，只表明颇不自然地重新提出“为人民的好宗教”的公式，实际上在教会组织面前屈膝投降。此外，还需指出，一种信仰不能翻译成“民众”语言，表明其自身具有某一特定社会集团的特性。

尽管对宗教持这种立场，克罗齐哲学却被天主教徒和新经院哲学家广泛研究，他对特殊问题的解决也被奥尔加蒂和基奥凯蒂收录（奥尔加蒂论马克思的书以克罗齐的批判材料构成；基奥凯蒂在其《克罗齐的哲学》一书中捍卫并接受某些克罗齐学说，比如错误的实际起源的学说）。有过一个时期，曾代表把现代科学学说及19世纪实证主义融合于托马斯主义倾向的新经院哲学家，面对实证主义在知识分子中威信扫地和新唯心主义走红的现实，尝试在托马斯主义和唯心主义之间找到一致性，从而克罗齐和金蒂莱的哲学在他们之中走运。这之后，新经院哲学家集中于自己的狭窄地域，反对任何唯心主义对其学说的渗透。他们肯定认为能够继承实证主义幸存的全部东西并吸纳于身，继而成为唯心主义的唯一理论对手。

今天，天主教徒日益强烈地反对克罗齐，主要出于实际原因（《天主教文明》对克罗齐和金蒂莱的批判立场截然不同）：天主教徒非常清楚地懂得，克罗齐的重要性和知识分子作用是传统哲学家无可比拟的，而且他还是一位真正的宗教改革家，至少能够维持知识分子和天主教之间的分离，从而在某种程度上导致教会在民众中复苏困难重重。对克罗齐而言，“基督之后，我们大家都变成基督徒”，也就是说，基督教具有生命力的部分被现代文明所吸收，从而人们没有“神秘宗教”也可以生活。

由世俗天主教徒发起的反克罗齐论战并不重要。我们要记住帕皮尼的“克罗齐和十字架”一文（刊于 1932 年 3 月 1 日的《新文选》上）和费拉比诺的“乌托邦中的欧洲”一文（刊于 1932 年 4 月 1 日的《新文选》上）。

评注一

帕皮尼对《十九世纪欧洲史》的评论非常重要，涉及宗教起源的看法前后一致的问题。但该看法并非有效，由于在特伦托公会议之后，确实再未涌现出任何在宗教上积极并富有基督教情感革新思潮的大教团。无疑，也涌现出一些新教团，但可以说主要具有行政及行会的性质。詹森主义和现代主义是在此时期教会内部产生的两大宗教改革运动，但它们并没有导致创建新教团或革新旧教团。

评注二

费拉比诺的文章更出色，由于要求历史实在论并反对思辨抽象。但该文仍是抽象的，因为它对 19 世纪历史的即兴解释颇具浮夸的天主教风格，并充斥着华丽的辞藻。第 348 页对马克思的评论不合时宜，由于马克思的国家学说是在德意志帝国成立之前形成的，并且恰恰在帝国初建扩张时期被社会民主党所抛弃。这说明事实同费拉比诺所写内容相反，比如帝国有能力影响和同化德国的全部社会力量。

（B10，1932—1935）

（6）克罗齐和意大利史学传统。可以说克罗齐的史学是适应当时需要和利益的复辟时期史学的复兴。克罗齐继续1848年以前新归尔甫派史学，正如温和派通过黑格尔主义让该史学兴旺，他们在1848年以后继续新归尔甫思潮。这种史学是残缺不全的黑格尔主义，因为它对雅各宾派运动的恐怖、人民群众的积极参与（作为历史进步的动力）忧心忡忡。应当考察科科关于“被动革命”的批判公式，当该公式提出时（在1799年那不勒斯共和国革命的悲惨试验之后）曾具有某种警示价值，并且应当创造一种力量巨大并具有人民革命首创精神的民族道德，但通过新归尔甫主义温和派的大脑及社会恐惧，转化为一种消极思想、一个政治纲领和一种道德，他们用“优势”“意大利首创性”“意大利自己干”等虚假的豪言壮语，来掩饰其“巫师学徒”的不安，掩饰面对意大利人民革命的首次威胁[①]就想妥协投降的懦弱。

一种文化现象可以和新归尔甫主义温和派相比较，虽然处于一种更进步的历史-政治形势，那就是蒲鲁东在法国的思想体系。虽说如下断言显得荒谬，但我觉得可以说蒲鲁东是法国形势的焦贝蒂，由于蒲鲁东对待法国工人运动的立场，跟焦贝蒂对待意大利自由-民族运动的立场相同。在蒲鲁东那里（同意大利温和派一样）也有对黑格尔主义和辩证法的肢解，因此对这种历史-政治观念的批判总是生机勃勃并不断更新，《哲学的贫困》继续这种批判。它被奎内特界定为“革命-复辟”的观念，只是被意大利温和派（积极地）解释的“被动革命”概念的法语译文。该观念的哲学（实际原因！）错误在于，在辩证过程中“机械地”假

① 1799年那不勒斯革命。

设，正题应当“保存”在反题中，以便不破坏过程本身，过程本身被“预见”，正如随意预先确定、机械地无限重复。事实上，是“给世界穿上裤子”的诸多方式之一，是反历史主义的理性主义的诸多形式之一。黑格尔的思想，虽说其形式是思辨的，但不赞成这样驯化和强迫残疾，尽管没有因此产生非理性主义形式和专断，比如在柏格森思想中包含的那些货色。在实际历史中，反题倾向于破坏正题，合题将是超越，但不能先天地确定正题“保存”在反题中的东西，不能先天地“计算”在“拳台上”按约定规则的点数。随后，其实它成为直接“政治”问题，因为在实际历史中，辩证过程被分解为数不胜数的部分环节；错误在于把纯粹直接性的东西提升到方法环节，恰恰由于把思想提升至哲学高度（这就好像把如下道德故事的结果视为“数学”因素：有人问一个孩子：“你有一个苹果，你把一半让给弟弟，你吃了几个苹果？”孩子回答道：“一个苹果。”“这怎么可能，你不是把一半给弟弟了吗？”“我并没有给他一半，云云。”在逻辑体系中引入直接激情因素，其后自以为体系的工具价值仍然有效）。这样理解辩证法的方式是错误的，并且在“政治上”是危险的，人们发现民族复兴运动的温和黑格尔派，比如斯帕文塔就是如此。记住他对那些人的看法足矣，那些人借口权威环节不可或缺，就希望人们永远躺在“摇篮”里并永为奴隶。但他们的反应不能越过某些界限，越过其社会集团的界限，就会让其“具体地”走出“摇篮”。在“革命-复辟”观中，或在经过考验的改良派保守主义中，存在这种思想。人们可以观察到，这种理解辩证法的方式恰恰是知识分子的。知识分子设想自己是实际政治斗争的仲裁人和

调解者，他们体现从经济环节向伦理-政治环节的“净化”，即辩证过程本身的合题，他们在自己头脑中思辨地“调制”合题，随意地（即激情地）搭配成分。这种立场为他们不全身心地投入实际历史行动进行辩解，无疑该立场很舒适，这就是伊拉斯谟对待宗教改革运动的态度。

（B10，1932—1935）

（7）伦理-政治史概念定义。人们注意到，伦理-政治史是在国家及市民社会活动开展中的领导权、政治领导、认同等环节的随意及机械的本质。克罗齐对史学问题所持立场再现对美学问题的立场，历史中的伦理-政治环节就是艺术中的“形式”环节，是历史的“抒情性”，是历史的“净化”。然而，在历史中，事物不似艺术中那样简单。在艺术中，在一个个体化文化世界中产生纯粹个人的“抒情性”，可以接受内容与形式的统一，以及差异在精神中统一的所谓辩证法（只是将思辨语言翻译成历史主义语言，旨在发现这种思辨语言是否具有具体工具价值，是否超越以往的工具价值）。然而，在历史及历史书写中，国家及民族的“个体化”表现是纯粹的隐喻。在这些表现中，不是并不能是“思辨地”进行“区分”，否则会冒坠入一种新修辞学形式和一种新“社会学”（因其“思辨”，只能是一种抽象、机械的社会学）的危险。差异是作为诸集团的“垂直”差异并作为“水平”分层，也就是说作为不同文明和文化的共存和并置，它们被国家强制结合起来，并用一种“道德意识”（矛盾的，同时又是“融合的”）把它们在

文化上组织起来。在这一点上，必须批判克罗齐将政治环节视为“激情”（持续并系统的“激情”不可思议）环节的观点，他否定“政党”（它们恰恰是不可思议的激情持续性的具体表现，是“政治-激情”概念内在矛盾的证据），从而无法说明常备军和军人及文官官僚制的存在。对克罗齐而言的必然性，就成为金蒂莱“行动主义”的渊源。事实上，只有在一种超思辨哲学中，比如在行动主义哲学中，克罗齐哲学的这些矛盾和缺陷才找到一种形式的和词语的构成，与此同时，行动主义让克罗齐哲学缺乏具体性的缺陷凸显，这正如“唯我主义”用以显现主观-思辨实在观的弱点。伦理-政治史是领导权环节的历史，这一点可以从克罗齐的一系列理论著作中看出（不仅是收录在《伦理与政治》中的文章）。必须对这些著作做具体分析，还要特别考察他关于国家概念所写的那些文章。譬如，克罗齐在某个地方断言，不要永远到人们所谓的官方机构的地方探寻“国家”，因为有时在革命政党中存在国家。若根据国家-领导权-道德意识的观念，这一判断并不荒谬，因为事实上可能发生，在特定紧要关头，国家的政治及道德的领导不是由合法政府行使，而是由一个“私人”组织，甚至一个革命政党行使。要想证明克罗齐对此常识概括的随意性并不困难。

此段有待讨论的重要问题如下：实践哲学是否排除伦理-政治史，即不承认领导权环节的实在性，不重视文化及道德的领导，实际上认为上层建筑事实只是“表面外观”。可以说实践哲学不仅不排除伦理-政治史，而且其发展的最近阶段恰恰在于要求领导权环节作为其国家观的本质环节，在于将文化现象、文化活动、文化战线“价值化”，成为纯经济及纯政治环节不可或缺的环节。克罗齐批判实践哲学时，没有应用方法论标准，就铸成大错；而他在研究并非重要和富有意义的哲学思潮时应用过方法论标准。如果他应用那些标准，就会发现上层建筑是“表面外观”的判断，只是对上层建筑的“历史性”的判断，只是在同民间教条主义观念论战时才做出的，因此使用了一种专门适用于公众的“隐喻的”语言。因此，实践哲学批判把历史简化为伦理-政治史是不适当的和随意的，但并不排除伦理-政治史。克罗齐主义和实践哲学之间的对立，有待到克罗齐主义的思辨性中去探寻。

克罗齐关于伦理-政治史或“宗教的”历史的理论，同德·库朗日[1]的史学理论的关系，请参阅他评论《古代城》的著作。需要指出，《古代城》恰恰在近几年（大约在1928年）由拉泰尔扎出版社出版，即在成书40多年后（德·库朗日于1889年逝世）出版，并且很快就由瓦莱基出版社出版译本。我们要思考：当克罗齐被这本法国著作所吸引时，他正在构建自己的理论，并且为自己的著作做准备。请记住在《自我评论》（1915年）的最后几行，克罗齐宣布想要撰写《十九世纪欧洲史》。对战争的反思，引导他转向研究史学的和政治的问题。

（B10，1933—1935）

伦理与政治两个术语并提，为了指出最新克罗齐史学是在表

① 德·库朗日（1830—1889），法国历史学家，用科学方法研究法国历史的首创者。

达克罗齐历史思想的需要：伦理关乎市民社会的活动、领导权，政治关乎主动性和国家–政府强制。当在伦理与政治之间、要求自由与需要暴力之间发生冲突，则在市民社会与国家–政府之间爆发危机。从而，克罗齐断言，真正的“国家”，即推动历史的领导力量，有时不到人们认为的地方，按法律理解的国家中去探寻，而要到“私人”力量中，甚至到所谓的革命者中去探寻。克罗齐的这一命题非常重要，从而能够充分理解其历史观和政治观。在克罗齐的历史著作中具体分析哲学观点将受益匪浅，因为在那类著作中，它们能够融会贯通。

（B10，1932—1935）

（8）超验–神学–思辨。克罗齐抓住一切机会强调，在其思想家的活动中，他竭力从其哲学中清除任何超验及神学的，也就是传统意义上理解的形而上学的痕迹和残余。这样，同“体系”概念相比，他更强调哲学问题概念的价值。于是，他否定一定思想能抽象地产生其他思想，他断言哲学家应当解决的问题不是以往哲学思想的抽象演变，而是由当前历史进程提出的，云云。克罗齐甚至断言，他对实践哲学的最新批判，恰恰同他反对形而上学及神学有关，由于实践哲学似乎神学化，“经济结构”概念仅是“隐匿上帝”概念的幼稚再现。我们必须承认克罗齐为让唯心主义哲学参与生活所做的努力；在他对学术发展所做的积极贡献中，应当指出他反对以宗教–忏悔思想独特形式表现的超验及神学的斗争。但克罗齐的意图若能彻底，就不能不承认：克罗齐的哲学仍是一种思辨哲学，其中不仅存在超验及神学的痕迹，而且存在刚刚摆脱最粗俗神话外壳的超验及神学。克罗齐未能理解实践哲学的论断（以致给他留下的不是粗俗无知的印象，而是心胸狭窄、喋喋不休地论战恶作戏的印象），这说明思辨偏见让他“双目失明”并且偏离正轨。确实，实践哲学源于内在论实在观，但从中清除了所有思辨残余，并简化为纯粹历史、历史性或纯粹人道主义。如果“思辨地”理解经济结构，它自然会变成“隐匿的上帝”；但恰恰不应“思辨地”而应历史地理解，作为人们在现实中活动的社会关系的总和，作为能够并应当用“语文学”方法而不是“思辨”方法研究的客观条件的总和。正如还将“真实”的“确实”，但首先应在其“确实性”中研究，以便再作为“真理”研究。实践哲学同内在论有关系，但也同主观实在观有关系，由于实践哲学恰恰将它颠倒过来，将它解释成历史事实，“某一社会集团的历史主体性”，作为哲学“思辨”现象呈现的实际事实，并且单纯是一种实践事实，是具体内容的形式和引导全社会适应道德统一性的方式。所谓“表面外观”的论断没有任何超验及形而上学的意义，只是对其“历史性”、其“死亡-生命”存在和其暂时性的简单肯定，因为一种新的社会及道德意识正在发展，它更丰富、更高级，仅当同已死亡和正在死亡比较时，才认为其有“生命”，是“实在”。实践哲学是历史主义的实在观，它摆脱了任何超验及神学的残余，包括其最新思辨形式。克罗齐唯心历史主义仍停留在神学-思辨阶段。

（B10，1932—1935）

（9）伦理–政治史的范例。《十九世纪欧洲史》仿佛一部伦理–政治史著作，应当成为克罗齐史学向欧洲文化提供的范例。然而，应当注意其他著作:《那不勒斯王国史》和《1871—1915年意大利史》，还有《1799年那不勒斯革命》和《意大利巴罗克时代史》。但《十九世纪欧洲史》和《1871—1915年意大利史》更带倾向性并更有说服力。对这两部著作，我们立即提出两个问题：没有有机地论述法国大革命和拿破仑战争，就可以撰写一部19世纪欧洲史？没有论述民族复兴运动的斗争，就能撰写一部意大利近代史？换言之，克罗齐的叙述分别从1815年和1871年开始，即他忽视斗争环节，忽视对立力量形成、聚集及对阵的时刻，忽视一种伦理–政治体系瓦解、另一种却在火和铁中形成的时刻，是偶然为之还是偏见使然？在那一时刻，一种社会关系体系解体并衰落，而另一种却崛起并确立。相反，他却把文化扩张或伦理–政治的环节平静地接受为历史。因此，可以说《十九世纪欧洲史》只是历史的片段，1789年在法国开始的大革命的“被动方面”，该革命在欧洲其他地方引起共和革命和拿破仑战争，给予旧制度重重一击，导致旧制度在法国直接崩溃，但“改良主义”侵蚀一直持续到1870年。我们可以提出问题：克罗齐带倾向性的建构没有直接涉及当下，没有旨在创造一种同他所论述之时代（即复辟–革命时代）的思想运动相一致的思想运动。在那种思想运动中，雅各宾派–拿破仑表达的要求得到合法地、改良主义地、小小地满足，这样就成功地拯救了封建旧阶级的政治、经济地位，避免了土地改革，尤其避免人民群众经历政治经验时期，正如在雅各宾时代，1831年、1848年在法国发生的那样。然而，在目前的条件下，同温和自由主义及保守主义

相一致的运动不恰恰是法西斯运动吗？在其发展的最初几年，法西斯断言重新恢复老右派或历史右派的传统，或许不是没有意义的。可能是历史上诸多荒谬表现之一（自然的狡诈，正如维科所言），克罗齐由于忧心忡忡，竟然有助于巩固法西斯主义，间接地为它提供思想辩护，是在剔除其某些次要特征，剔除其表面浪漫性质，但对歌德的古典风格的庄重同样恼火。思想的假设可以这样叙述：可以发生一次被动革命，事实上通过国家司法干预，通过行会组织，在国家的经济结构中引起或多或少的深刻变革，旨在强调"生产计划"要素，即强调生产的社会化和合作，但并未触动（或仅限于管理和调控）个人及利益集团的私人占有。在意大利社会关系的具体框架内，在传统领导阶级的领导下，同更先进工业结构的国家（它们垄断原料，并且积累雄厚资本）竞争，这是发展工业生产力的唯一可行办法。这一模式可以实施，以何种程度和形式具有相对价值。在政治上和思想上至关重要的是，它能够并实际益于创造一个期待和希望的时期，尤其对意大利的某些社会集团而言，比如广大城乡小资产阶级群众，因此有助于让领导权体系和军人及文官强制力量服从传统领导阶级。在国际经济领域，这种思潮作为"阵地战"的要素（自由竞争和自由贸易符合运动战），正如在政治领域，它作为"被动革命"的要素。从 1789 年至 1870 年的欧洲，在法国大革命中进行运动战（政治），及从 1815 年至 1870 年的长期阵地战。在当代，政治上的运动战从 1917 年 3 月至 1921 年 3 月进行；接踵而来的是阵地战，其代表（对意大利来说）是实践的，对欧洲来说是思想的，就是法西斯主义。

（B10，1932—1935）

（10）作为历史与精神同一性的自由，作为宗教-迷信的自由，作为直接详述思想的自由，作为实际统治工具的自由。如果历史是自由的历史（根据黑格尔的命题），这个公式对各个时代、各个地方的全人类的历史都适用，东方暴政的历史也是自由。于是，自由只意味着“运动”、演进、辩证法。东方暴政的历史也曾是自由，因为它也曾是运动和演进，那些暴政确实都崩溃了。不仅如此，历史是自由的历史，由于存在自由与当局之间、革命与保守之间的斗争，在斗争中，自由和革命不断地压倒当局和保守。然而，任何思潮和政党不是这样表达自由、自由进程的辩证环节吗？那么，19世纪欧洲的特点是什么呢？不是自由的历史，而是这样意识的自由的历史。在19世纪欧洲存在一种批判意识，而以前并不存在，人们创造历史，他们知道所作所为，知道历史是自由的历史，等等。术语“自由”的含义，譬如，在意大利，在此时期，非常宽泛和丰富。在维戈的《意大利年鉴》中，自由派全都是非教权主义者，都是《现代错误学说汇编》[①] 党羽的所有对手，因此自由主义也包括国际主义者。然而，形成了特别称作“自由”的思潮和政党，把黑格尔哲学的思辨与沉思主张，变成直接的政治思想、统治及社会领导权的实际工具或者维护在法国大革命及其在欧洲已退潮的进程中确立的政治、经济制度的手段。一个新的保守政党诞生，一种新的统治地位确立，该新政党确实倾向于和《现代错误学说汇编》党羽同流合污。该联盟可以

① 1864年教皇庇护九世公布《现代错误学说汇编》（*Sillabo*），又译《邪说提要》。

称作“自由党”。我们提出几个问题:(1)对欧洲所有派别而言,“自由”具体意味着什么?(2)这些派别根据自由概念活动,还是根据充实自由概念形式的特殊内容活动?没有一个拥有渴望土地改革的广大农民群众成员的集中制政党,不曾阻止他们成为自由宗教的信徒,自由对他们只意味着保持其野蛮迷信、其原始状态的自由和权利,因此广大农民群众不是成为《现代错误学说汇编》党羽的后备军吗?自由概念同样被耶稣会士用来反对自由派,后者已变成反对正义自由“真正”斗士的放纵者。这一概念不是沦为保护每个社会集团主张实际内核的概念外壳吗?因此,可以说“自由的宗教”吗?在此种情况下,“宗教”到底意味着什么?对克罗齐而言,显现为道德的世界观就是宗教。然而,“自由”也发生此种情况吗?自由只是少数知识分子的宗教;在群众中,它呈现为思想组合或混合的构成因素,旧天主教是这种组合中占优势的构成部分,从世俗观点看,另一个重要因素(若不是决定因素)是“祖国”概念。请不要说“祖国”概念是“自由”的同义词;但肯定是国家的同义词,即是当局而非“自由”的同义词,它成为“保守”因素、迫害的根源及新教廷存在的理由。我觉得,克罗齐未能(即使从其观点看)坚持区分“哲学”与“思想”、“宗教”与“迷信”,这一区分对他的思维方式,在他同实践哲学论战时至关重要。他认为在论述一种哲学和一种思想,他认为在论述一种宗教和一种迷信,他认为在撰写一部阶级因素是驱魔武器的历史,相反他殚精竭虑地撰写一部政治杰作,由于它,某一特定阶级成功地介绍并让他人接受其存在及其发展的条件,作为普遍原则、作为世界观、作为宗教,也就是说,他

在具体描述管理及统治实际手段的发展。实践根源的错误不是由19世纪自由派如此犯下的，相反他们在实践上获得成功，他们实现了提出的目标。实践根源的错误是他们的历史学家克罗齐犯下的，他在将哲学和思想区分开后，最终将一种政治思想同一种世界观混为一谈，从而实际证明区分是不可能的，它们不是两个范畴，而是同一历史范畴，仅仅是程度上的区分。哲学是代表整个社会集团精神及道德生活（特定实践生活的净化）的世界观，该社会集团被理解为运动，因此它不仅关注其目前、直接利益，而且关注其未来、间接利益；阶级内部各集团建议帮助解决直接、特定问题的任何特殊方案全是思想。然而，对于被统治、被领导的广大人民群众而言，领导集团及其知识分子的哲学或宗教，总呈现为狂热和迷信，作为被奴役群众自己的思想动因。领导集团难道不打算维持这种状态？克罗齐应当解释为何自由世界观不能成为小学教学的教育因素，为何他本人作为教育大臣把祈祷宗教课引入小学。在广大群众中缺乏“扩张性”，证明自由宗教的直接实践的狭隘性。

评注一

关于当局和自由的概念，需要特别思考《伦理与政治》（第339页及以后各页）中的“理想的国家与教会，它们在历史上的不断斗争”一章。此章饶有兴味，因为在此章中，他对实践哲学的含蓄批判和反对变得缓和，“经济”与实践的因素在历史辩证法中受到重视。

（B10，1932—1935）

（11）但可以说在克罗齐思想中（包括近几年精心建构后）没有实践哲学的踪迹吗？克罗齐的历史主义没有受到其在1890—1900年间知识经验的任何影响吗？在这方面，从其形形色色的著作中可见其立场，尤其是1917年为《历史唯物主义和马克思主义经济学》所写的序言、在《十九世纪欧洲史》中专写历史唯物主义的部分和《自我评论》更为重要。然而，如果克罗齐对自己思考饶有兴味的话，却不够充分，也没有把问题说透。在克罗齐看来，他对实践哲学的态度，不是进一步发展（超越），从而使实践哲学成为建构更精致思想的环节，但经验价值却是否定的，其含义是用以摧毁偏见、激情残余等。我们借用物理学语言打个比方：在克罗齐的头脑中，实践哲学仿佛一种催化剂在起作用，该催化剂对生产新产品不可或缺，但在新产品中未留踪迹。然而，这是真实的吗？我觉得，透过思辨的形式和语言，在克罗齐思想中可以发现不止一个实践哲学因素。或许可以补充说，这种研究在当代具有深远的历史及思想意义。换言之，正如实践哲学把黑格尔主义移译成历史主义语言，同样克罗齐哲学特别明显地把实践哲学的历史唯物主义再译成思辨语言。1917年2月，我写了一篇短评，它比刊于《批判》杂志上的克罗齐的“宗教与平静”一文修改稿（参阅《伦理与政治》，第23—25页）要早。我写道，正如在19世纪黑格尔主义是实践哲学（当代文明的根源）的前提，同样克罗齐哲学可以是今天、我们这一代实践哲学复兴的前提。问题刚刚提及，并肯定以一种原始的、确定无疑不适当的形式提出。由于那时我对理论与实践、哲学与政治统一的概念不甚了了，当时我在思想倾向上更是个克罗齐主义者。然而现在，即使我没有

论断不可或缺的成熟和能力，我觉得也应当重新论证，并且应当以更精致批判的形式介绍。换言之，对克罗齐的哲学思想，需要重复实践哲学理论先驱对黑格尔思想所做的改造工作。这是历史上决定实践哲学正确复兴的唯一卓有成效的方法，以便把因实际生活直接需要而“庸俗化”的这种世界观，达到能胜任斗争发展提出更复杂任务的高度，也就是提高至创造一种新的完整文化的高度。该文化具有宗教改革和法国启蒙运动的群众性，也具有希腊文化和意大利文艺复兴的古典性，该文化继承卡尔杜齐的语言，同时把罗伯斯比尔同康德、政治和哲学在内在辩证法统一中综合，它不仅属于法国或德国的一个社会集团，而且属于欧洲和世界。继承德国古典哲学不仅应清点造册，而且应让它精神焕发，因此我们必须清算克罗齐哲学，也就是说对我们意大利人而言，是德国古典哲学的继承者，就意味着是克罗齐哲学的继承者，因为它代表德国古典哲学的当今世界环节。

克罗齐顽固地同实践哲学论战，在斗争中，他求助于荒谬可笑的同盟军，比如平庸至极的德曼。这种顽固态度令人生疑，可能成为否定清算的托词。相反，这种清算必须尽可能广泛深入。此类工作，在现代文化氛围中的《反克罗齐论》，可能具有《反杜林论》对世界大战以前一代所具有的意义和重要性，它值得整整一组人从事十年活动。

评注一

当克罗齐解决特殊问题时，能够发现实践哲学的踪迹。我觉得，一个典型例子是关于错误的实践起源的学说。一般来看，可以说同金蒂莱纯粹行动哲学论战迫使他更接近实在论，并且对思辨语言的夸大其词，他至少感到某种麻烦和痛苦，那种语言变成行动主义小修士的隐语和“芝麻，开门”。

评注二

然而，考察克罗齐哲学不能脱离金蒂莱哲学。《反克罗齐论》也应当是《反金蒂莱论》；金蒂莱的行动主义产生明暗对照法效果，在一幅画中为了突出形象需要此种效果。

（B10，1932—1935）

（12）综上所述，可以看出，克罗齐的历史作为伦理-政治史的史学观，无疑不能判断为要摒弃的无稽之谈。相反，应当下大功夫把握克罗齐的史学思想（包括最近阶段的），对它应当全神贯注地研究和静思。从本质上看，它代表对“经济主义”和宿命机械论的反动，虽然呈现出对实践哲学的破坏性超越。在判断克罗齐思想时，同样适用如下标准：不是根据自我标榜来评价和批判一种哲学思潮，而是根据它在具体史学著作中呈现的真实面貌来评价和批判。对于实践哲学来说，思辨方法本身不是无稽之谈，却具有在文化发展中思想的丰富“工具”价值，实践哲学把这种“工具”价值吸纳于身（例如，辩证法）。因此，克罗齐的思想至少作为“工具”价值理应受到重视。于是，可以说克罗齐的思想有力地引导人们关注文化现象及历史发展中思想的重要性，重视市民社会及国家的有机生活中大知识分子的作用，重视作为具体历史集团必要形式的领导权及认同的环节。当代如下事实向克罗齐证明，这些不是无稽之谈：实践哲学现代最伟大的理

论家[①]在斗争和政治组织领域，用政治术语反对形形色色的“经济主义”倾向，重新评价文化斗争战线，并且形成领导权学说，以充实国家–暴力理论，成为1848年“持续革命”学说的当今形式。对实践哲学而言，伦理–政治史观，因其脱离任何实在论观念，可作为历史研究的“经验准则”被接受，在考察和深化历史发展时必须时刻注意此准则，如果想要撰写完整的历史，而不是部分的及外在的历史的话（比如，经济力量的历史，等等）。

该论文可以作为考察伦理–政治史学概念的核心，这种史学实际上为克罗齐的哲学工作“加冕”。因此，可以认为克罗齐的学术活动，其对实践哲学的不同态度，全都朝着这一方向。恰恰可以得出结论：克罗齐的工作并行不悖地被实践哲学优秀理论家所完成。由此可见，他断言“最终超越”纯粹是夸夸其谈的批判，通过分析可证实这一点，还表明在克罗齐思想中，“健康”及进步的内容只是以思辨语言表述的实践哲学。

（B10，1932—1935）

评　　注

（1）在实践哲学中的伦理–政治史因素：领导权的概念，重新评价哲学战线，系统研究国家及历史生活中知识分子的作用，作为任何历史进步运动先锋队的政党学说。

（2）克罗齐–洛里亚。可以证明在对实践哲学的解释上，克罗

① 指列宁。

齐和洛里亚之间差异不大。克罗齐把实践哲学贬低为历史解释的实际准则，应用此准则，历史学家重视经济事实的重要性，但他没有把实践哲学贬低为“经济主义”的一种形式。如果抛开洛里亚的一切怪异风格和肆无忌惮幻影（当然，洛里亚的许多特征将会丧失），可以看出在其解释的核心部分，他接近克罗齐（这方面，参阅《批判对话集》第1卷，第291页及以后各页）。

（3）思辨历史及需要一位丰腴的智慧女神。阿尔贝蒂就数学家写道：“那些人同所有物质分离，只凭天才度量事物的形式。因为我们想用肉眼看见事物，所以我们将使用肥硕的弥涅耳瓦。”

（4）在如此一般的形式上，19世纪欧洲史是自由的历史，假若这是真的，那么以前的全部历史同样一般都是权力的历史。以前所有世纪都是灰色的模糊一片，没有发展，没有斗争。此外，一个领导权（伦理–政治）原则在击败另一个原则（正如克罗齐所说，吸纳为自己的环节）后获胜。然而，它为什么能获胜？由于其具有“逻辑性”和抽象理性的优点吗？不去探寻获胜的原因，就意味着撰写外在描述的历史，没有突出内在、因果联系。即使波旁[①]也代表一种伦理–政治原则，体现为其信徒是农民和贫民的“宗教”。由此可见，总存在两种领导权原则、两种宗教之间的斗争，从而不仅需要描述一种宗教的胜利扩张，而且需要历史地说明原因。必须解释为什么在1848年克罗地亚农民反对米兰自由派，伦巴第–威尼托农民反对维也纳自由派。于是，统治者与被统治者之间实际的伦理–政治联系是皇帝或国王本人（“我们在额头上写

① 波旁家族是欧洲最重要的统治家族之一，17—18世纪该家族统治南意大利（那不勒斯王国、两西西里王国）。

着，弗朗切斯科二世[①]万岁！”），正如晚些时候此种联系不是自由的概念，而是祖国和民族的概念。民众“宗教”代替了天主教（更确切地说，是同天主教相结合），那是“爱国主义”和民族主义的“宗教”。我曾读过，在德雷福斯事件中，一位法国科学家、共济会会员和部长明白无误地讲，他的党想要消除教会在法国的影响，由于人群需要狂热、盲信（法国人在政治上使用“绝对信仰”[②]），因此，必须组织起对爱国主义情感的弘扬。此外，还需记住，在法国大革命时期，“爱国者”术语的原有含义，经过 19 世纪的斗争被“共和主义者”术语的含义代替，由于“爱国者”术语具有的新含义，它被民族主义者和一般右派所独占。民众自由主义的具体内容曾是祖国和民族的概念，这从它在民族主义中演进，从自由宗教代表——克罗齐、天主教代表——教皇反对民族主义的斗争中可以看出。（这种祖国的民众宗教文件的民间形式，可以从帕斯卡雷拉[③]的十四行诗《发现美洲》中发掘。）

（5）思辨历史可以视为以一种被批判能力发展引起狡诈或欠天真的文学形式，回归至业已名誉扫地的历史方法，正如克罗齐本人在不同著作中记录下空洞和浮夸。伦理-政治史，由于脱离历史集团概念（在该历史集团中，社会经济内容和伦理-政治形式，在重构不同历史时期时具体地统一），只是或多或少有趣三段论法的论战性陈述，而不是历史。在自然科学中，这等于根据动物的皮毛颜色，而不是根据其解剖学结构进行分类。在历史唯物主义中，提及

① 弗朗切斯科二世（1836—1894），两西西里王国国王（1859—1860）。

② 原文为法文。

③ 帕斯卡雷拉（1858—1940），罗马方言诗人。

自然科学并谈及社会“解剖学”，仅仅是一种隐喻和对深入方法论及哲学研究的促进。在人类历史中没有如下人物：按博物学对事实进行分类，根据解剖学结构和所有生理学功能按“肤色”构成“集团”。不可能思考“去皮”的个人作为真正的“个体”，也不可能思考“去骨”、没有骨骼的个体。雕刻家罗丹说过：“如果不是骨瘦如柴的人让我们反感，我们会认为他很美。”在米开朗琪罗的一幅画作或一座雕像中，透过色彩或大理石的凸出处，可以看见塑造形象的骨骼，可以感受到结构的坚实。克罗齐的历史表现去骨、没有骨骼的“形象”，在作家矫饰的美文下，凸显其松弛、下垂的赘肉。

（6）物种变化论就像 1870 年以后时期被动革命的一种形式。

（7）为了评价克罗齐在意大利生活中的作用，既要记住焦利蒂的回忆录，也要记住萨兰德拉的回忆录，后者以克罗齐的一封信结束。

（8）用克罗齐的语言可以说，自由宗教反对教会宗教，而教会宗教否定现代文明半途而废；实践哲学是自由宗教的“异端”，因为它也诞生在现代文明领域。

（B10，1932—1935）

贝内德托·克罗齐和历史唯物主义

〔克罗齐批判马克思主义〕

克罗齐概述他本人认为决定性的并代表一个时代的批判关键

点，是在《1871—1915年意大利史》中关于实践哲学及批判经济学走运那一章。在《历史唯物主义和马克思主义经济学》第2版序言中，他确定其修正主义的四个要点：第一，实践哲学的价值在于作为单纯解释准则。第二，劳动价值论只是对两类社会进行简略比较的结果；他断言二者[①]“被普遍接受”，“它们变得平常，几乎听到重复之声，却没有记住谁是最早的传播者。”第三，对利润率下降规律的批判（此规律若是精确确定……将会不折不扣地导致资本主义社会自动及立即终结），“或许它很难被接受”；但克罗齐乐于加入“经济学家和哲学家队伍”。第四，哲学经济学“主要供哲学家沉思”，并且克罗齐推迟撰写未来论述实践的著作。关于实践哲学与黑格尔主义的关系，他以后放到论黑格尔的论文中讨论。

在其论文“对某些概念的解释和批判”的“结论”（《历史唯物主义和马克思主义经济学》，第55—173页，“结论”在第110—113页）中，克罗齐将其研究的积极成果概括为四点：（1）出于对经济科学的尊重，对批判经济学的解释，不再理解为一种普通经济学，而应理解为比较社会经济学，它论述社会中的劳动条件。（2）出于对历史科学的尊重，由于实践哲学摆脱了任何先天概念（虽然它是对黑格尔的继承，或沾染庸俗进化论），该学说理解力相当强，但只单纯作为历史解释的准则。（3）出于对实践的尊重，不可能从纯粹科学命题中推演出社会运动纲领（正如其他任何社会纲领），应当在实际观察及实际说服领域中判断社会纲领。（4）出于对伦理学的尊重，否定实践哲学的内在非道德

① 指实践哲学和劳动价值论。

性及内在反审美性（从克罗齐关于此论题的全部著作中发掘其他讨论及批判要点将受益匪浅，通过书目提要说明，让这些要点保持特殊地位，克罗齐本人指出，这些要点曾引起他极大兴趣和更有条理、更系统的反思）。

（B10，1932—1935）

为了更好地理解克罗齐在牛津代表大会上所做报告“历史和反历史”中提出的理论（此外，该理论接近上代人就历史及自然中“飞跃”可能性的讨论[①]），必须研究克罗齐的论文“哲学命题的历史解释”。该文除题目引起的论题外，本身饶有兴味，在其反对实践哲学的最近论战中，包含对“凡现实的都是合理的，凡合理的都是现实的”这一黑格尔命题狭隘及强辩的解释，该解释恰恰是反历史的（克罗齐本人没有发现）。

（B10，1932—1935）

从《1871—1915 年意大利史》和《十九世纪欧洲史》的不容置疑的断言中，克罗齐获得批判实践哲学的动力。在其中，克罗齐得出仿佛最终的并被普遍接受的结论，但批判却以系统形式展开。此外，必须注意，克罗齐的断言极少自明、形式上果断，不似他今天想要显现的那样。在其主要著作中，价值论从未被内在地否定。

① 参阅本书“历史和反历史”的札记，第 49 页。——意文版编者注

他断言，只有科学“价值论”才是最高程度的效用理论，马克思的价值论是“另一回事”，但作为“另一回事”，也要承认其坚实性和有效性，并要求经济学家应用同柏姆-巴维克[①]常用的截然不同的论题进行论战。其后，其补充论点，主要是一种简略比较，除不能证明正确外，其实立即被如下观察证明无效：它是李嘉图价值论的逻辑继续，而李嘉图肯定未做“简略比较”。把实践哲学贬低为解释的经验准则，仅仅是应用间接排除法做出的判断，也就是说是外在地做出判断。对克罗齐而言，肯定是重要的“另一回事”，但由于既不能是此也不能是彼，只能是解释准则。证明似乎不是结论性的。在他关于利润率下降的论文中，同样表现出形式上的谨慎：该理论的作者想要说什么？因此，还需要思考这一点，云云。甚至还要指出，这种谨慎态度在近几年完全改变，变得不容置疑和不可更改，同时多为缺乏批判精神并没有根据。

（B10，1932—1935）

〔克罗齐立场中的实践因素〕

对克罗齐来说，埃诺迪就其“公正无私”批评家对实践哲学立场的友好告诫可能非常重要？以另一种方式提出问题：主要是直接实践原因驱使克罗齐采取目前“清算”立场。其实人们可以发现：克罗齐根本不想参加同实践哲学的论战，正如他对这场论战兴趣不大，以至于没有促使他探寻比他掌握的更丰富、更准确

① 柏姆-巴维克（1851—1914），奥地利经济学家和政治家。

的信息。与其说克罗齐想同实践哲学论战，不如说他想同历史经济主义论战，即同渗透到传统世界观的实践哲学因素论战，这一因素瓦解了实践哲学，从而让实践哲学在“政治上”不坚强；与其说他对对手“皈依”感兴趣，不如说他对巩固自己的阵地更感兴趣。换言之，克罗齐应当“系统地”审视其论述实践哲学的专著，应当承认他当时完全错误，应当承认过去的错误同目前的认识相冲突，等等。在一位如克罗齐这样细致并谨慎的人物，却对客观需要在逻辑上说明其思维方式最近的转变毫无兴趣，至少令人奇怪，甚至只能用直接实际利益来解释。

（B10，1932—1935）

此专栏前一评注关于克罗齐和埃诺迪之间关系，在此评注中可以看出埃诺迪不总是克罗齐的全神贯注、细致入微的读者。在《社会改革》1929 年合订本第 277 页，埃诺迪写道：“一种理论不应当归功于直觉到它的人，或出于偶然阐明该理论，或陈述一个从中可推演出该理论的原则，或毫无条理地叙述渴望在统一中重组的不同观念。”命题的积极部分这样提及：“在哪一本书中，如下命题被视为‘个别’论述的‘希望’题目？”

克罗齐在《历史唯物主义和马克思主义经济学》第四章第 26 页写道：“不是说出偶然性意见，其后未经展开就自生自灭，也不是确定一个缺乏丰富结论的原则；不是陈述一般及抽象的思想，也不是实际地、具体地思考该思想；最终，不是杜撰，也不是重复第二手或第三手货色。”埃诺迪的陈述源于克罗齐，伴有更多不恰当的奇怪语言和尴尬的理论。为什么埃诺迪没有直接引述克罗齐的陈述？或许因为克罗齐的上述看法出现在反对洛里亚教授的文章中。在下期《社会改革》刊出对里戈拉《自传》的长篇评论，为读者提供埃诺迪肤浅的另一实例。

（B10，1932—1935）

克罗齐对德曼《超越》一书的判断表明其当前立场，是直接“实践”因素压倒担忧和理论、学术兴趣。其实，德曼源于心理分析思潮，其自诩的研究原创性就是使用外在的、生硬的心理分析术语。对德·鲁杰罗也可以这样说，他不仅评论《超越》，也评论《劳动的欢乐》，其后还对弗洛伊德及心理分析进行有点匆忙和肤浅的抨击，却没有指出德曼恰恰源于心理分析。

（B10，1932—1935）

〔价值论〕

（克罗齐说）在批判经济学[①]中的价值论不是价值理论，而是基于某种简略比较的“另一种东西”，也就是说通过同一个未来假设社会进行比较。然而，论证不能自圆其说，对价值论的反驳不言明地包含克罗齐自身（参阅《为了解释与批判》第一章）。必须指出，简略比较的说法是纯粹的文字游戏；事实上，劳动价值论

① 指马克思的著作《政治经济学批判》，即《资本论》。

拥有在李嘉图学说中达到顶峰的全部历史，而李嘉图学说的历史代表们肯定不想做简略比较（格拉齐亚代伊在《资本与工资》一书中陈述此异议；有待考察以前并有谁指出过。此异议如此明确无误，本应立即跃然纸上）。还应考察克罗齐是否了解《价值论》一书，在此书中包含对劳动价值论历史发展的陈述（在《政治经济学批判》第2卷、第3卷之后出版的《价值论》，同克罗齐的论文比较时间上孰先孰后）。由此可见，问题是这样的：批判经济学的科学假说类型不关注一切时代、所有地方的一般人的经济原则，只关注某一特定社会类型的规律，这是随意的吗？这不是比纯粹经济学假说类型更具体吗？鉴于一种社会类型充满重重矛盾，只抽象出一种难道不正确吗？此外，每种理论都是简略的比较，因为总在实际事实和清除这些事实的假设之间进行比较。当克罗齐说价值论不是“价值理论”而是“另一种东西”时，其实并未破坏理论本身，只是提出术语的形式问题。这就是正统经济学家不喜欢克罗齐论文的原因（参阅在《历史唯物主义和马克思主义经济学》中同拉卡教授论战的文章）。由此可见，他对“剩余价值”术语的看法毫无根据，相反该术语准确无误地表达克罗齐据理批判时想要表达的内容；主要是发现一个新事实，此事实用一个术语表现，此术语的新颖之处在于其形态同传统科学相矛盾；从字面上或许不存在“剩余价值”，这可能正确，但新用法具有隐喻含义。换言之，这是一个崭新的词语，它不会在词源学原初形式的字面价值中化解。

（B10，1932—1935）

作为简略比较的价值论。除反驳价值论源于李嘉图外，当然也不想做克罗齐所说的简略比较，还需要补充一系列推理。李嘉图的理论随意，那么批判经济学更准确地解决也随意？随意或诡辩建立在何种论据之上？必须很好地研究李嘉图的理论，尤其是李嘉图关于国家是经济代理人、捍卫所有权、独占生产资料的力量的理论。当然，国家自身并不产生经济形势，却是经济形势的表现，因此可以说国家是经济代理人，恰恰由于国家是经济形势的同义词。其实，如果研究纯粹经济学假说，正如李嘉图想要做的那样，无须撇开这种由国家及合法垄断所有权所代表力量的形势。因工会诞生引起市民社会中现存力量形势的变化，证明此问题并非多余，虽然国家的性质没有改变。由此可见，根本不是鉴于与现在研究的社会不同的未来社会形态做简略比较，而是把经济社会简化为纯粹“经济性”产生的理论，即最大程度地决定“经济力量自由发挥”的理论，在此理论中，由于经济人的假设，不能不撇开在国家中组织起的整个阶级赋予的力量，该阶级在议会有自己的“工会”，而被雇佣者不能联合行动，也不能让每个个体发挥集体赋予的力量。此外，李嘉图正如其他古典经济学家那样，他们绝对不抱成见，李嘉图劳动价值论发表时也未引起轩然大波（参阅纪德和里斯特的《经济学说史》），因为当时它不代表任何危险，只显现为纯粹客观和科学的确证。论战的、政治的及道德的价值，虽说没有丧失其客观性，但该客观性只有靠批判经济学才应获得。其后，问题同“纯粹”经济科学的基本问题有关，也就是辨识应历史地确定的概念及事实：现代经济科学的确定事实只能是商品生产与销售，而不是如克罗齐认为的那样——一个哲学概念。对他来说，爱情也是经济事实，整个“大自然”都沦为经济概念。

还有待指出，如果人们希望，所有语言都是一系列简略比较，那么历史就是在过去与现在（历史现实性）之间或历史过程的两个相异环节之间不言明的比较。那为什么若同假设未来比较，简洁表达法就非法，若同过去事实（在此种情况下，为了更好地理解现在，恰恰作为假设、有益的基准点被接受）比较，简洁表达法就合法？克罗齐本人谈及预见，认为预见只是人们对能认识的现实性做某种特殊判断，鉴于人们不能准确认识未来，因为未来不存在，也未存在过，人们不能认识不存在的东西（参阅《批判对话集》第1卷，第150—153页）。人们产生如下印象：克罗齐的推理主要是文人夸大其词以哗众取宠。

（B10，1932—1935）

〔利润率趋向下降〕

在论利润率下降的论文中，必须指出克罗齐犯下一个根本性错误。该问题在《政治经济学批判》第1卷中业已指出。在那本著作中，提及相对剩余价值和技术进步（恰恰作为相对剩余价值的原因）。在同一点上，人们观察在这一过程中如何呈现矛盾，即一方面技术进步使得剩余价值增长，另一方面因引起资本构成的变化，造成利润率趋向下降，《政治经济学批判》第3卷对后一点做了论证。克罗齐把第1卷包含的论证部分，用来反对第3卷中陈述的理论；换言之，他把因技术进步使相对剩余价值增长的规律，作为反对利润率趋向下降的论据。但他从未提及第1卷，似乎这种异议是从他的头脑中冒出的，甚至就是良知的产物（然而，在批判克罗齐的异议之前，必须重读《政治经济学批判》的文本，此外，对于这些评注也不可或缺，因为它们大部分基于记忆）。无论如何，应当认识到，对利润率趋向下降规律问题的研究，不能只根据第3卷的论述，该论述是第1卷论述的矛盾方面，因此它不能脱离第1卷。此外，或许需要更好地界定"趋向"规律的意义：由于政治经济学的任何规律不能不是趋向性的，鉴于只能孤立地获得某些要素，从而忽略起反作用的力量，或许应当区分趋向性的大小，通常形容词"趋向的"不言而喻是"明显的"，相反，当趋向性变成有机的突出特征时，人们坚持后一种含义。正如在此情况下，利润率下降被解释为另一个规律的矛盾方面，相对剩余价值产生规律的矛盾方面，在这里，一个规律趋向取消另一个规律，由于预见利润率下降将占优势。可以想象当矛盾打了死结，正常情况下不可解开，不就要求亚历山大大帝用剑干预吗？但全世界经济都将变成资本主义的，并将得到某种程度的发展，即资本主义经济世界的"活动边界"将抵达天涯海角。趋向规律起反作用的力量肩负起生产越来越多相对剩余价值的重任，但它们也有局限，例如在技术上它们受材料耐久性扩大的制约，在社会上受失业容忍程度的制约。换言之，经济矛盾变成政治矛盾，并且通过实践逆转在政治上得以解决。

关于利润率趋向下降的论题，参阅《新研究》首年度合订本中的一篇评论，那是一位德国经济学家、奥本海默的持异议的学生撰写的，还应记住格罗斯曼的近作，的里雅斯特发行的《经济学》以及洛拉特的《社会批判》中对此书的评论。

（B10，1932—1935）

我们业已指出，克罗齐在论利润率下降的论文中，把同技术进步相连过程的另一个矛盾方面，即相对价值论作为异议陈述，这一个矛盾方面在《政治经济学批判》第1卷中已经研究过。还必须指出，克罗齐在分析时忘记价值及利润形成的一个根本要素，即“社会必要劳动”，价值及利润的形成不能在一个工厂或企业中研究和统计。技术进步恰恰给予每个企业提高劳动生产率（超过社会平均水平）的微小机会，从而实现异常的利润（正如在第1卷中曾研究过），但一旦这一进步社会化，起初的地位就会逐渐丧失，社会平均劳动规律在起作用，此规律通过竞争来降低价格和利润，在此时就造成利润率下降，因为资本的有机构成显现为不利。企业家趋向于尽可能延长起初的好运，他们借助司法干预：捍卫专利权、捍卫工业机密，但只能限于技术进步的某些方面，或许还是次要的方面，但无论如何它们的分量不是微不足道的。单个企业家为避免利润率下降的最有效手段，是在所有劳动与生产领域不断地引入新的技术进步，从不忽视技术进步对大企业的微小贡献，由于企业规模巨大，贡献会成倍增长，从而产生非常可观的效果。可从这一角度研究福特的全部工业活动：为避免利润率下降而进行坚持不懈的斗争，以维持对竞争者的优势地位。福特不得不走出生产的狭小工业领域，为了组织其商品的运输和销售，这样大量剩余价值分配更有利于工业生产者。克罗齐

犯下不同性质的错误：他从“任何技术进步直接导致利润率下降”这一前提出发，这样做是错误的，因为《政治经济学批判》只断言导致矛盾的发展过程，其中一方面是利润率趋向下降。他断言自己记住批判经济学的所有理论前提，却忘记社会必要劳动规律。他完全忘记在《政治经济学批判》第1卷中论述的部分，否则他完全可以避免犯这一系列错误。他忘得如此严重，以致认为在第3卷论述利润率趋向下降规律的部分没有定稿，只是草稿，云云。这是一个不容置疑的理由，以便研究同一作者在别处就此论题撰写的一切（《政治经济学批判》第3卷文本问题应当重新研究，正如我相信，现在人们阅读的带有全部笔记及评注的原始版本，那些笔记和评注应当用以撰写最终文稿。但不应排除：在传统版本中某些段落被忽略，在论战发生后，它们可能具有比零星材料首位整理者所能想象的更大重要性）。

其后，一位经济学家应当重新把握利润率趋向下降规律的一般公式，确定此规律本身被证实的环节，并应当批判地确定一系列过渡，它们导致此规律成为一个合乎逻辑的结论。

涉及利润率下降规律的“趋向的”应具有的意义有待展开。显然，在此情况下，趋向性不能只涉及现实中的起反作用的力量，每当从现实中抽象出某些孤立因素，以便建构逻辑假说。由于此规律是另一规律——相对剩余价值规律——的矛盾方面，后一规律决定工厂体系的微小扩张，也就是说资本主义生产方式本身的发展，因此不能把那些起反作用的力量，视为普通经济假设的力量。在此种情况下，起反作用的力量本身被有机地研究，并且产生一个同样有机的规律——利润率趋向下降的规律。由此可见，“趋向的”含义似乎应当是实际“历史”性的，而不是方法论的。该术语恰恰用以指示这一辩证过程，由于此过程，微小进步都会促使在社会整体上产生趋向灾难性结果；在不断超越的过程中，此结果促使其他个别进步，但不能预见此过程是无限的，即使它分解为大量规模与重要性各异的中间阶段。根据相同理由，不可能完全准确地说，正如克罗齐在其著作第2版序言中所说，利润率趋向下降规律，若是精确地确定的话，正如其作者认为的那样，“只能导致资本主义社会的自动和立即终结”。根本不是自动，更不是立即。克罗齐的这一结论恰恰因其错误得出：他在考察利润率趋向下降规律时，脱离该规律在其中被构思的过程，孤立考察该规律，不是为了更好陈述的科学目的，而是它似乎“绝对地”有效，不是作为更大有机过程的辩证术语。在很多人那里，该规律像克罗齐那样解释，但这并未免除他们的一定学术责任。批判经济学的许多论断是如此“神话化”，但并非意味着，类似神话形态不具有直接的、实践的重要性，不可能具有这种重要性。然而，主要是问题的另一方面，同问题的科学提法、逻辑推理关系不大，该问题可在对政治方法及文化政策方法的批判领域内考察。很可能在该领域有待证明，归根结底，政治方法不适当并产生更大损害，虽然它对随意强化一个科学论断有益，以便从此论断中提取威力强大的民间神话。这种政治方法可以同使用毒品进行比较：一瞬间激发起身体和精神的力量，但持续地造成器官的损害。

（B10，1932—1935）

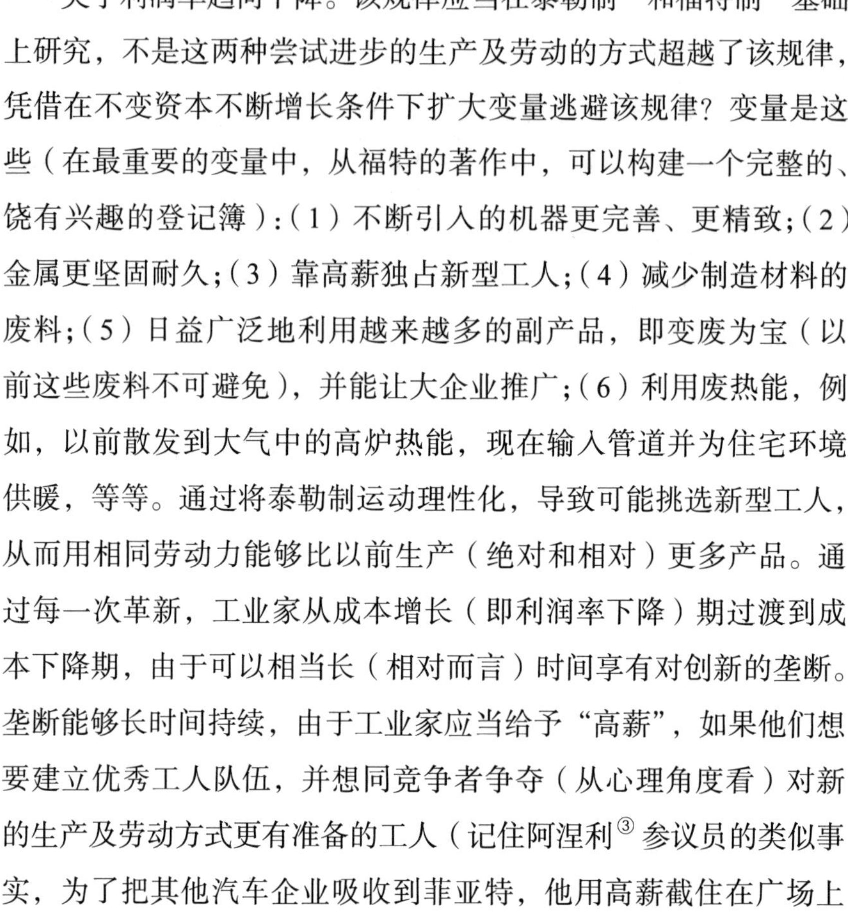

关于利润率趋向下降。该规律应当在泰勒制[①]和福特制[②]基础上研究，不是这两种尝试进步的生产及劳动的方式超越了该规律，凭借在不变资本不断增长条件下扩大变量逃避该规律？变量是这些（在最重要的变量中，从福特的著作中，可以构建一个完整的、饶有兴趣的登记簿）：（1）不断引入的机器更完善、更精致；（2）金属更坚固耐久；（3）靠高薪独占新型工人；（4）减少制造材料的废料；（5）日益广泛地利用越来越多的副产品，即变废为宝（以前这些废料不可避免），并能让大企业推广；（6）利用废热能，例如，以前散发到大气中的高炉热能，现在输入管道并为住宅环境供暖，等等。通过将泰勒制运动理性化，导致可能挑选新型工人，从而用相同劳动力能够比以前生产（绝对和相对）更多产品。通过每一次革新，工业家从成本增长（即利润率下降）期过渡到成本下降期，由于可以相当长（相对而言）时间享有对创新的垄断。垄断能够长时间持续，由于工业家应当给予“高薪”，如果他们想要建立优秀工人队伍，并想同竞争者争夺（从心理角度看）对新的生产及劳动方式更有准备的工人（记住阿涅利[③]参议员的类似事实，为了把其他汽车企业吸收到菲亚特，他用高薪截住在广场上

① 美国工程师泰勒首创的生产组织方式和工资制度，即从企业中挑出最熟练、最强壮的工人，让他们极端紧张地工作，用秒或几分之一秒的时间为单位，记录完成每一操作的时间，并据以规定生产规范、标准时间及相应的两种工资率。

② 美国福特汽车公司创始人福特首创的一种生产组织形式。主要特点是：在劳动分工、设备工具标准化的基础上组织大批量生产，以连续的传送带转运，组织一切作业的机械化和自动化。

③ 阿涅利（1866—1945），意大利菲亚特汽车公司创始人，20世纪前半叶意大利最主要的实业家。

等待招募的工人；专门生产挡泥板的私人工厂，为让它们更耐久，尝试用胶合板制造，结果“创新”以失败告终，只得缴械投降）。新方法的普及导致一系列危机，每次危机造成成本增长的相同问题，并且可以想象这样的周期经常发生，直至：（1）材料的强度没有极限；（2）引入新型自动机械没有达到限度，即人与机器之间没有形成最终关系；（3）世界工业化没有达到饱和程度，鉴于人口过剩（此外，伴随工业化的扩张而下降）和生产率提高以革新消费商品和生产资料。因此，利润率趋向下降规律将以美国主义为基础，也就是说，它是劳动及生产方式进步、改变传统工人类型加快节奏的原因所在。

（B10，1932—1935）

〔克罗齐的历史主义〕

对克罗齐哲学而言，“重新让人用自己的腿站立”、让他用双脚而不是用头走路的问题如何提出？克罗齐那里的“超验、形而上学、神学”的残余问题，就是其“历史主义”的性质问题。克罗齐往往乐于断言，他尽一切努力剔除其思想中的超验、形而上学、神学的残余痕迹，直至在哲学中摒弃任何“体系”及“基本问题”的观念。然而，他确实做到了吗？

克罗齐以“辩证的”闻名（除对立辩证法外，他把“差异辩证法”引入辩证法，但他未能说清辩证法是什么，或确切地说是什么），但必须澄清这一点：在生成中，他看到的是生成本身还是生成概念？我觉得应当从此点出发深入研究：（1）归根结底，克罗齐的历史主义是其实在观、世界观、人生观，即他的“哲学”——仅此而已；（2）他同金蒂莱及行动唯心主义的意见分歧；（3）他不理解历史唯物主义，伴随对历史唯物主义着迷。克罗齐一直对历史唯物主义着迷，现在仍然如此，只是形式更剧烈（过去也不难证实）。在最近几年，这种着迷变得令人伤心，这已被如下文稿所证实：《政治概要》中的看法，在牛津代表大会上所做的关于马克思主义美学的报告（参阅在《新意大利》刊登的消息），为《马克思恩格斯全集》所写的评论，《十九世纪欧洲史》数章导言中的观点，他致巴尔巴加洛的信件（刊于1928—1929年的《新历史杂志》上），尤其是对富洛帕-米勒著作的赞誉（我觉得，正如在1925年《批判》上刊发的那些评注那样）。

在事件连续不断的流转中，若需要确定一些概念，没有这些概念就不能理解现实的话，那么同样需要（甚至不可或缺）确定并牢记，运动中的现实及现实的概念，若在逻辑上可区分的话，那么在历史上应理解为不可分割的统一体。否则，就会像克罗齐所为，历史变成形式的历史、概念的历史，归根结底，变成知识分子的历史，甚至是克罗齐自己的思想史、瞎忙人的历史。克罗齐正陷入“唯心主义的”社会至上论的一种奇怪新形式，它可与实证主义的社会至上论相媲美——同样可笑和不结果实。

（B10，1932—1935）

考察“差异”原理，即克罗齐所说的“差异辩证法”是否源于对古典经济学家“经济人”抽象概念的反思。鉴于该概念具有纯粹“方法论”的重要性及价值，甚至是科学的技术性的（即直接的和经验的）重要意义和价值，有待考察整个“差异”体系是如何建构的。无论如何，这种建构，正如克罗齐体系的诸多其他部分，源于对政治经济学的研究，更确切地说，源于对实践哲学的研究，但这并不意味着克罗齐体系直接源于经济学并直接由经济学决定。许多行动主义哲学家在理解“经济人”概念时遇到困难，他们在理解“差异辩证法”的意义及重要性时同样感到困难。研究分两方面：一方面是逻辑性，另一方面是历史性。我觉得，克罗齐的第一种“区分”是历史地提出的，恰恰是“经济的或效用的环节”，它同经济学家在狭义上理解的概念不一致，并且不可能一致。由于在效用环节或经济环节中，克罗齐纳入一系列人类活动，对经济科学的目的来说，它们无关紧要（例如，爱情）。

（B10，1932—1935）

〔历史与哲学的同一〕

历史与哲学的同一是内在的（但从某种意义上说，是对未来阶段的历史预见）。克罗齐从安东尼奥·拉布里奥拉的实践哲学开始运作？无论如何，在克罗齐的思想中，该同一性同内在于历史唯物主义的同一性截然不同：例如，克罗齐本人关于伦理-政治史的近作。德国无产阶级是德国古典哲学继承者的命题恰恰包含历史与哲学同一；于是，才有“哲学家只是用不同的方式解释世界，问题在于改变世界”的命题。

克罗齐的历史与哲学同一的命题由如下批判结论补充会更丰富:（1）若尚未达到历史与政治（政治应理解为在实现的政治，而不仅是各种重复的有待实现的尝试，有些尝试自生自灭）的同一，它就是残缺不全的;（2）因此，还要达到政治与哲学的同一。然而，若必须承认这种同一性，那么如何并且能够将意识形态（克罗齐认为，它们是政治行动的工具）同哲学区分开？换言之，可以区分开，但仅限于量（级）而非质。甚至，意识形态将是“真正的”哲学，因为它们将显现为哲学的“通俗化”，并引导群众采取具体行动以改变现实。换言之，它们具有任何哲学思想的群众性，而在“哲学家”那里具有脱离时空的抽象普遍性特征，还具有文学的和反历史的渊源特征。

克罗齐对历史概念的批判是根本的，这种批判没有纯粹书卷气和学究气。只有历史与政治同一才会剔除历史的那种特征。如果政治家是一位历史学家（不仅说创造历史，而且说现在行动以解释过去），历史学家是一位政治家，在此含义上（此外在克罗齐那里似乎正是如此）历史总是当代史，即政治。然而，克罗齐未能得出这一必然结论，恰恰因为对历史概念的批判导致把历史与政治视同一律，从而将意识形态与哲学视同一律。

（B10，1932—1935）

行动唯心主义在字面上让意识形态与哲学一致（归根结底，这只是它要求的现实与理想、理论与实践之间表面统一的一个方面），这同克罗齐靠所谓“差异辩证法”达到的高度相比，代表传统哲学的衰退。行动唯心主义的这种衰退在金蒂莱弟子的发挥（或混乱）中更加明显：乌戈·斯皮里托和沃尔皮切利的《新研究》成为该现象的最醒目的文献。当以这种形式断言意识形态与哲学的统一时，就创造了社会至上主义的新形式，也就是说既不是历史，也不是哲学，而是靠冗长乏味及鹦鹉学舌般的语言支撑的抽象文字公式大全。克罗齐"真正"英勇地反抗这种倾向：克罗齐清醒地认识到，现代思想的所有运动都趋向对实践哲学胜利的重新评价，也就是趋向推翻哲学问题的传统地位、瓦解按传统方式理解的哲学。克罗齐凭借对危险及避免危险合适手段的非凡洞察力，竭尽全力抗拒历史现实的压力。由此可见，对其 1919 年至今著作的研究具有非常重要的意义。克罗齐的担忧伴随世界大战油然而生，他本人断言这是"历史唯物主义的战争"。他的"超然"立场，从某种意义上说，甚至成为这种担忧的标志，这是一种警告的立场（战时，哲学与意识形态结成疯狂联盟）。人们难以解释克罗齐对德曼、齐博尔迪等人著作的态度，因为这同他战前的思想及实践立场大相径庭。

克罗齐从"批判"立场向趋向实际准备有效政治行动的立场（在克罗齐社会地位和环境允许的限度内）的转变意味深长。他的那本《1871—1915 年意大利史》有何重要性？从博诺米论比索拉蒂的著作、从上文提及的齐博尔迪的著作、从斯基亚维为德曼的著作所写的序言中，可以推断出这种重要性。德曼还起着桥梁的作用。

然而，应当记住拉伊蒙多的信，卡斯泰拉诺在《克罗齐作品研究导言》中引述了这封信。该信表明克罗齐对某些环境的影响，通过不能控制的渠道进行渗透。拉伊蒙多，一个共济会会员，他实际吸纳了共济会的实质思想观念，并且是个"法兰西式的"民主派，正如他在许多讲演中表现的那样，尤其在捍卫马利亚·蒂耶波洛（或谋杀勤务兵波利多里的贵妇）的演说中，他的共济会一神论表现得淋漓尽致。

（B10，1932—1935）

克罗齐历史主义的“民族”渊源

有待研究在奎内特那里，意大利历史中革命-复辟相等公式的确切含义，并了解他如何解释。根据马塔利亚所言（参见 1931 年 11 月 20 日的《新意大利》刊出的《卡尔杜齐中的焦贝蒂》），奎内特的公式被卡尔杜齐采用，通过焦贝蒂的“民族古典性”概念（《论意大利文明革新》，拉泰尔扎出版社，Ⅲ，88；《首位》，都灵出版公司，1, 5, 6, 7……）。有待考察奎内特的公式是否接近科科的“被动革命”的公式；它们或许表达在意大利历史发展中缺少统一的人民首创精神的历史事实，业已证实统治阶级用“复辟”作为对人民群众的、时断时续的、初级的、无机的破坏性的反动，这些复辟接受一部分来自基层的要求，因此是“进步的复辟”，或“革命-复辟”，或“被动革命”。可以说总是“圭恰迪尼[①]的人”（德·桑克蒂斯理解的含义上）的革命，在这种革命中，领导人总会拯救他们的“独特性”：加富尔[②]恰恰将“圭恰迪尼的人”的革命“外交化”，并且他本人作为典型接近圭恰迪尼。

① 圭恰迪尼（1483—1540），意大利历史学家，代表作为《意大利史》（*Storia d'Italia*）。

② 加富尔（1810—1861），意大利政治家，自由派贵族和资产阶级君主立宪派领袖。曾任皮埃蒙特-撒丁王国首相、意大利王国首相。

由此可见，克罗齐的历史主义只是政治温和主义的一种形式，提出把作为保存和革新辩证法结果的历史发展和进步的方法视为唯一政治行动的方法。在现代语言中，这种思想被称作“改良主义”。保存与革新恰恰构成焦贝蒂的“民族古典主义”。然而，这种温和派和改良派的历史主义根本不是科学理论、“真正的”历史主义，仅仅是对一种政治实践倾向的反思、一种低劣意义上的意识形态。事实上，为什么“保守”恰恰应当是那种确定的“保存”，过去的确定因素？为什么应当是“非理性的”和“反历史主义的”，假若恰恰不保存那个确定因素？其实，假若进步确实是保存和革新的辩证法，革新在超越过去的同时保存过去，那么同样确实：过去是复杂事物，是生命和死亡的整体，在其中不能被一个人或一种政治思潮随意地、先天地进行选择。若那样（根据文件）进行选择，就不能是历史主义，只能是随心所欲的行为，一种片面的、政治-实践倾向的表现，它不能为科学提供基础，只能成为一种直接政治思想的基础。在辩证过程中，保存过去不能先天地确定，而是过程本身的结果，并具有历史必然性特征，而不是由所谓科学家和哲学家随意地选择。与此同时，有待观察，革新力量因本身不是随意的事实，不能不已内在于过去，在某种意义上，它本身不能不是过去、过去的一个因素，是过去生机勃勃并发展中的东西，它本身就是保存-革新，自身包含值得发展和永存的全部过去。对于这类温和派历史学家（不言而喻，在阶级和政治含义上温和，即那些在1815年和1848年后复辟时期活动的阶级）而言，雅各宾主义是非理性的，雅各宾主义就等于反历史。然而，谁能够在历史上证明雅各宾党人只受随心所欲引导？断言

无论拿破仑还是复辟时期都没有破坏雅各宾党人“完成的事业”，不就是最平庸的历史命题吗？或许雅各宾党人的反历史主义在于他们的首创精神没有被百分百保留，而仅为一定百分比？这似乎值得赞扬，因为历史不能靠数学计算重构，此外任何革新力量都不可能立即实现，而恰恰总是理性和非理性、愿望和必然，它是“生命”，就具有生命的所有弱点和力量，具有其矛盾和反题。

确定好克罗齐历史主义同民族复兴运动的温和传统及同复辟时期反动思想的这种关系。有待观察其黑格尔“辩证法”观念如何让黑格尔辩证法丧失力量和伟大，让它沦为词语的经院哲学问题。今天，克罗齐重复焦贝蒂的作用，对焦贝蒂可以采用在《哲学的贫困》中包含的对不理解黑格尔主义的方式的批判。然而，“历史主义”的这种方式，是克罗齐全部智力活动及哲学中的重点及永久动因之一，是他30年来活动的好运及产生影响的原因之一。事实上，克罗齐继承新意大利国家的文化传统，并上溯到民族文化的源头，剔除其狭隘地方性，剔除民族复兴运动的浮华的、怪异的残渣。准确确定克罗齐历史主义的历史意义，恰恰意味着将它还原为直接政治思想的实际重要性，去掉归于它的伟大、灿烂光环——客观科学的表现，超越日常斗争贫困性和偶然性的平静、无私的反思，对人类历史永恒未来的毫无偏见的沉思。

（B10，1932—1935）

再次考察克罗齐（或被克罗齐接受并发展）的“理论断言的意志性”原理（在这方面参阅“意识与科学的自由”一章，见

《文化与道德生活》第 2 版，第 95 页及以后各页）。

（B10，1932—1935）

应当以其方式考察克罗齐历史主义是否为巧妙掩饰图示历史的一种形式，正如所有改良主义自由派的思想。若可以一般地断言，合题保留被反题超越的正题中生机勃勃的东西，却不能（不随意地）断言，将被保留的东西，先天地认为生机勃勃的东西，没有坠入意识形态主义，没有坠入图示历史观念。克罗齐认为正题中什么东西应当保留，为什么生机勃勃？正是由于克罗齐很少作为实践政治家，他特别当心列举实践基本原则和纲领性思想，以至于断言它们是“不可触动的”，但它们可以从其全部著作中推演出。然而，即使办不到这一点，但国家自由形式是“生机勃勃”并不可触动的断言仍在，也就是说该形式保障所有政治力量活动和自由斗争。但如何能将这一经验事实同自由的概念即历史的概念混为一谈呢？如何要求斗争中的各种力量在一定限度（保留自由国家的限度）内“克制”斗争，没有陷入随心所欲和预想方案的泥沼？在斗争中“不按协定出击”，并且任何反题都必然提出，作为正题的激进对手，直至决意破坏正题并完全代替正题。设想历史发展如同一场体育比赛，有裁判、有必须公正遵守的预先制定的规则，这就是一种图示历史形式，其中意识形态不是基于政治“内容”，而是基于斗争的形式及方法。这是一种趋向削弱反题，并将它分成一长系列环节的意识形态，也就是说将辩证法沦为“革命-复辟”的改良主义进化过程，在此过程中只有第二个词[①] 有效，由于不断地从外

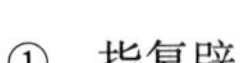

① 指复辟。

部草率修补某一组织，该组织并不内在地拥有自己健康的理由。此外，可以说类似改良主义的立场，是某种“天命的诡计”，以促使被改良主义实践所约束的内部力量尽快成熟。

（B10，1932—1935）

需要如何理解“物质条件”及这些条件总和的表述？正如“过去”“传统”，要具体地理解，凭借“普遍”主观的即恰恰“客观的”确证方法可以客观地证实和“度量”。繁忙的现在不能不继续并发展，过去不能不移植到“传统”。然而，如何识别“真正的”传统，“真正的”过去，等等？也就是说实在的、真实的历史，而不是创造新历史的幻想，这种新历史在过去中探寻“上层建筑”的带倾向性的辩护词。恰恰经济结构实际已成过去，因为它是存在过并继续存在、作为现在与未来的条件的东西的证据、无可置疑的文件。可以观察到，在考察经济结构时，个别批评家可能犯错，他们断言死亡的东西生机勃勃，或者不是有待发展的新生活的胚芽，但方法本身不能被断然驳倒。存在错误的可能性，这无疑可以接受，但那是个别批评家（政治家、国务活动家）的错误而不是方法的错误。每一个社会集团都有自己的“传统”“过去”，并提出这是唯一、全部的过去。该社会集团理解所有这些“过去”并为之辩护的同时，善于辨识实际发展路线，因此该路线是矛盾的，但在可以克服的矛盾中，将会犯“较少错误”，将辨识更多“积极”因素，激发这些因素以创造新历史。

（B10，1932—1935）

〔宗教、哲学、政治〕

克罗齐在牛津哲学代表大会美学分会上所做的报告（1930年10月20日的《新意大利》刊登了摘要），将他在《十九世纪意大利史学史》中陈述的对实践哲学的看法以极端形式发展。克罗齐对实践哲学批判的这一最新观点（完全改变在《历史唯物主义和马克思主义经济学》中的观点），如何能够批判地辩护呢？可以辩解说不是作为哲学家的判断，而是作为具有直接政治实践重要性的政治行为。确已形成实践哲学的低劣思潮，它同学说创始人思想的关系，可以说类似于民间天主教同神学的或知识分子的天主教的关系。正如民间天主教可以移译成异教语言或比天主教低劣（由于迷信和受迷信制约的巫术）的宗教语言，同样变质的实践哲学可以移译成“神学的”或超验的语言，也就是康德以前及笛卡尔以前哲学的语言。克罗齐的所作所为就像反教权主义的共济会会员和庸俗的理性主义者一样，他们同天主教斗争，恰恰应用将通俗天主教译成“拜物教”语言的译文。克罗齐陷入理智主义立场，即索列尔指责克列孟梭的那种立场，也就是根据宣传文献判断历史运动，并且不懂得平庸小册子可能表现极端重要、生机勃勃的运动。

对一种哲学来说，克服狭隘知识分子阶层的通常局限在广大群众中传播，虽说因适应广大群众的精神状态，或多或少丧失其活力，是其力量还是弱点的表现？一种世界观这样传播、扎根并继续拥有崛起及闪耀新光辉时刻的事实，具有什么意义？确信一种世界观能被理性性质的批判摧毁是僵化知识分子的迷信，有人不是不止一次地说过实践哲学的“危机”吗？这种持续的危机意味着什么？不是意味着通过否定之否定生命自身的成长吗？现在，若未得到人民群众的信赖，谁还能保持理论常青的力量？正是他们将世界观据为己有，即使以迷信和原始的形式。人们常说，在某些国家没有发生宗教改革，成为世俗生活所有领域落后的原因，却没有注意到实践哲学的传播恰恰是现代伟大的改革，是在全国范围内进行的思想与道德的改革，自由主义只能在国民的狭小阶层进行此类改革。恰恰是克罗齐在《十九世纪欧洲史》中对宗教所做的分析，克罗齐界定的宗教概念，可用来更好地理解实践哲学的历史意义和它抵抗住所有进攻和所有背离的原因。

克罗齐的立场是文艺复兴人士对新教改革的立场，差异仅在于克罗齐再现历史上业已证明虚假和反动的立场，他本人（及其学生，参阅德·鲁杰罗的《文艺复兴与宗教改革》）也有助于证明这一立场的虚假和反动。伊拉斯谟能说路德：“路德在哪儿出现，那儿的文化就消亡”，这尚可理解。人们不理解今天克罗齐再现伊拉斯谟的立场，由于克罗齐根据宗教改革人士的原始、粗糙知识进行观察，但德国古典哲学业已产生，现代世界得以诞生的波澜壮阔文化运动业已爆发。不仅如此，克罗齐在《十九世纪欧洲史》中对宗教概念的所有论述是对小资产阶级思想的批判（奥里亚尼、米西罗利、戈贝蒂、多尔索等），奥里亚尼之流用缺少宗教改革（按教派的狭义理解）解释意大利民族及国家机构的弱点。在扩大并确定宗教概念时，克罗齐揭示上述思想的机械性和抽象公式化，这些思想仅仅是文人的构思。然而，恰恰因此就更严重，他不能理解实践哲学伴随其波澜壮阔的群众运动，过去和现在代表类似于宗教改革的历史过程，而同自由主义形成反差，自由主义再现仅限于少数知识分子团体的狭隘文艺复兴运动，并在某一时刻向天主教投降，以至于唯一有效的自由党是人民党，即自由天主教的一种新形式。

克罗齐责怪实践哲学“神化”“唯物主义的”迷信，所谓重返“精神的中世纪”。这是伊拉斯谟用当时的语言对路德主义的指责。文艺复兴运动人士和宗教改革运动发展创造的人士融合为克罗齐类型的现代知识分子，但如果该类型的知识分子脱离宗教改革就不能理解，那么该类型的知识分子也不能理解从“中世纪”路德必然发展到黑格尔的历史过程，从而面对由实践哲学传播所代表的伟大思想、道德改革，就无疑再现伊拉斯谟的立场。在克罗齐对忏悔宗教的实际态度中，可以非常准确地研究克罗齐的这种立场。克罗齐本质上是反对宗教忏悔的（我们不能说他是反宗教的，鉴于他对宗教事实的界定），对广大意大利和欧洲知识分子集团而言，他的哲学，尤其其系统性不强的著述（比如收集在《文化与道德生活》《批判对话集》《伦理学拾零》等集子中的评论、旁注等），是文艺复兴类型的、真正的思想和道德的改革。“没有宗教而生活”（不言而喻，没有宗教忏悔），是索列尔从克罗齐信中摘取的要旨（参见索列尔致克罗齐的信，刊于1927年及其后的《批判》上）。然而，克罗齐没有“走向人民”，他不想成为“民族”的成员（正如文艺复兴人士不愿那样，他们与路德信徒和加尔文信徒截然不同），他不想创建一支追随者队伍以代替他（鉴于他个人想保持创造另一种文化的力量），他们能够将其哲学通俗化，试图让其哲学成为从小学起的教育因素（因此，也是普通工人、农

民的教育因素）。这或许不可能，但值得尝试，不想尝试也有意义。克罗齐在某本书中写过类似内容："不可能剥夺普通民众的宗教，不可能用某种满足宗教得以产生并存在的需要相同的东西立即代替宗教。"在这一断言中存在真实的东西，却不包含唯心主义哲学不能变成完整的（民族的）世界观的告白？其实，若不同时代替宗教，如何能够摧毁普通民众意识中的宗教？在此种情况下，可能只有破坏而没有创造吗？这不可能。同样，共济会庸俗反教权主义用一种新思想代替被摧毁的宗教（由于事实上被摧毁），如果这种新思想粗糙并低劣，则意味着被代替的宗教更粗糙、更低劣。因此，克罗齐的断言只能是以虚伪方式重复宗教为民众所需的旧原理。金蒂莱以欠虚伪更露骨的方式将宗教课引入小学（比这走得更远，金蒂莱甚至想把宗教课引入中学），他用黑格尔的宗教观为自己的行为辩解，黑格尔认为宗教是人类童年的哲学（有待考察克罗齐的教育大纲，它因 1920—1921 年焦利蒂内阁的议会事件而搁浅，但涉及宗教，同金蒂莱的大纲区别不大，如果我没有记错的话）。金蒂莱的言行，变成应用于当代的纯粹诡辩，是对教权主义效劳的行径。有待记住《伦理学拾零》论宗教的内容，为什么没有展开？或许不可能展开。被称为"常识"的宗教和传统哲学在民众中扎根的二元论的和"外部世界客观性"的思想，只能被一种新思想所根除并代替，这种新思想同一个政治纲领及一种历史观融为一体，民众承认它表达他们生活的需要。不和当前政治结合的哲学的生命和传播不可思议，该哲学要同民众生活中占优势的活动紧密结合。因此，在一定限度内，工作并非必然同科学相连。甚至，这种新思想起初具有迷信和原始的形式，如同神话宗教那样的形式，但在自身及知识力量中会发现，民众将表现出超越该原始阶段的诸因素。这种思想通过技术将人和自然相连，维持人的优越性，并在创造性劳动中颂扬该优越性，从而颂扬精神和历史。（有待阅读米西罗利论科学的文章，刊于《新秩序》上并附帕尔米罗·陶里亚蒂的旁注。）

关于唯心主义和民众的关系，米西罗利的一段话（参见 1930 年 3 月 23 日的《文学意大利》上刊发的“日历：宗教与哲学”）饶有兴味：“很有可能，有时面对哲学教授的逻辑，尤其当该教授是绝对唯心主义信徒，学生的常识和其他学科教师的良知会让人觉得神学家而不是哲学家更有道理。面对未入门的公众，在可能的公开辩论中，我不愿有责任为现代哲学理性辩护。人类仍然受到亚里士多德的全面影响，公众舆论仍然跟随那种二元论，那恰恰是希腊-基督教的实在论。认识是‘看’而不是‘做’，真理在我们之外、自在自为地存在着，而不是由我们创造，‘自然’与‘世界’是不可触动的实在，无人对此怀疑，无人敢说出异议，否则将冒被认作疯子的风险。认识客观性的捍卫者，实证科学、科学及伽利略方法的捍卫者，反对绝对唯心主义的认识论，今天出现在天主教徒之中。克罗齐称作‘伪概念’的东西，金蒂莱界定为‘抽象思想’的东西，是客观主义的最后堡垒，从而天主教文化突出实证科学和经验、反对绝对新形而上学的倾向日益明显。不能排除如下可能：天主教思想在经验科学的讲坛返老还童并逍遥自在。30 年来，耶稣会士为消除宗教与科学的对立（其实基于误会）而努力工作。绝非偶然，索列尔在一篇今天罕见的文章中写道，在所有科学家之中，数学家是唯一认为，奇迹没有任何神奇的东西。”

这种观察经验科学与天主教之间关系的方式，在米西罗利那里并非一以贯之，此外，他的假设并非基于实际事实。在《请给恺撒》一书中，米西罗利为意大利修士文化描绘的蓝图并非灿烂，由于世俗文化有望危险发展。在给《试金者》的民意测验的近期答复中，米西罗利预见意大利未来自然科学的普遍传播，将损害思辨思想，同时掀起反教权主义浪潮。换言之，他预见经验科学的发展将同宗教思潮相冲突。说耶稣会士 30 年来的工作都在调和科学与宗教，似乎不很准确，至少在意大利如此。在意大利肩负这一使命的新经院哲学，更多地由方济各修士代表（在圣心大学，许多世俗人士熙来攘往），似乎主要是实验心理学及学术方法（圣经学等）的学者。甚至，人们有如下印象：耶稣会士（至少在《天主教文明》中的耶稣会士）以某种怀疑的目光注视科学研究和圣心大学，因为那所大学的教授同现代思潮频频调情（《天主教文明》从未停止对放肆赞同达尔文主义行为的指责。此外，杰梅利集团的新经院哲学家同克罗齐及金蒂莱眉来眼去，他们接受了二者的个别理论。奥尔加蒂阁下写于 1920 年的《卡尔·马克思》一书全部由克罗齐的批判材料构成。基奥凯蒂神父写过一本关于克罗齐的书，他接受克罗齐的错误实践渊源学说，却没有发现它如何能够脱离克罗齐整个体系）。

1925 年以后，克罗齐对天主教的态度逐渐确定，由于《十九世纪欧洲史》被列入天主教禁书书目，他的新态度更加明显。几年前，克罗齐曾感到惊奇，为什么他的著作未被列入禁书书目。但为什么以后被列入了呢？禁书书目委员会（即其后的宗教裁判所）实行高瞻远瞩、谨慎灵活的政策。列入禁书书目的都是不重要的烂书，而尽可能避免让公众注意大知识分子作品如何反对宗教信仰。这样做，用非常惬意的借口为自己辩护：所有反对不同版本禁书书目绪论中列举原则的著作（应当被理解为）自动列入禁书书目。于是，对邓南遮，当政府[①]决定出版其著作国家版时，才下决心将其著作列入禁书书目；对克罗齐，将《十九世纪欧洲史》列入禁书书目。其实，《十九世纪欧洲史》是克罗齐反宗教态度具有某种积极政治意义的第一本书，并得到闻所未闻的广泛传播。

克罗齐对实践哲学的最新态度（在牛津代表大会美学分会的报告是迄今最明显的表现）不仅背离（甚至彻底改变）1900 年以前的立场（当他写到“唯物主义”名词仅是一种说法，并同普列汉诺夫辩论，认为朗格有道理——在其《唯物主义史》中未提及实践哲学），而且这种态度的彻底改变在逻辑上不能解释也是背离，是对其以前哲学的背离（至少是其中显赫部分），这种背离同样不能解释，因为克罗齐是一位“本人不知”的实践哲学家（有待参阅金蒂莱的有关论文，收入《批判论文集》第 2 版，佛罗伦萨，瓦莱基出版社）。

克罗齐提出的某些问题纯粹是“字面上的”。当他写到“上层建筑被视为表面外观”时，却没有想到这可能简单意味着类似于其断言——所有哲学的非“终极性”或“历史性”。由于实践的、“政治的”原因，为了让某一社会集团摆脱另一社会集团的领导权，人们就说到“幻想”，仿佛可以诚心诚意地将论战语言同认识论原理混为一谈？克罗齐如何解释哲学的非终极性？一方面，他

① 指意大利王国政府。

无根据地做出这一判断，没有对它加以解释，仅仅是“生成”的一般原则；另一方面，他重申如下原则（他人业已断言）：哲学不是某种抽象的东西，而是对现实在发展中不断提出问题的解决。相反，实践哲学不想用一般原则解释，而是用具体历史、哲学的历史性（历史性即辩证法）进行解释，为什么发生体系间的斗争，观察现实不同方式间的斗争。非常奇怪：确信自己哲学的人，却认为对立信仰具体而非幻想（恰恰如此，否则实践哲学家就应当认为自己的思想是幻想，或自己是怀疑论者、不可知论者）。然而，更有意义的是：克罗齐的错误实践渊源说只是将实践哲学沦为一种个别学说。在此种情况下，克罗齐的错误是对实践哲学家的幻觉。错误与幻觉在于未表明该哲学因实践变化而只是暂时的“历史范畴”，也就是不仅断言所有哲学的历史性，而且是对所有主观唯心主义实在观的实在论解释。上层建筑理论只是对主观唯心主义的哲学及历史的解决。在错误实践渊源说之旁，应放置克罗齐解释的政治是实际行动工具的理论。然而，何处可以找到克罗齐狭义的意识形态和实践哲学含义上的意识形态即上层建筑总和之间的界限？即使在此种情况下，实践哲学仍有助于克罗齐构建一种独特学说。此外，无论是“错误”还是“作为行动实际工具的意识形态”，都能被所有哲学体系所代表，哲学体系都犯有一个“错误”——源于实际需要和社会必然性。虽然克罗齐迄今没有明确地写过，如果他主张各种神话宗教都有实践渊源，从而一方面这样解释它们的荒谬性，另一方面说明它们抗拒世俗批判的顽固性，也无须大惊小怪，因为在其著作中能够找到同类论述（马基雅维利，连同其宗教是统治工具的思想，或许早就陈述了宗

教实践渊源的观点）。

克罗齐断言实践哲学使经济结构“脱离”上层建筑，这样就重新赋予神学二元论活力，并且设想出一个“无名-经济结构上帝”。此断言并非正确，就是虚构也不深刻。神学二元论和割裂实际过程的指责是空洞、肤浅的。此种指责出自克罗齐非常奇怪，因为正是他引入“差异辩证法”，因此不断受到金蒂莱主义者对他的批判——割裂实际过程。然而，姑且不提这些，说实践哲学使经济结构脱离上层建筑不符合事实，因为这一说法认为它们的发展具有内在联系、必然相互作用。即使打比方，经济结构也不能和“无名的上帝”相提并论。经济结构是以超实在论方式被构思，从而能够用自然精确科学方法进行研究，甚至恰恰由于其客观地核实的“坚实性”，历史观才被认为是“科学的”。或许经济结构被视为某种静止和绝对的东西，或并非运动中的实在本身。《关于费尔巴哈的提纲》中“教育者应当受教育”的论断不是指出人对经济结构积极反作用的必然关系吗？不是肯定实际关系的统一性吗？索列尔界定的“历史集团”概念恰恰充分把握实践哲学主张的这种统一性。有待注意克罗齐在《历史唯物主义和马克思主义经济学》中的早期论文多么小心，在陈述批判时提出多少保留，他的解释多么谨慎（记录下这些谨慎的保留意见饶有兴味），相反近期文章的方法截然不同。此外，如果说近作击中靶心，却表明他丧失早期的时运，特别简单化和肤浅。当时克罗齐至少想在逻辑上说明自己的谨慎论断，相反今天他变得不容置疑，认为不需要做任何解释。人们可以发现他目前错误的实践根源，记住在1900年以前他对

在政治上被视为实践哲学追随者而感到荣幸，因为当时的历史形势将该运动变成自由主义的同盟军，相反今天形势发生了很大变化，开些小玩笑都会很危险。

（B10，1932—1935）

有待记住克罗齐在《意大利巴罗克时代史》一书中对博特罗[①]的判断。克罗齐承认 17 世纪道德主义者同马基雅维利相比尽管渺小，“但在政治哲学中却代表更高阶段”。这一判断很接近索列尔对克列孟梭的判断：即使“通过”平庸的文献，他也未能发现那种文献表现的需要，那些需要并非平庸。一个知识分子式的偏见，即用理智主义和“原创性”“天才性”的尺度，也就是用完成的文学表现的和伟人崇高人性的尺度，而不是用历史必然性的和政治科学的尺度去度量历史及社会的运动。换言之，是用让手段适合目的的当前具体能力的尺度去度量。在政治组织的某些部分（超人的部分），这种偏见还相当流行，并往往同“雄辩家”的偏见相提并论：政治家应当是伟大的雄辩家或大知识分子，应当拥有天才的“圣油”，等等。其后，直至较低部分——农村或黑人地区，人们为了成为追随者，必须蓄胡须。

（B10，1932—1935）

① 博特罗（1544—1617），意大利政论家，耶稣会士，受马基雅维利著作的影响。他试图调和国家理性与宗教，关注制约政治生活的经济与社会因素。

（克罗齐理解的）哲学、宗教、意识形态间的联系

如果将宗教理解为一种世界观（一种哲学）和一致行为准则，那么在宗教和意识形态（或行为工具）之间，归根结底在意识形态和哲学之间，还能存在什么差异？存在或可能存在一种没有一致道德意志的哲学？宗教性的两个方面，哲学和行为准则可以分开理解，如何能够分开理解？如果哲学和道德永远一致，为什么在逻辑上哲学应当先于实践而不是相反？或许这样认识是谬论，不应得出哲学的“历史性”就是其“实践性”的结论？似乎可以说克罗齐在《批判对话集》（第1卷，第298—300页）提及此问题，他分析了《关于费尔巴哈的提纲》中的数条，并得出了结论：在提纲中“面对先存在的哲学”，发言的“不再是其他哲学家，正如人们期待的那样，而是实践革命家”；于是，马克思“与其说推翻了黑格尔哲学，不如说推翻了一般哲学，用实践活动取代了哲学思维”。相反，面对“经院的”哲学即纯粹理论的或静思的哲学，不要求一种哲学产生一致的道德、现实化意志，并归根结底融为一体？第十一条提纲“哲学家只是用不同的方式解释世界，问题在于改变世界”，不能解释成摒弃形形色色的哲学，而只是厌恶鹦鹉学舌的哲学家，铿锵有力地断言理论与实践的统一。还可看出克罗齐的解释在批判上无效：虽然他靠荒谬假设认为马克思想用实践活动“取代”一般哲学，但这将“推翻”不容置疑的论据——若不进行哲学思维，就不能否定哲学，也就是说再次肯定想要否定的东西。克罗齐本人在《历史唯物主义和马克思主义经济学》的一个注释中不言明地承认（曾承认）并说明，需要建构

安东尼奥·拉布里奥拉设想的实践哲学。

对《关于费尔巴哈的提纲》这样解释，即要求理论与实践的统一，从而正如哲学与克罗齐现在称作“宗教”（带一致行为准则的世界观）的东西的统一。其后，这仅仅是肯定用绝对内在性（“绝对尘世性”）术语建构的哲学的历史性。这种统一性还可以用著名命题“德国工人运动是德国古典哲学的继承者”进行解释，但该命题并非如克罗齐所说“继承者不再继续前人的事业，而是从事性质截然不同的事业”，而恰恰意味着“继承者”继续前人的事业，但“实践地”继续，因为他从纯粹静思中推演出改变世界的积极意志，在此种实践活动中还包含“认识”，甚至只在实践活动中才是“实际认识”而非“经院哲学教条”。如果还推演出实践哲学性质：尤其是群众世界观，统一行动的群众文化，也就是说，群众不仅有观念上统一的行为准则，而且有在社会现实中“普遍化”的行为准则。因此，“个体”哲学家的活动只能理解为起着社会统一性的作用，也就是说，该活动也作为政治，作为政治领导的作用。

从这一点可以看出，克罗齐善于利用他对实践哲学的研究。其实，克罗齐的哲学与历史同一的观点，不是以一种方式、克罗齐的方式介绍《关于费尔巴哈的提纲》提出并由恩格斯在其论费尔巴哈的小册子中重申的同一个问题吗？对恩格斯而言，历史是实践，对克罗齐而言，历史仍是思辨的概念；也就是说，克罗齐在从思辨哲学到“具体的历史的”哲学——实践哲学——这条道上开倒车。克罗齐把实践哲学的进步成果重译成思辨语言，他思想的最佳部分就在这种重译中。

我们可以细致入微地考察实践哲学赋予哲学在哲学史中改变即哲学的历史性这一黑格尔观点的意义。这会导致必然否定抽象的或思辨的“绝对哲学”的结果，也就是说，从以往哲学诞生的哲学继承其所谓的“最高问题”，或还仅是“哲学问题”，从而变成历史问题，即哲学的一定问题如何产生和发展。优先考虑实践、社会关系改变的实际历史，从而从社会关系（归根结底从经济）中涌现出哲学家提议建构的问题。

凭借哲学历史性更为宽泛的含义，即哲学因其传播、因其变成社会规模实在观（及一致伦理），它是“历史的”，虽说实践哲学引起克罗齐的“惊讶”和“反感”，却能理解“在哲学家那里恰恰（！）研究不是哲学的东西——哲学家所代表的实际倾向和社会的、阶级的情感。从而在18世纪的唯物主义中，他们发现当时法国的生活全都转向现在、舒适和效用。在黑格尔那里，是普鲁士国家；在费尔巴哈那里，是现代社会的理想，而日耳曼社会尚未达到那一高度；在施蒂纳那里，是服饰用品商的灵魂；在叔本华那里，是小资产阶级的灵魂；诸如此类，不一而足。”

然而，这不是将相应哲学“历史化”吗？不是探寻哲学家与驱动他们的历史实在之间的联系吗？可以说并实际地说，在如此分析之后，从而在哲学家的作品中融合“社会的”东西，那么“哲学”不是成为“剩余”的东西？由此可见，必须提出该要求并在思想上加以解释。在某一确定哲学中，将社会的或“历史的”东西即同实际生活要求（并非随意和怪异）一致的东西区分开（这种区分并非总是很容易，尤其当立即尝试，即没有充分展望）之后，有待评价这种“剩余物”，其后它不似初看时显得那样伟大，如果根据克罗齐的偏见提出问题，它将是微不足道和令人反感的东西。如果“个体”哲学家以个体和个人的方式理解历史需要，哲学家的个性无疑将铭刻在其哲学的具体表现形式上。必须承认这些个人特征具有重要性。然而，这种重要性是什么含义？难道不是纯粹工具性的和功能性的，鉴于哲学确实不是从另一哲学发展而来的，而是对历史发展提出的问题的继续解决，那么同样确实——每个哲学家不能忽视在他之前的哲学家，甚至他的活动往往是同以往哲学及以往哲学家个别具体作品的论战，是对后者的演进。有时，甚至“有益于”提出自己发现的真理，似乎是另一个哲学家以前论点的演进，因为它是融入与之合作的特殊科学发展的特殊过程中的一种力量。

无论如何，对实践哲学来说，理论联系是这样的，虽说它继承黑格尔主义的同时，又“推翻”黑格尔主义，但绝不像克罗齐所认为的那样，它想要“替代”形形色色的哲学。如果哲学是哲学史，如果哲学是“历史”，如果哲学在发展，因为世界的一般历史（即人们在其中生活的社会关系）在发展，而不再因为一位更伟大的哲学家接续一位伟大的哲学家，并这样延续下去。显然，实际地创造历史，也在建构“不言明的”哲学，这种哲学将变成“言明的”，由于某些哲学家持之以恒地精心工作，从而产生认识问题，除解决的“实践”形式外，他们在直接找到民众常识（及社会变革的实际起因）的幼稚形式后，借助专门家的工作，迟早会找到解决的理论形式。从他们的惊奇（参见刊于 1932 年 3 月 20 日的《批判》上的德·鲁杰罗对费伊莱尔的书所写评论）可以看出克罗齐主义者面对某些事件不懂如此提出问题的方式。“……

呈现一种狭隘、枯燥唯物主义思想体系的荒谬事实：它其实引起一种理想激情、一种革新焦虑，不能否定其中有一定（！）真诚”，它们求助的抽象解释：“总体上（！）这一切都是真实的，还是可预见的，因为表明人类拥有巨大内在资源，当一种肤浅理性妄图否定这些资源时，它们就进行干预”，凭借时兴的形式辩证法花招：“唯物主义的宗教，由于本身是宗教的事实，就不再是物质（！？），当经济利益提高到伦理高度时，就不再是纯粹经济。”德·鲁杰罗的这种诡辩全是废话，或有待同克罗齐的命题相联系——一切哲学因是哲学，只能是唯心主义。但这样提出论点，因为那时有多少口水仗？仅仅限于术语问题？

马萨里克在其回忆录（《一个国家的复兴。回忆与反思，1914—1918》，巴黎）中承认历史唯物主义的积极贡献，通过体现它的集团的事业，确立对生活的勇往直前、积极首创的新态度，也就是说，在他先前曾提出宗教改革必要性的理论的领域。

对德·鲁杰罗的看法可以补充一些批判性评注，它们并非脱离关于克罗齐的札记（上段可改写成一个评注）：(1）当这些思辨哲学家不会解释一个事实时，立即求助于天意的通常诡计，自然它能解释一切。(2）德·鲁杰罗的“语文学”信息是肤浅的，他对不了解哲学史一个微小事实的所有文件感到羞愧，但他忽视探寻大事件的丰富材料，正如那些大事件在其评论中没有被提及。德·鲁杰罗所说“狭隘”思想体系实际引起理想的激情，云云，在历史上不是什么新货色：提及加尔文主义的灵魂归宿预定论及特殊恩宠，提及它引起首创精神广泛传播足矣。用宗教语言说，就是德·鲁杰罗提及的事实本身，或许由于其根本的及反辩证法的天主教精神状态（比较天主教徒耶莫洛在其意大利詹森主义史中，未能理解恩宠理论的这种能动转变，不了解这方面的文献，还问安齐洛蒂从哪儿得到这些蠢话），德·鲁杰罗未能深入进去。

（B10，1932—1935）

〔政治思想体系学说〕

克罗齐的政治思想体系学说，有待饶有兴味地考察和深化。因此，仅仅阅读带附录的《政治概要》不够，还必须研究他在《批判》上发表的评论（包括对马拉戈迪的小册子《政治思想体系》的评论，该书有一章专写克罗齐；这些零散的文章可能收集在《批判对话集》第3卷、第4卷）。克罗齐在《历史唯物主义和马克思主义经济学》中主张：实践哲学只是一种说法，朗格在其《唯物主义史》中未提及实践哲学做得对（关于朗格与唯物主义摇摆不定的关系，可参见达布罗西奥刊于《新历史杂志》上的论文“自然中的辩证法”，1932年卷，第235—252页）。在这之后，到一定时候，他彻底改变了观点，恰恰把施塔姆勒教授对朗格的诠释，作为其新修正的核心。克罗齐本人在《历史唯物主义和马克思主义经济学》中（第4版，第118页）写道：“作为哲学唯物主义，不在于肯定物质事实对精神事实具有功效，而在于精神事实变成物质事实的不实在的、纯粹的表面外观；这样‘实践哲学’应当在于断言经济是真正的实在，而法是骗人的表面外观。”现在，对克罗齐而言，上层建筑只是纯粹表面外观和幻想，但其后克罗齐的这种改变合乎逻辑，尤其同他的哲学家的活动一致吗？

克罗齐的政治思想体系学说是对实践哲学的明显偏离：政治思想体系是实际建构、政治领导的工具。也就是说，思想体系对被统治者而言，是纯粹的幻想、承受的欺骗；对统治者而言，是故意和自觉的骗局。对实践哲学而言，思想体系完全不是随心所欲的产物；它们是实际历史事实，必须与之斗争并揭露其统治工具的实质。这不是出于道德原因，而恰恰出于政治斗争原因：为了让被统治者在思想上摆脱统治者，为了摧毁一种领导权并创造另一种领导权，作为实践逆转的必要环节。庸俗唯物主义的解释似乎更接近克罗齐而不是实践哲学。在实践哲学看来，上层建筑是客观的和活动的实在（或它们并非纯粹个人苦思冥想的成果，就变成实在）；实践哲学明确地断言，人们获得对自己社会地位的意识，从而认识到自己在思想领域的任务，该断言绝不是无关紧要的；实践哲学本身就是一种上层建筑，是一定社会集团获得对自己社会存在、自己力量、自己任务、自己成长的意识的阵地。在此含义上，克罗齐本人的断言（《历史唯物主义和马克思主义经济学》第 4 版，第 118 页）是正确的：实践哲学“是已创造的或正在创造的历史”。然而，实践哲学和其他哲学有着根本区别：其他思想都是无机的创造，因为是矛盾的，因为它们都旨在调和对立和矛盾的利益；它们的“历史性”很短暂，因为在每一事件（它们充当其工具）之后，矛盾就凸显。反之，实践哲学不倾向于和平地解决在历史和社会中存在的矛盾，甚至就是这些矛盾的理论本身；它不是统治集团统治的工具，旨在获得从属阶级的认同并对后者行使领导权，而是表达这些从属阶级的意愿，他们[①]想要教

① 指从属阶级。

育自己掌握统治艺术，他们饶有兴味地认识所有真理，包括那些令人不爽的真理，并免受上层阶级的欺骗（不可能），更不欺骗自己。在实践哲学中对思想体系的批判涵盖全部上层建筑，断言它们的短暂性，因为它们倾向于掩盖现实，即斗争和矛盾，即使它们是“形式上的”辩证法（正如克罗齐主义），也就是说它们解释一种思辨的和概念的辩证法，却没有看见历史发展本身的辩证法。请看克罗齐在《历史唯物主义和马克思主义经济学》1917年序言中立场的另一面，他写道：对实践哲学的创始人，“我们还将怀有感激之情，因为它有助于对正义女神和博爱女神的迷人诱惑无动于衷”。为什么不是自由女神的诱惑？况且自由女神被克罗齐奉若神明，并且他本人就是自由宗教的“教皇”。有待注意思想体系的含义在克罗齐和实践哲学那里是不同的。在克罗齐那里，是有点难以确切表达的狭义，虽然借助其“历史性”概念，哲学也具有思想体系的价值。可以说对克罗齐而言，存在三级自由：经济自由主义和政治自由主义，既不是经济科学也不是政治科学（虽然克罗齐对政治自由主义语焉不详），但恰恰是直接的“政治思想”；自由的宗教；唯心主义。还由于是自由的宗教，正如所有世界观一样，必然同一致的伦理相连，但它不应当是科学，而应当是思想体系。或许只有唯心主义是纯粹的科学，由于克罗齐断言一切哲学家因是哲学家，不能不是唯心主义者，不管情愿还是不情愿。

在实践哲学中，上层建筑的具体（历史）价值的概念应当深化，那就应当让它接近姐妹概念“历史集团”。如果人们意识到自己的社会地位和在上层建筑领域的任务，这意味着在经济结构和上层建筑之间存在某种必然联系。我们必须研究实践哲学在形成时反对哪些史学思潮，当时对其他科学的流行观点有哪些？实践哲学的创始人往往借助的相同象征和隐喻能提供这方面的线索：断言经济学对社会来说，就是动物学中的解剖学；要记住在自然科学中发生的斗争，是为了从科学领域驱除根据外在、易逝因素进行分类的原则。如果动物根据皮毛或羽毛的颜色分类，今天大家都会抗议。在人体中肯定不能说皮肤（还是历史上占优势的人体美类型）是纯粹的幻象，而骨骼是唯一实在，然而在很长时间内人们说着类似的话。在强调解剖学价值和骨骼功能时，无人想要断言男人（更不用说女人）没有骨骼可以活着。我们继续打比方，可以说并非骨骼（狭义的）让男人爱上一个女人，但都了解骨骼对运动优雅所起的作用，云云。

包括在《政治经济学批判》序言中的另一个因素，肯定应当同诉讼法及刑法的改革相联系。在序言中写道，正如判断一个人不能以他对自己的看法为根据，判断一个社会同样不能以它的意识为根据。或许可以说这一论断同司法改革有关，由于这种改革，在刑事审判时，人证和物证最终代替被告的供词。在提及“在17世纪哲学中出现，在18世纪占优势”的所谓自然法和自然概念（自然权利、自然国家等）时，克罗齐（《历史唯物主义和马克思主义经济学》，第93页）指出：“说实话，类似观念被马克思的批判斜着击中，马克思在分析自然的概念时，表明它似乎是对资产阶级历史发展的思想补充，是资产阶级用来反对（它旨在推翻）特权及压迫的强大武器。”对克罗齐而言，上述看法用以论证如下方法论：“那个概念可以作为实现一个实际及偶然目的的工具，却内在地真实。在此种情况下，‘自然规律’等于‘理性规律’；必须否定它们的合理性和卓越性。现在恰恰因其源于形而上学，那个概念可以完全丢弃，却不能在细节上反驳。它将伴随其所属的形而上学一起衰亡，好像它已经真正衰亡。让自然规律的‘美德’安息。”从整体上看，这段话的意思不清。有待思考如下事实：一般来说（即有时），一个概念可以作为实现一个实际及偶然目的的工具出现，却内在地真实。但我不相信，多数人认为一旦经济结构改变，相应上层建筑全部因素必然衰亡。甚至发生这种情况：为了指导人民群众，一种思想产生，它不能不了解人民群众的利益，其诸多因素要保留下来。同样，自然权利若对有教养阶级衰亡的话，却被活在民众中的天主教所保留，人们简直难以置信这一点。此外，在实践哲学创始人的批判中，肯定概念的历史性及其暂时性，因历史性的内在价值有限，但不能否定该价值。

评注一

现代议会制度的腐败现象可以提供许多意识形态功能及具体价值的实例。为了掩盖某些社会集团的反动倾向，如何介绍这种腐败饶有兴味。关于这些论题，我在不同笔记本上撰写了不少零散札记（例如，关于权威原则危机问题等），应将它们汇集，有待参阅关于克罗齐的札记。

关于“自由”的概念。表明除天主教徒外，所有其他哲学思潮和实践派别都在自由哲学及实现自由的领域发展。这样论证是必需的，因为确实形成一种体育心理，把自由变成可以踢来踢去的足球。每个“前来助威的农民”都想象变成独裁者，并且独裁者的职业似乎很容易：下达蛮横的命令，签署文件，等等。由于想象“靠上帝的恩宠”，大家都乖乖服从，口头及书面的命令都会变成行动：圣子变成肉身。若没有变成，意味着还必须等待，直至“恩宠”（或所谓“客观条件”）让其成为可能。

（B10，1932—1935）

〔与黑格尔相比倒退一步〕

在意大利，马基雅维利主义和反马基雅维利主义对于政治科学发展所具有的重要性；在政治科学发展中，克罗齐关于政治-经济环节自主性命题及关于马基雅维利的著述目前所具有的意义。可以说，若没有实践哲学的文化贡献，克罗齐就不会取得这一成果吗？在这方面有待记住，克罗齐说过他不理解为什么无人想要发展实践哲学的创始人为某个现代社会集团构建的概念，即马基雅维利在他那个时代完成的事业。从克罗齐的这一比较，可以看出他目前的文化立场绝对不公正，还因为实践哲学的创始人不仅对马基雅维利和博特罗（克罗齐认为他[①]在政治科学发展中充实了马基雅维利，这种说法很不准确，若不仅考虑马基雅维利的《君主论》，而且考虑其《李维史论》）有着广泛兴趣，而且在他[②]那里内在地包含政治的伦理-政治方面，或领导权及认同的理论，除暴力及经济的方面外。

问题是：鉴于克罗齐的“差异辩证法”原理（有待批判作为对实际方法论要求的纯粹字面的解决，由于确实不仅存在对立，而且存在差异），那种并非“在精神统一中蕴含”的关系将存在于政

① 指博特罗。

② 指实践哲学的创始人马克思。

治-经济环节和其他历史活动之间吗？对这些问题可以思辨地解决吗？或者靠索列尔假设的“历史集团”概念仅仅历史地解决？因此可以说，当政治-经济（实践、说教）躁狂症破坏艺术、道德、哲学时，这些活动也是“政治性的”。换言之，当政治-经济激情是外在的，靠暴力强加，根据预先制订的计划（即使在政治上这样做可能必要，并存在一定时期，艺术、哲学等沉睡不醒，而实践活动总生机勃勃），这种激情是破坏性的；然而，当过程是正常的、非剧烈的，当经济结构与上层建筑之间存在同质性，并且国家超越其经济-行会阶段，这种激情在艺术等中可以变成不言明。克罗齐本人（在《伦理与政治》一书中）提及这些不同阶段：一个暴力、贫困、残酷斗争的阶段，不能将此阶段变成伦理-政治史（其狭义上的）；一个文化扩张阶段，它是“真正的”历史。在他的两部近作——《1871—1915 年意大利史》和《十九世纪欧洲史》——中确实忽视暴力、斗争、贫困的阶段，意大利史从 1871 年开始，欧洲史从 1815 年开始。根据这些公式化标准，可以说克罗齐本人不言明地承认经济事实的先在性，即经济结构的先在性，对上层建筑或“精神的差异环节”而言，它作为基准点和辩证促进点。克罗齐得以存在的基点似乎恰恰应当是所谓的“差异辩证法”。当把对立跟差异区分开时，有一种实际要求，但也有术语上的矛盾，因为只有对立的辩证法。考察金蒂莱主义者对克罗齐该理论提出的并非咬文嚼字的异议，并且上溯到黑格尔？有待考察从黑格尔向克罗齐-金蒂莱的运动是否倒退一步，“反动的”改革？他们不是让黑格尔更加抽象？他们不是剔除黑格尔中最实在论、最历史主义的部分？相反，实践哲学不恰恰是在一定限度内对该部分的革新和超越

吗？在此含义上，并非整个实践哲学恰恰让克罗齐和金蒂莱偏离正轨，虽然他们利用实践哲学构建其特殊学说（由于不言明的政治原因）？在克罗齐–金蒂莱和黑格尔之间形成维科–斯帕文塔–（焦利蒂）传统链条。然而，这不是意味着同黑格尔相比倒退一步吗？没有法国大革命和拿破仑及其战争，即没有激烈斗争、贫困历史时期的直接、生活经验，黑格尔就不可思议，那时外在世界逼迫个体并让个体与地面接触，让他脸贴地面，所有以往哲学都受到现实不容置疑的批判。维科和斯帕文塔能够提供什么类似的东西呢？（虽然斯帕文塔参加了外省、地区性历史事件，但同1789年和1815年那些事件无法相比，它们震撼了当时的整个文明世界，并且强迫人们“世界地”思考，它们让社会“整体性”运动，全人类可理解整个“精神”。这是让黑格尔觉得“拿破仑是骑在马背上的‘世界精神’”的原因所在！）维科参加过什么伟大的历史运动？虽然他的天才恰恰在于他从一个“历史”的死角（得到天主教统一的及世界主义的观念的帮助）思考广阔世界。在维科与黑格尔之间，在上帝及天意与拿破仑–世界精神之间，在悠远的抽象与仅理解为哲学的哲学史之间的本质差异就在于此，这种哲学导致历史与哲学、行与思之间的思辨的统一，直至得出“德国无产阶级是德国古典哲学唯一继承者”的结论。

（B10，1932—1935）

〔**政治与政治思想**〕

应当批判克罗齐对政治科学的看法。在克罗齐看来，政治是

“激情”的表现。关于索列尔，克罗齐写道（《文化与道德生活》第2版，第158页）：“‘分裂情感’不足以保障（工团主义），或许还由于理论化分裂是一种被超越的分裂；‘神话’也不能激发它，或许因为索列尔在创造该情感时，因对其进行学说解释，就业已耗尽该情感。”但克罗齐没有发现，他对索列尔发表的这些看法可以反驳他本人。理论化的激情不是被超越了吗？给予学说解释的激情不是也被超越了吗？请不要说克罗齐的“激情”异于索列尔的“神话”，激情意味着范畴、实践的精神环节，而神话是一种确定的激情，作为历史上被确定的东西，可以被超越和消亡，而并不因此灭绝作为精神永恒环节的范畴；异议确实只是此含义：克罗齐不是索列尔，这是显而易见、平淡无奇的事实。由此可见，应当考察克罗齐提出问题的方式是理智主义的和启蒙运动的。由于索列尔具体研究的神话不是纸面上的东西，不是索列尔的智力随心所欲虚构的，它不可能被狭小知识分子集团所认识的几页活页文选所灭绝，而后他们传播理论，作为该神话是科学真理的科学依据，那神话曾令广大人民群众天真地着迷。如果克罗齐的理论是实在的，政治科学只应当是激情的新“医学”，不应否定克罗齐的大部分政治性文章恰恰是激情的理智主义及启蒙运动的药物，这样就以克罗齐在现实中消灭广阔历史运动的可笑自信而告终，因为他相信在观念中业已“胜过并消灭”那些运动。然而，事实上并不真实，说索列尔只将确定神话理论化并用学说解释：对索列尔而言，神话理论是政治科学的科学原理，是克罗齐更具体研究的“激情”，是克罗齐称作“宗教”的东西，也就是世界观和一致伦理，是恰恰通过克罗齐的修正主义企图将实践哲学的意识

形态观沦为科学语言。在这种将神话作为政治行为实质的研究中，索列尔还深入研究作为一定社会现实基础及进步动力的特定神话。因此，索列尔的研究分两方面：政治科学的真正理论方面，纲领、直接政治方面。虽说颇有争议，索列尔主义的纲领及政治方面可能被超越和消除；今天可以说它已经被超越，其含义是它被所有理智主义及文学的因素超越并净化，但今天还必须承认索列尔也根据有效现实工作，这一现实未被超越和消除。

克罗齐没有摆脱这些矛盾，并部分地意识到这些矛盾，这从在《文化与道德生活》中“作为判断及偏见的政党”那一章，尤其从《政治概要》中对政党的看法（更有意义）可以看出。克罗齐把政治行为简化为“党魁”个人的活动，他们为了满足其激情，在政党中制造适合获胜的工具（以致激情的药液只够少数人饮用）。然而，这一切什么都未解释。问题是：政党总持续存在，即使采用其他形式和其他名称，而持续的激情是自相矛盾（仅当打比方时，才能说善推理的疯子，等等），还有总存在一个常备军事组织，它教育冷血地、无激情地采取最极端的实际行动，杀戮其他人（杀人者和被杀者之间没有个人恩怨）。此外，即使在和平时期，军队也是杰出的政治演员，正如激情同坚持不懈、同秩序、同严格纪律等协调一致。政治意愿除激情外，还应当有其他推动力，一种具有持续性、秩序性和纪律性的推动力。但并没有说政治斗争同军事斗争一样，总靠流血来解决，需要个人牺牲，直至抛头颅的最高牺牲。外交恰恰是国际斗争形式（没有说不存在一种通过国内政党斗争的外交），它为了取得胜利（并非总是短期的）总施加影响，却无须流血和发动战争。仅仅两个敌对国家的

军事力量及政治力量（结盟等）的“抽象”对比，就能让弱国心服口服做出让步。这是一种受过训练和具有理性的“激情”情况。在首领和下属之间，首领和领导集团狡诈地激发起人群的激情，并带领他们去斗争和参战，但在此种情况下，政治的起因和实质不是激情，而是保持冷静推理者的首领的行为。其后，最近一次战争[①]表明并非激情让士兵群众在战壕里坚守，而是因惧怕军事法庭，或者出于一种冷静推理或反思的责任感。

（B10，1932—1935）

激情与政治

克罗齐将政治与激情统一，可以用如下事实解释：他曾严肃地靠近政治，对从属阶级的政治行动感兴趣，当它们置身更大力量的形势中，由于基于自卫而“被迫采取”行动，想要竭力摆脱现实的灾难（即使是推测的），否则意味着实际上将政治和激情（在词源学含义上）相提并论。然而，政治科学不仅（对克罗齐而言）应当解释一方的行动，而且应当解释另一方的行动。应当解释的是政治主动性，即使是“自卫性的”，从而是“热忱的”，但也是“进攻性的”，即并非为直接摆脱现实灾难（即使是推测的，由于推测的灾难也能让人痛苦，并且让人痛苦就是实际灾难）。如果认真考察克罗齐为了在理论上解释政治而精心构建的这个“激情”概念，可发现它反过来只能被持续斗争概念解释，由于后一概念，“主动性”总是“热忱的”，因为斗争变化无常，就需要不

① 指第一次世界大战。

断地进攻，不仅为避免败北，而且要让“能被战胜”的对手屈从，如果对手不持续认为自己更弱，即持续被击败的话。总之，如果没有对抗，人类集团之间的对抗就没有“激情”，因为在人与自然的斗争中，激情被称作“科学”而不是政治。因此，可以说在克罗齐那里，术语“激情”就是社会斗争的别称。

（B10，1932—1935）

因担心猪油价格可能产生激情？一位老夫人有 20 个仆人，一想到必须把仆人减至 19 个就激动不已？激情可以是经济的同义词，不是在经济生产或追求利益的含义上，而是在持续研究的含义上，旨在一种特定关系不发生不利改变，即使不利是“一般效用”、一般自由；但这样的话，“激情”和“经济”就意味着在一定等级社会历史地确定的“人的个性”。如果不是经济契约，强盗生涯的“荣誉感”又是什么？然而，这不也是个性（好辩、好斗）的表现形式吗？在等级细致入微的社会形态中，所有人的病态恐惧都被蔑视（被贬低）。在强盗生涯中，等级建立在身体力量和狡诈基础之上。某人被“嘲笑”，被认为愚蠢，受侮辱而未报复，等等，此人就要被降级。因此，在签订协定的仪式上和文本中，涉及双方相互关系充满细微差异和暗示影射；协定若缺少它们，就是一种侮辱。然而，只有在强盗生涯中不会发生如下情况：等级问题不呈现为各种关系形式，从国家关系到家族关系。某人应当服务一定的时间，在预先确定的时间未被替换时，此人就会勃然大怒，并用极端暴力行为（甚至犯罪）反抗；如果此人在服务之

后无活儿可干或未获充分活动自由（如士兵在站岗放哨后应待在营房），也会这样反抗。这些插曲中的“个性”表现，只意味着许多人的个性是狭隘的、有限的——个性终究是个性。不可否认，存在想要维持这种个性并让它更狭隘的力量。对多数人来说是个“东西”，就意味着其他人还“不是东西”（或小东西）。但对某些人来说，这些小东西、这些琐碎小事就是“一切”或“大事”，这一点从这些插曲导致冒丧失个人自由和生命危险的反抗可以看出。

（B10，1932—1935）

〔意大利史和欧洲史〕

鉴于两部近作——《1871—1915 年意大利史》和《十九世纪欧洲史》——是在世界大战初期构思，旨在终结对 1914 年和 1915 年事件的原因的沉思和反思的过程，可以问它们具有什么确定的“教育”目的吗？确定，尤其是确定。结论是它们没有确定的“教育”目的，虽然它们属于文学性及思想性突出性质的“民族复兴运动”的文献，但实际上只能令狭小知识分子集团感兴趣——典型例子是奥里亚尼的《政治斗争》。我们业已指出克罗齐的目前兴趣，从而实际上也是源于这些兴趣的目的：要注意它们是“一般的”目的，是抽象教育及方法论的目的，总而言之，是“布道者的”目的。“宗教”问题是确定点吗？但能说它是确定的吗？他在宗教问题上的立场也是知识分子式的，虽然不能否认该立场重要，但必须说该立场是有缺陷的。

（B10，1932—1935）

〔文艺复兴人物克罗齐〕

可以说克罗齐是文艺复兴最后一位代表，他表达了种种世界性要求及关系。这完全不意味着，他不代表现代意义上的“民族的因素”，也就是说在种种民族的要求及关系中，他着重表达那些更带普遍性、同远远超越民族区域的欧洲文明（即通常称作“西方文明”）相联系的那些关系及要求。

克罗齐以其个性和他的世界文化领袖地位，成功地重新担负起面向世界的知识分子的作用；从中世纪到17世纪末，这种知识分子的作用几乎由意大利知识分子集体行使。此外，如果说克罗齐身上活跃着世界文化领袖的忧患意识，从而让他始终保持庄严宁静、泰然自若的态度，而没有采取过于暂时性和突发性的行动，正是他本人在意大利灌输如下原则：如果想要去除文化及习俗的乡土气（及作为政治及道德瓦解的过去残余而存在的乡土气），就必须通过同国际世界的接触及思想交流（这正是佛罗伦萨《呼声》集团的革新纲领），提高精神生活的水平，因此，从本质上看，民族的原则是寓于克罗齐的立场及作用的内在的原则。

克罗齐的作用可以同天主教教皇相比，必须说克罗齐在其影响范围内，有时比教皇更游刃有余。此外，在其知识分子的概念中，存在某种“天主教及教士的”东西，正如人们从战时的著述，从今天的评论及旁注中所见。他的知识分子观更接近本达在《教士的背叛》中的观点，只是形式更有机、更简洁。从他所起文化作用的角度看，与其考察作为建构体系的哲学家，不如考察他活动的某些方面：（1）作为美学理论家和文学艺术批评家的克罗齐

（新版《不列颠百科全书》委托克罗齐撰写“美学”条目，该条目在意大利出版，书名是《美学精要》。《美学纲要》是他为美国人撰写的，在德国有许多克罗齐美学的追随者）。（2）作为实践哲学批评家和史学理论家的克罗齐。（3）尤其是作为伦理学家和生活导师、行为准则建构者的克罗齐，那些准则全然不顾任何宗教忏悔，甚至表明可以“没有宗教而生活”。克罗齐的无神论是一种贵族式的无神论，其反教权主义厌恶粗俗反教权主义者的低劣性和粗糙性，但总是无神论和反教权主义。因此，人们要问，为什么克罗齐没有领导意大利文化斗争[①]运动，即便不积极，至少应当为该运动冠名并给予支持，要知道该运动具有重要历史价值（关于克罗齐主义者对教权主义的虚伪态度，参阅普雷佐利尼的“教士的恐惧”一文，收入《我觉得……》一书，由佛罗伦萨的德尔塔出版社出版）。不能说他没有投入斗争，鉴于他随波逐流的性格，并考虑个人原因，因为他表明并不介意这些世俗虚荣，克罗齐同一位非常睿智的女士自由地同居，她使得那不勒斯的沙龙生机勃勃，意大利和外国的学者纷纷出席，她擅长受到那些出席者的赞赏。这种自由结合阻止克罗齐在1912年以前进入参议院，当那位女士去世后，在焦利蒂眼里，克罗齐才成为“可尊敬”的人物。还应指出，在宗教方面，克罗齐对现代主义的暧昧态度：克罗齐应当是反现代主义者，这可以理解，因为他是反天主教派，但意识形态斗争的安排并非如此。客观上克罗齐是耶稣会士反现代主

① 原文为德文，指德国首相俾斯麦为把天主教会置于国家管理之下而进行的斗争。

义的宝贵盟友（米西罗利在《给予恺撒》一书中，在天主教徒面前赞扬克罗齐和金蒂莱反对现代主义的态度，就是这个意思）；反对该斗争的原因，即在超验宗教和内在哲学之间不能存在暧昧的第三方，似乎全是借口。在这种情况下，克罗齐仍是伊拉斯谟式的文艺复兴人物，同样缺乏世俗特性和世俗勇气。现代主义者鉴于其群众性，该群众性是由于同时诞生天主教乡村民主（与发生在波河河谷的技术革命有关，伴随劳役工和奴役工的消失，雇工和更少农奴形式的分益佃农的增加），他们是宗教改革者，他们的出现不是根据亲黑格尔主义的预定知识模式，而是根据意大利宗教生活的实际及历史的条件。这曾是自由天主教运动的第二次浪潮，该运动既不同于1848年以前的新归尔甫运动，也不同于1848年以后更纯粹的天主教自由运动，而是比它们更具广泛群众性。克罗齐和金蒂莱（及其信徒普雷佐利尼）在文化界孤立现代主义者，并使得耶稣会士更容易排挤他们，甚至仿佛是罗马教廷反对整个现代哲学的胜利：反现代主义通谕实际上反对内在性和现代科学，在神学院和宗教界正是这样评论现代科学的（很奇怪，今天克罗齐主义者对现代主义者或至少对其多数——但不反对博纳尤蒂——变化很大，这从刊于1932年7月20日的《批判》上的阿道夫·奥莫代奥对卢瓦齐的《可作为当代宗教史的回忆录》的精彩评论可以看出）。

为什么克罗齐对现代主义没有给予在《十九世纪欧洲史》中对自由天主教的相同逻辑解释？他曾把自由天主教作为“自由宗教”的一种胜利，成功渗透到最顽固对手和死敌的城堡，云云。（有待重读他在《十九世纪欧洲史》中对现代主义的论述，但我有印象，克罗齐曾沾沾自喜，当他赞扬自由主义取得对变为改良主义的社会主义的胜利时，认为这是因克罗齐本人的学术活动所导致的。）

对米西罗利可以做相同判断，他也是一个反现代主义者和反人民者：如果人民未能达到政治自由和民族观念的高度，如果没有经历宗教改革，即没有在宗教中获得自由观念的话，我们不理解米西罗利和《卡尔利诺的残余》中的自由派为何疯狂反对现代主义；或者太能理解，因为现代主义意味着政治上的基督教民主，这种民主在艾米利亚-罗马涅大区及整个波河河谷特别强大，而米西罗利及其自由派却为农学而斗争。

于是，就提出一个从理论和道德角度看，谁更适合代表当代意大利社会的问题：教皇、克罗齐、金蒂莱。也就是说，（1）从领导权角度看，谁更重要，作为意识形态组织者，谁能为市民社会和国家提供更坚实的材料；（2）在世界文化的框架内，谁代表意大利在国外的影响力。问题并不好解决，因为在这三个人中，每个人都制约着不同的环境和社会力量。教皇是大多数意大利农民及妇女的领袖及导师，因为他的权威及影响通过集中并活动良好的组织[①]实施，该组织成为继政府之后，国家最强大的政治力量；但他的权威由于惰性而变得被动接受，即使在拉特兰条约[②]签订前

① 罗马天主教会。

② 1929年2月11日，罗马教廷国务卿和意大利王国首相墨索里尼在罗马拉特兰宫签订的条约。条约包括政治条约27条和宗教协定45条，另有4个附件。政治条约主要规定，意大利王国承认教皇的权威和教廷对梵蒂冈的主权；教皇则承认意大利王国，罗马为其首都。宗教协定主要规定，天主教为意大利国教，罗马为天主教中心与朝觐地。意大利大主教、主教的任命须由意大利政府批准，大主教、主教须为意大利人，忠于意大利王国。

其实也是国家权威的反映。由于这一原因，很难比较教皇的影响和某一个人在文化生活中的影响。在克罗齐和金蒂莱之间可以进行更合理的比较，但应避免说克罗齐的影响远超金蒂莱，虽然从表面上看是如此。同时，金蒂莱在政治方面的权威没有得到承认（记住奥拉诺在议会上对金蒂莱哲学的攻击，法内利在《罗马》周刊上对金蒂莱个人及其追随者的攻击）。我觉得金蒂莱的哲学——行动主义更带民族性，仅仅在于它同国家的原始阶段、经济–行会阶段联系紧密，当所有猫都是灰色时[①]。由于相同原因，可以认为该哲学具有更大重要性和影响力。正如许多人相信在议会中，一位企业家比一位律师（或一位教授，甚至一位工人工会领袖）更能代表企业家的利益，却没有思考若整个议会中的绝大多数都是企业家，议会将立即丧失其政治中介作用和任何威信（关于金蒂莱的劳资合作主义及经济主义，应当同收录在他的《文化与法西斯主义》一书中的在罗马所做之报告进行比较）。克罗齐的影响比金蒂莱的影响少些喧嚣，但更深刻，更彻底；克罗齐实际上是某种世俗教皇，但克罗齐的伦理道德更具知识分子特性，带有文艺复兴典型特征，不能变成民众的，而教皇及其学说能够通过涉及微小事情的行为准则影响广大民众。克罗齐确实断言，现在这些生活方式不再是基督教的和宗教的，因为“在基督之后我们都是基督徒”，即包含生活实际需要而不是神话的基督教已被现代文明所吸收（克罗齐的这一格言确实具有不少真理性：达梅利奥参议员是最高法院第一院长，他反对西方法典不能引入日本、土耳其

① 指在昏暗之中，难辨事物。

等非基督教国家的说法，因为他记住克罗齐的这一“朴素真理”，恰恰由于西方法典由许多被基督教引入的因素构成。现在，实际上西方法典已经被引入“异教”国家，它们是作为欧洲文明的而非基督教的表现。好的穆斯林不会相信自己变成基督徒并且背弃伊斯兰教）。

（B10，1932—1935）

克罗齐在统治阶级知识分子等级中的相应地位，在拉特兰条约签订后改变了，该阶级的两大派别在道德统一性上融合。负责者需要进行双重教育事业：教育有待“改造”和吸收的新领导人，天主教方面教育至少应当是从属的（在一定条件下，教育就是使服从）。在拉特兰条约之后，天主教徒大量进入国家生活（这一次他们作为天主教徒，甚至具有文化特权），导致源于民主新力量的“议会多数变化论”[①]的事业非常困难。金蒂莱不理解此问题，而克罗齐却理解，表明两位哲学家之间民族敏感性的差异：金蒂莱不懂得此问题，从而除像文化学院所办民众大学的工作外（金蒂莱的追随者反对天主教的激愤文章发表在《新研究》上，但回响甚微），他处于无所作为的条件下，表明他陷于知识分子从属性的艰难处境。事实上，问题不是一种“分析的”教育，即一种“教学”，一种概念库存的教育，而是一种“综合的”教育，变成生活准则的世界观的普及教育，克罗齐界定的“宗教”教育。拉特兰条约提出了

① 指多数派政府吸收各派人士参加，以免形成真正的反对派。

问题，并让该问题倍增、复杂，克罗齐对此明察秋毫，正如他在参议院的发言。此外，恰恰由于拉特兰条约，伴随广大天主教徒，作为享有特权者进入国家生活，提出领导阶级的教育问题，不是以“伦理国家”的术语，而是以“市民社会”的术语进行教育，也就是一种培养“私人”首创精神的教育，它同天主教教育展开竞争，现在，在市民社会中，天主教教育占相当部分并且条件独特。

为了理解克罗齐持之以恒活动的重要性，必须看到他具有领导阶级的责任心和远见卓识（及保守态度），除引述的米西罗利的“预见”外（必须懂得术语“预见”在这里的含蓄的批判含义），重读由佩利齐发表在马卡里的《荒原》（现在在罗马以月刊形式面世，并且按标题阶段分析该刊将饶有兴味）上的系列文章将受益匪浅。从 1932 年 5 月 29 日的《文学意大利》，我逐字逐句地抄录帕沃利尼撰写的《新闻概览》中的一段话，是对佩利齐一篇文章的评论：“相信少量事物，但相信我们！这是在《荒原》最近一期（5 月 1 日）值得一读的精彩格言。我对佩里齐感到遗憾，他是早期法西斯主义者，足智多谋的绅士，但他致马卡里的最近一封公开信风格紊乱。作为自由的法西斯主义让我产生怀疑，他所说的概念在他的头脑中并非清晰；或许清晰，仅为能被实际应用而过于抽象地思考：‘法西斯主义得以诞生，是一个文明民族（甚至最文明民族）为实现一种文明共产主义形式而做出的极大努力。换言之，在文明的大问题内解决共产主义问题；但因没有不断革新的古老个人价值（如常言所说）的自发表现，它就不是文明，从而文明得出结论，法西斯主义在其内在及普遍含义上就是*自由共产主义*；不言而喻，其中共产主义或集体主义是符合历史特定时

期问题的手段、经验机构、行动工具，而实际目的、最终目标是文明，换言之，在一再重复的含义上，即自由。’这是哲学家令人厌恶的语言。‘相信少量事物……’例如，过于简单地相信法西斯主义不是共产主义，在任何含义上，无论是具体含义还是喻义，都将更加‘有用’，无须费劲地去探寻过于精巧的定义；归根结底，为了让它们不暧昧、不有害（其后，有乌戈·斯皮里托在费拉拉组合会议上的报告）。”

显而易见，佩利齐发表在《荒原》上的系列文章受到克罗齐近作的启示，是将克罗齐立场吸纳到一种新立场的尝试，佩利齐认为这种新立场更高超，能够解决所有自相矛盾。其实，佩利齐在反宗教改革式的概念间摇摆，他殚精竭虑、苦思冥想，可能炮制一部新《太阳城》，实际可能建成耶稣会士在巴拉圭的那种建筑。然而，这微不足道，因为对佩利齐和乌戈·斯皮里托而言，这不是近期的或悠远的实际可能性，事实上这种抽象的思想演进维持了危险的意识形态骚动，阻止在领导阶级中形成伦理-政治的统一，危及对“权威”问题的解决，也就是无限期地推迟恢复保守集团对政治领导的认同问题，佩利齐的态度表明乌戈·斯皮里托在费拉拉的立场不是文化“魔鬼”。这一点还可由在《法西斯评论》上刊发的某些文章证明，那些文章或多或少局促不安和暧昧不明。

（B10，1932—1935）

〔克罗齐的文化重要性〕

需要解释克罗齐不仅在意大利而且在欧洲具有的文化重要性，

从而说明他的近期著作——诸如《1871—1915年意大利史》和《十九世纪欧洲史》——迅速、广泛传播的意义。我觉得毫无疑义，克罗齐提出了领导阶级的教育问题。然而，他的教育事业如何被实际接受，创造哪些思想“团体”？引起哪些积极情感产生？认为意大利经历近代历史发展的全部政治经验，从而对意大利民众来说，意识形态和符合这些意识形态的制度是倒胃口的加热“炒白菜”，这纯属老生常谈。与此同时，说是加热“炒白菜”并不准确，“炒白菜”只被知识分子“隐喻地”吃掉，只对知识分子而言它才是加热的。“炒白菜”不是加热的，因此也未让民众倒胃口（姑且不说当民众饥肠辘辘时，加热两三回的“炒白菜”也大受欢迎）。克罗齐披上坚固盔甲嘲弄平等和博爱，却颂扬自由（即使是思辨的）。自由将作为平等和博爱被理解，他的著作似乎在不言明地表述立宪主义并为其辩护，从“看不见的”意大利全身所有毛孔渗出的立宪主义，并且仅仅十年来才成为其政治见习期。

在克罗齐著作中探寻他对国家元首作用的论述（在《批判对话集》第2卷第176页上有一处，评论马西的一本书《在圣马尔蒂诺别墅回忆中的阿斯蒂和阿尔菲耶里》：“现代生活也能具有其高尚道德性和朴实无华的英雄主义，虽说是在不同的基础之上。历史提出这些不同基础，这种历史不认可对国王、神父的上帝、传统观念的古老简单化信仰，并且阻止长期封闭，正如过去在家庭和阶级生活小圈子内发生的那样。”我似乎记得丹德烈亚在刊于《法西斯评论》上的一篇对《十九世纪欧洲史》的评论中，责备克罗齐再一次做了丹德烈亚认为有害的表述）。（马西的书是1903年出版的，因此很可能克罗齐的评论不久后即1903年或1904年刊登在《批判》上。）

我们可以假设，在克罗齐思想中除去论战部分，还有重构的部分吗？在这部分和那部分之间存在“飞跃”吗？从其著作看，我觉得没有。我认为，恰恰这种不确定性，成为许多人如克罗齐那样思考，显现出冷漠或至少忧心忡忡的原因之一。克罗齐会说：应由实践家、政治家思考重构部分，在其理论差异体系中，答案在形式上一致。但仅仅在“形式上”一致，并且金蒂莱在其或多或少哲学挑衅中，在这一点上有成功把握，我觉得他更过分的是，他不能也不想提出整个问题（梵蒂冈对《历史与思想》[①]一书的立场），不能也不想对克罗齐清晰地述说，不能也不想让后者看清其思想论战及原则的立场能引导到何处。然而，必须考察克罗齐是否恰恰没有建议这一点，通过上层改良主义活动，以减轻对立并凭借议会中多数派的“变化论”在新合法性中调和对立。在克罗齐那里可能不存在自觉的新马尔萨斯主义[②]，不存在专心致志“投入”的意愿，却只有注重现代圭恰迪尼主义[③]“细枝末节”的方法，这恰恰是许多知识分子所特有的方法，对他们而言，似乎“说”就足矣，“我说，并拯救我的灵魂”，[④]但只靠说拯救不了灵魂。还需要事业，怎么办！

（B10，1932—1935）

---

① 米廖利，《历史与思想》（*Una storia e un'idea*, Tipografia Accame,Torino，1926）。——意文版编者注

② 葛兰西认为：18 世纪马尔萨斯主义主张实行禁欲主义的道德抑制，以减少人口的快速增长，为资产阶级推卸造成社会灾难的责任。20 世纪的克罗齐历史主义坚称历史是自由的历史，即自由资产阶级的历史，反对社会革命，主张阶级调和和改良主义，从为资产阶级利益服务的实质看，和马尔萨斯主义相一致（虽然他未公开拥护马尔萨斯主义，却可称作“新马尔萨斯主义”）。

③ 指政治上的保守主义。

④ 原文为拉丁文。

附录：作为意志的、实际行动的哲学认识

在克罗齐那里尤其可以研究这一问题，但一般来说在唯心主义哲学家那里都可以研究，因为他们特别强调个体-人的内在生活、精神现象与精神活动。在克罗齐那里，在其体系中有艺术理论、美学，这具有重大意义。在精神活动中，例证更加清晰，是在艺术理论中（在经济学中也是如此，克罗齐刊发在1931年11月20日的《批判》上的“两种世俗科学：美学与经济学”一文，可以是该问题的起点，对该问题的安排），哲学家的理论发现人们尚不知晓的真理，或“发明”“创造”精神模式和逻辑联系，以改变当时存在的、历史地具体的精神现实，比如在一个知识分子集团内、在一个阶级内，在一种文明中传播的文化。无疑，这是提出所谓“外部世界实在”及实在的问题的诸多方式之一。对于个体思想家而言，存在一个在历史意义上未被认识（即尚未认识，但并非“不可认识的、非本体的”）的外部“实在”（唯我主义的观点在教学上可能有用，哲学上的鲁滨逊行为在实践上同样有用，如果谨慎地、优雅地利用鲁滨逊经济活动的话）却将被“发现”（在词源学含义上），或者在精神世界里什么也未“发现”（即什么也未揭示），却能给文化界做出“创造发明”和“杰出贡献”吗?

（B10，1932—1935）

评论克罗齐的《1871—1915年意大利史》和《十九世纪欧洲史》的论文要点

由法国大革命诞生的现在法国与欧洲大陆的其他现代国家的历史关系。这种比较至关重要，只要不以抽象社会学模式为基础。通过考察如下因素可以得出结论：（1）在法国，革命爆发伴随社会及政治关系的彻底、剧烈变化；（2）欧洲反对法国革命，反对法国革命通过阶级“渠道”的传播；（3）伴随共和国和拿破仑的法国反对欧洲的战争，起初为了不被扼杀，其后为了确立法国的持续霸权，从而倾向于建立世界帝国；（4）反对法国霸权的民族起义，通过连续的改良主义小浪潮，而非通过革命爆发（如法国大革命那样），诞生欧洲现代国家。“连续浪潮”由社会斗争、开明君主制类型的上层干预及民族战争组合构成，并且后两种现象占优势。从这一视角看，“复辟”时期是发展最丰富的时期：复辟变成政治形式，在此形式中，社会斗争找到许多灵活的舞台，能够让资产阶级掌权又不发生剧烈决裂，还没有法国恐怖主义机构。旧封建阶级从统治者降格为“支持政府者”，但没有被消灭，也未企图把它们[①]作为有机整体加以肃清：从阶级变成带有确定文化及心理特征的“种姓”，不再具有主导经济功能。

现代国家形成的这种“模式”，在其他条件下可以重复吗？应当绝对排除这种可能性，或者可以说至少在计划经济形式下，能够发生部分类似的情形吗？对所有国家还是仅限大国排除这种可能性？该问题至关重要，因为法国-欧洲模式创造了一种思维方

① 旧封建阶级。

式，由于该思维方式“自惭形秽”，或因是一种“统治”的工具，因此并非没有意义。

和前一问题紧密相连的重要问题是，在由复辟蕴蓄的政治-社会发酵的长期过程中，知识分子认为自己所起的作用。德国古典哲学是这一时期的哲学，它使得从1848年至1870年的民族自由运动生机勃勃。在这方面还有待引证黑格尔（及实践哲学）关于法国实践和德国思辨之间的并行不悖。事实上，这种并行不悖可以扩展：对基本阶级而言，“实践”的东西变成“理性”，对其知识分子而言变成思辨（在这一历史关系的基础之上，有待解释全部近代哲学唯心主义）。

更加宽泛的问题：在任何历史发展时期，若撰写（及思考）历史的方式并非永远“因袭”，是否可以思考只作为“民族史”的历史。黑格尔关于体现在这国或那国的“世界精神”的概念是引起对该方法论问题注意的“隐喻的”或想象的方法。不同起源的局限反对对此概念的充分解释：民族的“傲慢”，即民族的政治-实践特性的局限（并非永远低劣），知识分子的局限（不理解历史整体问题）和实践知识分子的局限（缺乏信息，既因为缺乏文件，也因为难以处理和解释它们）。（正如，撰写一部基督教全史，若想在该历史中包括民间基督教，而不仅仅是知识分子的基督教？在这种情况下，只有后续历史发展是以前历史发展的文件，却仅是部分的文件才行。）

根据社会阶级生产功能的国家观不能不用来机械地解释从法国大革命至整个19世纪的意大利史和欧洲史。虽说对于基本生产阶级（资本主义资产阶级和现代无产阶级）而言，国家只能理解为特定经济世界、特定生产体制的具体形式，但没有说手段与目的的关系很容易确定，这种关系具有简单模式面貌并且十分清晰。的确，夺取政权和确定一个新生产世界密不可分，对前者的宣传也是对后者的宣传，并且实际上仅在这种吻合中存在统治阶级的统一性，即政治与经济融为一体；但呈现特定国家内部力量关系、国际力量关系、特定国家地缘政治的问题。事实上，特定国家的迫切需要可促使革命变革，在特定情况下，可导致国际性胜利的法国大革命爆发；但自身不足、弱小的进步力量（但它们有巨大潜力，因为它们代表其国家的未来）的组合也可促进变革，凭借有利于它们扩展和胜利的国际形势。恰斯卡的《民族纲领的起源》一书，提供了证据：在意大利存在和旧制度法国相同的紧迫问题，一种社会力量应用法国相同含义解释并代表这些问题，还提供了证据——那种力量不足，并且问题仍维持在“小政治”的水平。无论如何，人们发现，当促使进步未和当地经济广泛发展紧密相连时，这种发展就被不自然地限制及抑制，但对国际发展的反思把基于更进步国家生产发展产生的思潮边缘化了，于是拥有新观念的集团不是经济集团，而是知识分子阶层，并且宣传的国家观改头换面：国家被理解为某种自在的东西，如同绝对理性的东西。问题可以这样提出：由于国家是生产世界的具体形式，并且知识分子是可以从中选拔管理人才的社会因素，恰恰是知识分子没有强烈地依附一个强大的经济集团，并把国家作为绝对来介绍；这样，知识分子的自身作用同样被设想为绝对和突出，他们的存在和他们的历史尊严也被抽象地理性化。这一动因对于历史地理解现代唯心主义不可或缺，并且和在欧洲大陆现代国家形成的方式有关，由于拿破仑妄图确立持久霸

权，作为对法国大革命的“反动–民族超越”（为了理解“被动革命”“复辟–革命”，为了懂得黑格尔在雅各宾派原则和德国古典哲学之间比较的重要性及本质动因）。

在这方面可以发现，对民族复兴运动时期历史及文化评价的某些传统标准必然发生变化，并且有时完全推翻：（1）盖有法国理性主义及抽象启蒙运动印记的意大利思潮，或许却是最贴近意大利现实的思潮，由于事实上，它们把国家设想为未来意大利经济发展的具体形式：相同政治形式适合相同内容。（2）相反，显得是土生土长的思潮，由于它们仿佛在发展意大利传统，恰恰是“雅各宾派的”（该词对某些史学思潮具有的贬义）。然而，事实上这种思潮是“意大利的”，仅仅因为许多世纪以来“文化”是意大利“民族的”唯一表现。这主要是语言幻象。这种意大利文化的基础在哪儿？它不在意大利。这种“意大利”文化是与罗马帝国及罗马天主教会的传统相连的中世纪世界主义的继续，它们[①]被视为“总部”设在意大利的世界机构。意大利知识分子起着集中全球文化的作用，他们接受并在理论上反思非意大利世界的更坚实、更土著的生活。即使在马基雅维利那里也可以发现这种作用，虽然马基雅维利试图让它转为民族目的服务（没有运气，也没有可喜结果）：事实上，《君主论》是对西班牙、法国、英国民族统一事业阵痛的反思和总结，由于在意大利没有充分力量实现民族统一，并且人们对此兴趣不大。由于传统思潮的代表实际想要在意大利采用在本国内部形成的知识及理性的模式，但这种模式却基于不合时代的经验，并且没有建立在民族直接需求的基础之上，

① 罗马帝国和罗马天主教会。

所以他们是贬义上的雅各宾派。

问题既复杂又充满矛盾，因此必须深入研究。无论如何，南方知识分子在民族复兴运动中显然成为“纯粹”国家、自在国家的研究学者。每当知识分子领导政治生活时，所有的反动游行队伍都义无反顾地与自在国家观结伴而行。

（B10，1932—1935）

零散札记

〔克罗齐在法西斯时期的立场〕

为了理解克罗齐在战后法西斯时期的立场，回顾1932年发表的米西罗利给《试金者》杂志问卷的答复将有所助益（了解所有问卷的答复将饶有兴味）。米西罗利写道（参见1932年5月15日的《法西斯评论》）：“我尚未发现任何清晰可见的东西，即使仅仅是精神状态的，尤其是道德倾向的东西。文化的方向很难预见；但我毫不迟疑地假设将朝着绝对实证主义迈进，它将恢复科学及古老含义的理想主义的荣誉。实验研究将令新一代自豪，这新一代不了解也不愿了解目前佶屈聱牙的哲学。我不觉得预见反教权主义兴起是轻率的，虽说我个人还不能预见。”

“绝对实证主义”能意味着什么？米西罗利的预见同这些札记多次断言吻合：克罗齐近期全部理论活动可解释为，他预见到实践哲学将以伟大风格和趋向优势特征崛起，因为实践哲学能用一种世界观同大众文化及实验科学协调一致，这种世界观不是粗俗的实证主义，也不是纯粹的行动主义，更不是教条的新托马斯主义。

（B10，1932—1935）

政治科学

克罗齐经常指责“唯物主义”具有特定政治倾向意味着什么？主要是一种理论、科学性质的判断，还是进行政治性论战的表现？在此类论战中，唯物主义似乎意味着“物质力量”“强制”“经济事实”等。然而，“物质力量”“强制”“经济事实”或许都是唯物主义的？在此种情况下，“唯物主义”意味着什么？参阅“有过这样的时刻，云云”（《伦理与政治》，第 341 页）。

（B10，1932—1935）

关于路易吉·埃诺迪的札记

埃诺迪似乎没有直接学习过批判经济学和实践哲学的作品；甚至可以说，尤其当他提及实践哲学时，听起来往往像半瓶醋——全是三四手材料。主要的概念都取自克罗齐（《历史唯物主义和马克思主义经济学》），却是非常肤浅地、往往是混乱地（比较以前的一段论述[①]）摘取。如下事实饶有兴味：洛里亚总是在《社会改革》上受人尊敬的作家（我认为一段时间内他还是编辑部成员），但他却是实践哲学低劣偏离货色的传播者。甚至可以说，在意大利，打

① 参阅本书第 269 页埃诺迪的论述。——意文版编者注

着实践哲学的招牌，在贩卖洛里亚学术垃圾的私货。现在，恰恰在《社会改革》上，洛里亚发表杂乱无章的卡片手稿，题名为“历史经济主义的新确证”。在1930年11—12月的《社会改革》上，刊发埃诺迪的一篇札记“技术工具的神话（！）”，内容涉及里戈拉的《自传》，该札记强化了上文提及的看法。恰恰克罗齐在其关于洛里亚的论文（《历史唯物主义和马克思主义经济学》）中指出“技术工具的神话”是洛里亚的独特发明，埃诺迪没有提及这一点，因为他确信那主要是实践哲学的学说。此外，埃诺迪因对此论题一无所知而犯下一系列错误：（1）将技术工具的发展和经济力量的发展混为一谈；对他而言，提及生产力的发展只意味着技术工具的发展。（2）他认为对批判经济学而言，生产力只是物质的东西，而不包括社会力量和社会关系，即人的力量及关系，它们融入物质东西内，而所有权是司法表现。（3）在这篇文章中还凸显通常愚笨的经济至上主义，这恰恰是埃诺迪及其自由贸易主义者朋友所特有的，他们作为宣传家，是真正的光照派[①]。重读埃诺迪的新闻宣传作品集饶有兴味；这些文章给人的印象是，资本家从未懂得自己真正的利益，他们的行为总是违反经济规律。

鉴于埃诺迪对广大知识分子阶层不可否认的思想影响，值得研究他关于实践哲学所写的全部札记。此外，必须记住埃诺迪发表在《巴雷蒂》上悼念戈贝蒂的文章，埃诺迪解释他注意反驳归于自由派文章的原因，那些文章都承认实践哲学的重要性及对现代文化发展的影响。在这方面还需记住普拉托在《皮埃蒙特》上

① 14世纪以来出现的各种自称获得上帝之光照启示的基督教神秘主义派别的总称。

论述戈贝蒂的那段文字。

（B10，1932—1935）

〔阿里戈·卡尤米的一篇论文〕

关于《十九世纪欧洲史》，有待参见阿里戈·卡尤米的论文“从十九世纪至今天”（1932 年 4—6 月的《文化》，第 323—350 页）。阿里戈·卡尤米特别在七节中的第一节集中研究《十九世纪欧洲史》，但在其他六节也提及历史-政治类的其他近作。用三言两语很难从其评论及意见中概括其观点：这是《文化》杂志主要作家的观点，他们代表在意大利文化生活中的显赫知识分子集团，并且是国家生活目前阶段可尊敬的学者。他们和自己的导师德·洛利斯关系密切，从而同最严肃的、批判思想丰富的法国文化的某些倾向有关系。但这意义不大，因为德·洛利斯没有建构发展及普及的丰富批判方法。事实上，主要是一种“博学”形式，却不是在该词最普通、最传统的含义上理解。一种“人文主义的”博学，它发展“好趣味”和精细“美味”；在《文化》的合作者中经常使用形容词“味美的”“美味的”。在《文化》的编辑中，阿里戈·卡尤米最少“学院派”风格，意思是他并不关注其作品及研究的大学“包装”，他的活动往往致力于“实际的”及政治的事业，从军事新闻到或许更实际的事业（比如主编《米兰人》，是由金融家瓜利诺授权的，肯定不仅仅由于“文艺保护主义”）。关于阿里戈·卡尤米，在其他笔记里撰写了一些回忆性札记。关于瓜利诺，阿里戈·卡尤米在 1932 年 1—3 月那期

《文化》上发表了一篇十分生动和辛辣的札记（“世纪之子的忏悔”，第193—195页，论及瓜利诺的书《生活片段》），恰恰坚持如下事实：瓜利诺利用其“文艺保护主义”及文化事业，以便更好地欺骗意大利储蓄者。然而，恩里科·卡尤米骑士（卡尤米作为《米兰人》代理这样签名[①]）也收集了瓜利诺文艺保护主义的某些“面包渣”！

（B10，1932—1935）

克罗齐和本达

可以将克罗齐的思想及立场同本达关于知识分子问题的大量著作进行比较（除本达的《知识分子的背叛》的专著外，需要考察他发表在《新文选》及其他刊物上的文章）。事实上，在克罗齐和本达之间，虽说有些相似性，但一致性仅仅是表面的，或者仅限于问题的某些局部方面。在克罗齐那里，存在思想的有机建构和一种关于国家、宗教及知识分子在国家生活中作用的学说，而这些在本达那里都不存在，本达主要是一位“记者”。还必须说，知识分子在法国和意大利的地位截然不同，在组织上和直接作用上都不同；克罗齐的政治-意识形态担忧也和本达大相径庭，也是由于这一原因。两人都是“自由派”，但民族的和文化的传统各异。

克罗齐和现代主义。有待将克罗齐在接受关于共济会的采访时（《文化与道德生活》第2版）所发表对现代主义的看法同阿

---

① 葛兰西错把阿里戈·卡尤米和恩里科·卡尤米骑士当成一个人。——意文版编者注

道夫·奥莫代奥刊发在 1932 年 7 月 20 日的《批判》上的文章加以比较，这篇文章评论卢瓦齐的三卷本（《可作为当代宗教史的回忆录》），譬如在 291 页写道："对于庇护十世的非天主教徒的温和盟友、反教权主义共和派（在意大利，克罗齐），卢瓦齐毫不留情地指责他们对专制主义天主教一无所知，对教皇掌握的这一国际帝国代表的危险一无所知；毫不留情地指责（早被奎内特在其时代就揭示）造成的危害——让相当一部分人类沦为思想空虚的愚蠢群氓，其道德生活只被消极顺从所驱动。"无疑，在这类看法中存在不少真理。

（B10，1932—1935）

〔克罗齐和福尔杰斯·达万扎蒂〕

从 1932 年 3 月 20 日的《文学意大利》中，我抄录了福尔杰斯·达万扎蒂评论克罗齐的《十九世纪欧洲史》的文章的片段。该文章原刊于 3 月 10 日的《论坛》上（《作为行动的历史和作为蔑视的历史》）："无疑克罗齐是一位典型人物，而典型恰恰在于推理的、百科全书式的文化畸形，这种畸形还伴有现已失败的政治自由主义，因为它是诗歌、信仰，信仰行为即军事生活的反题。克罗齐是静态的、怀旧的、分析的，即使似乎在探寻合题。他对好战的、喜欢运动的青年幼稚的反感，也是对不擅长接触无限、永恒的头脑的反感。世界向我们表明何时生活在世界，何时在称作'意大利的世界'这部分有好运，在哪里神性更清晰显现。因此，无须惊奇，如果这个被哲学学问熏陶的头脑缺乏创造精神，在其辩证智慧中没有丝毫闪光的新东西（单纯的或深刻直觉的东西）。这个从哲学转到文学批评的头脑，供认没有自己的诗歌（理解他人诗歌不可或缺）；最终进入政治史，已经并正在表明不懂得他那个时代的历史，置身于信仰之外并反对信仰，尤其反对由教会（在罗马有其千年中心）揭示和保护的信仰。如果这个头脑今天被判处滞留在艺术、生机勃勃的祖国、天主教信仰、精神及他那个时代人们的政府之外，无须大惊小怪，它不能从其严重滞后的认识中得出可信、大胆的结论。这种认识可以得到，但没有信徒和追随者。”

福尔杰斯·达万扎蒂是一位真正的典型，是伪知识分子的典型。可以这样描述其特征：他是由愚蠢的小说家和戏剧家所代表的“超人”，同时就是这类小说家和戏剧家。生命如同艺术作品，却是蠢人的艺术作品。众所周知，许多年轻人想要代表天才，但为了代表天才，必须本人是天才，而事实上大部分这类天才只是头号大傻瓜：福尔杰斯·达万扎蒂代表他自己。

（B10，1932—1935）

〔克罗齐和施塔姆勒〕

克罗齐对实践哲学所持批判立场发生巨大变化，通过比较对施塔姆勒著作的如下评论可以看出：“然而，对他（施塔姆勒）而言，在马克思的著作中主要没有类似‘小看法’：所谓经济生活对观念、科学、艺术及类似东西产生作用——这是陈年旧货，微不足道。正如哲学唯物主义并不在于断言物质现象对精神现象产生作用，而在于将精神现象变成物质现象的非实在的外观。这样，历史唯物主义应当在于断言经济是真正的实在，并且法是欺骗人的表象。”在《十九世纪欧洲史》的最后几章中，克罗齐恰恰具有施塔姆勒的这一立场，甚至没有试图用一个标准或证明为其立场辩护。在1898年施塔姆勒的一次简单随意的努力，到了1915年就变成明显真理，甚至不需要展开。

（B10，1932—1935）

克罗齐和黑格尔

卡洛杰罗的文章“意大利当代思想中的新黑格尔主义”（刊于1930年8月16日的《新文选》上，这是卡洛杰罗于1930年4月21—24日在海牙召开的第一届国际黑格尔大会上用德语宣读的报告）这样写道：“对于克罗齐而言，黑格尔学说的优点首先在于其‘哲学的逻辑’，即其辩证法理论，作为唯一思维形式，凭借它，思维可以实际超越全部二元论，因为将它们统一了起来，而在理智主义古典逻辑层面，思维只能确证，从而就丧失了实在统一性。黑格尔的不朽成就是断言对立的统一，这种统一性不是在静态及神秘主义含义上理解的对立面吻合，而是动态的对立和谐。这种动态的对立和谐是实在不可或缺的，因为它被思考为生命、发展、价值，任何积极性在其中被迫实现，同时肯定并永恒地超越其消极性。与此同时，实在的本质二元论（善与恶、真与假、有限与无限等）的辩证调和导致绝对排除其他所有二元论形式，它们都建立在实在世界和表象世界之间、超验或本体领域和内在或现象领域之间的基本对立基础之上。这种辩证调和代表真

正的要求，通过不令人满意但现在反之却令人满意的途径，从对立与矛盾的世界上升到不动的、和平的实在世界。于是，黑格尔是真正的内在主义的创始者，在合理的与现实的同一学说中，世界统一价值概念在其发展概念中得以承认，正如在对抽象的软弱批判中，典型地表达反对对这种统一性的任何否定，反对任何将理想在超验领域实体化，从而实际实现理想。从这一观点出发，实在价值第一次和其历史价值绝对同一。在黑格尔的内在性中，存在近代所有历史主义的根本基础。从克罗齐的思想观点看，辩证法、内在论、历史主义，可以概括为黑格尔主义的本质优点，由于这种敬畏之情，克罗齐在思想上其实是黑格尔主义的追随者和继承者。”

（B10，1932—1935）

五、经济学札记

经济研究思考要点

在古典经济学研究中特别强调的重点在哪儿，而在批判经济学研究中的重点又在哪儿，并且由于什么原因，也就是说由于哪些有待实现的实际目的，或鉴于哪些有待解决的特定理论的及实际的问题？对于批判经济学而言，为形成价值概念似乎确定“社会必要劳动”概念足矣，因为想要从所有劳动者的劳动出发，以最终确定他们在经济生产中的作用，并最终形成价值及剩余价值的科学、抽象概念，确定所有资本家作为整体的作用。相反，对古典经济学来说，价值的抽象、科学概念不具有重要性（它试图通过其他途径，但仅限于形式的目的，通过心理学研究，凭借边际效用，实现逻辑上和语言上的和谐体系，从而达到了目的或认为达到了目的），而个人或公司利润的具体及更直接概念至关重要；因此，对“社会必要劳动”的动态研究至关重要，此种研究具有不同的理论建构——比较价格理论、经济静态及动态平衡理论。对于批判经济学而言，在“社会必要劳动”以数学公式确定后，有趣问题就开始了；相反，对古典经济学来说，全部兴趣在于地区的、国家的、国际的“社会必要劳动”形成的动态阶段，

在于“分析劳动”的差异在这些劳动的不同阶段提出的问题。是比较价格，即在不同商品中凝结的“特殊”劳动的比较让古典经济学感兴趣。

然而，批判经济学对此类研究就不感兴趣吗？正如在《政治经济学概要》[①] 中没有处理这些问题之间的联系，还是“科学”工作吗？批判经济学具有不同的历史阶段，在每一个历史阶段中，重心自然落在历史上占优势的理论与实践的联系上。当经济的经营者是有产者时，重心就落在社会必要劳动的“总和”上，正如科学与数学的综合，因为实际上人们希望劳动变得意识到其总和，尤其意识到是“总和”并作为“总和”决定经济运动的基本过程的事实（相反，有产者对社会必要劳动兴趣不大，对其科学建构的目的同样如此；对他们而言，至关重要的是由特定技术部门及特定直接生活必需品市场、由思想及政治直接环境决定的条件下的特殊劳动，从而应当创建一个公司，竭力让这些条件更符合最大“特殊”利润的目的，并且没有根据社会必要“平均值”进行推理）。然而，当劳动变成经济的经营者本身时，由于其地位的根本改变，也应当关注特殊效用及这些效用的比较，以便从中获取进步运动的动力。其后，什么是“竞争”，难道不是对这些问题的联系的关注方式，进步运动靠特殊“驱动”才发生的理解方式，即比较价格及坚持不懈降低价格的方式，与此同时要同客观及主观条件一致，并促成形成这一切皆可能的客观及主观的条件。

（B10，1932—1935）

① 法国经济学家拉比杜斯的著作。

经济学思考要点

提出如下问题：是否存在经济科学并且其含义是什么？或许经济科学是一门特别怪异的科学，甚至是此类中的唯一科学。人们可以考察不同哲学思潮对“科学”这一词语的使用具有多少含义，这些含义中是否存在可以应用于经济研究的含义。我觉得经济科学是独立的，也就是说是唯一科学，由于不能否定它是科学，这不仅限于“方法论”含义，即不仅指其方法是科学的、严谨的。我还觉得不能让经济学接近数学，虽然在各种科学中，数学或许最接近经济学。无论如何，不能把经济学视为一种自然科学（无论其理解自然或外部世界的方式是主观主义的还是客观主义的），也不能看作通常含义上的“历史”科学。或许尚需与之斗争的一个偏见是，一种研究为了成为科学，必须同其他研究聚集成一类，该“类”就是科学。相反，不仅聚集不可能发生，而且在一定历史时期（而非另一时期）内，研究不是“科学”。其实，另一个偏见是：若一种研究是“科学”，则能够并实际永远如此（不是如此，因为缺乏“科学家”，而不是科学学科）。对于经济学而言，恰恰这些批判要素有待考察：曾有一个时期不能存在科学，不仅因为缺乏科学家，还因为缺乏某些创造某种“规则性”或“自动性”的前提条件，对它们的研究恰恰导致科学研究。然而，“规则性”或“自动性”在不同时代具有不同类型。我们不应当认为，由于永远存在“经济生活”，就应永远存在“经济科学”的可能性，这正如不因永远存在星球的运动，就认为永远存在天文学的“可能性”，即使占星术家自称“天文学家”。在经济学中，“干扰”

因素是人的意志、集体意志，意志根据人们生活其中的一般条件而不同。

（B10，1932—1935）

在 1933 年 3—4 月的《社会改革》上，刊登了一篇标注三颗星的评论，评述伦敦大学经济学教授罗宾斯的专著《关于经济科学的本质及意义》[①]。评论者也提出“什么是经济科学”的问题，他部分接受、部分修改罗宾斯陈述的概念。罗宾斯的书似乎符合克罗齐 1900 年以前论文提出的要求：经济学论文前面应写一篇理论性序言，以陈述经济学本身的概念及方法。但应当谨慎地理解这种一致性：罗宾斯或许没有克罗齐要求的那种哲学严谨性，他主要是一位“经验论者”和具有形式逻辑头脑的人。作为近期此类研究方向的论文，该书或许有趣，它受经济学家通常指出的不满意的支配，他们往往对其科学的定义及人们习惯对该科学设定的限度不满意。对于罗宾斯来说，“经济学”最终具有十分宽泛和一般的意义，并且很难和经济学家实际研究的具体问题相吻合，却更吻合克罗齐称作“精神范畴”——“实践环节”或经济环节——的东西，也就是手段与目的的合理关系。罗宾斯“考察哪些条件让经济学家研究的人类活动具有特点，并且最终得出结论，这些条件是：（1）目的的差异性；（2）手段的不充分性；（3）交替使用的可能性。因此，他把经济学界定为研究人类行为方式

① 原文为英文。

的科学，即研究目的与具有交替用途手段稀缺的关系的科学。”

罗宾斯似乎想把经济学从所谓“享乐主义”的原则中解放出来，想把经济学同心理学截然分开，“摒弃心理学即已在功利主义和经济学之间结盟的心理学的最后残余”（这可能意味着罗宾斯已经构建截然不同的新效用概念，它比传统的效用概念更丰富）。

除对该问题价值的重视外，还应当强调现代经济学家精心从事哪些研究，以便不断完善其科学的逻辑工具，从而可以说经济学家享有的大部分声望归于其形式的严谨、表达的准确。在批判经济学中没有相同倾向：那种倾向重视定型的表述，并以一种优越口吻表述，而表述的价值并不同此口吻一致，以致只能给人以夸夸其谈的印象，因此着重指出经济学研究及经济学文献的这种面貌受益匪浅。在《社会改革》上刊发罗宾斯的此类文章总引人注目，拥有这方面的书目并不困难。

有待考察罗宾斯对经济问题的提法是否一般地批驳边际效用论，虽然他似乎说过，根据边际效用分析，可以“完善统一地”建构“丰富的经济理论”（也就是说完全抛弃在解释价值标准方面马歇尔仍然主张的二元论，即边际效用和生产成本的双重把戏）。事实上，如果个人估价成为解释经济现象的唯一源泉，那么经济学领域同心理学及功利主义领域分开又意味着什么呢？

关于对经济学论文应当撰写方法论-哲学导言，请记住批判经济学第一卷导言的范例：或许没有比它更精练、更朴实无华的导言了，此外在著作自身有许多哲学方法论提示。

（B15，1933）

何时可说经济科学的开端

（比较埃诺迪的“关于经济科学诞生的问题”，刊于1932年3—4月的《社会改革》上，内容涉及德·贝尔纳迪论述博特罗的几篇文章。）可以说大约是从人们发现财富不存在于黄金（从而更不存在于拥有黄金），而存在于劳动的时候。配第[①]（1662年的《赋税论》，1666年的《智慧话语》）隐约发现，坎特龙[②]（1730年）明确地断言财富并不存在于黄金：“财富本身只是生活的营养、方便和乐趣……人类的劳动赋予所有这一切以财富的形式。”博特罗非常接近类似判断，在其1588年的著作《论城市伟大的原因》中写道：“为什么技艺同自然竞争，有人将问我，为使一个地方变得广阔富饶、人丁兴旺，是土地肥力还是人类工业更重要？毫无疑问是工业，首先因为人类靠灵巧双手制造的物品比大自然产生的东西更有价值，因为大自然给予材料和主体[③]，而人类的精湛技艺提供难以言表的形式多样性。”但在埃诺迪看来，不能向博特罗要求劳动财富论，也不能要求经济科学的渊源，博特罗反对坎特龙，后者“不再仅仅进行比较，以让我们了解两要素——自然或劳动，哪个赋予事物更大价值，就像博特罗探索的那样；而主要围绕什么是财富进行理论研究”。

如果这是经济科学的起点，并且若以此种方式确定经济学的基本概念，任何进一步研究只能在理论上深化“劳动”概念，同

① 配第（1623—1667），英国经济学家，最先采用统计学方法研究经济现象。

② 坎特龙（1680—1734），英国经济学家、金融家。

③ 亚里士多德用“主体”（soggetto）一词表示某种属性、状态和作用的承担者。

时该概念不能被更一般的工业及活动概念吞没，相反应当在那种任何社会形态都不可或缺的人类活动中确定。这种深化工作由批判经济学完成。

有待阅读《经济学说史》(剩余价值[①])和坎南的《经济理论回顾》。

（B10，1932—1935）

〔经济学研究方法〕

在考察经济学研究方法及抽象概念的问题时，应当考察克罗齐对批判经济学通过“将理论演绎与历史描述、理解联系与事实联系的不断融合”以展开的批评看法（《历史唯物主义和马克思主义经济学》，第160页），相反这正是批判经济学比纯粹经济学优越的一个特征，使其更益于科学进步的一种力量。此外，有待指出克罗齐本人对纯粹经济学最通用方法的不满与厌恶，由于它凭借烦琐无益的分析及学究的怪癖，给最庸俗可笑的常识及最空洞的通则涂上华丽的科学油彩。批判经济学尝试将归纳法和演绎法正确结合，也就是尝试不根据历史上不确定的一般人（并且从哪种观点看都不能承认是具体实在的抽象）的不确定基础构建抽象假说，而是建立在有效实在、“历史描述”之上，为构建科学假说提供实际前提，即抽象出经济因素或经济因素的特征（以吸引注意力并对它们进行科学考察）。无论如何，不存在一般的经济人，但能抽象出在历史

① 指马克思的剩余价值理论。——意文版编者注

上相继出现的经济活动中形形色色的代理人或主角：资本家、劳动者、奴隶、奴隶主、封建领主、农奴。经济科学确实诞生于近代，当资本主义制度广泛确立使得相对同质的经济人类型扩散，也就是说创造了科学抽象变得相对少些随意性和一般空泛性的实际条件，而在以前这种随意性和空泛性可能存在。

政治经济学与批判经济学[①]的关系未能维持其有机的及历史上实际的形式。两种思潮在提出经济问题时区别何在？它们目前的差异在于当前的文化术语而不在于80年前的文化术语吗？从那些政治经济学手册看，似乎不是如此（例如从《政治经济学概要》），但这点立即引起初学者的兴趣，并为以后所有研究指明一般方向。一般来说，指出这一点不仅因众所周知，还因毫无争议地被接受，但这两件事全不真实。于是，发生如下情况：只有那些普通人根本不介意该问题，就开始研究经济问题，从而使得任何科学发展都不可能。给人印象深刻的是：要求极高智慧、毫无偏见、清醒头脑和科学创造力的批判观点，却变成狭隘、贫乏头脑的含糊独白，仅仅凭借教条主义主张就能够在科学的次要书目（而不是在科学）中维持一个位置。在此类问题中，僵化的思维方式是最大的危险：宁要对某种无序的宽容，也不要对确立的文化地位的庸俗捍卫。

（B10，1932—1935）

〔“经济人”〕

围绕“经济人”概念的讨论变成对所谓“人的本性”的诸多

① 政治经济学指资产阶级经济学，批判经济学指马克思主义经济学。

讨论之一。每位争论者都有自己的“信仰”，并用明显道德主义性质的论据支持该信仰。“经济人”是一定社会形态经济活动的抽象。每一个社会形态都有自己的“经济人”，也就是有经济活动。主张“经济人”概念在科学上无价值，只是主张：经济结构改变，与之一致的经济活动根本改变；或经济结构改变，必然导致经济活动方式改变，以便让经济活动方式同新经济结构一致。然而，意见分歧恰恰在这里，主要不是科学的、客观的意见分歧，而是政治的分歧。此外，科学承认经济结构根本改变，经济活动为与新结构一致也应改变，这意味着什么？这只具有政治鼓动的意义，别无其他。在经济结构和国家及其立法、强制之间存在市民社会，而市民社会应当具体地彻底改变，而不仅仅限于法律条文和学术著作；国家是使市民社会适应经济结构的工具，但国家必须“想要”这样做，也就是说要由经济结构发生变化的代表来领导国家。运用宣传和说服手段，期待市民社会适应新经济结构，旧“经济人”没有被埋葬，就连同其享有的全部荣耀消逝得无影无踪，这是修辞经济学的新形式，是空洞及毫无结果的经济道德主义。

关于所谓经济人，即人的需要的抽象，可以说这种抽象丝毫没有脱离历史，虽然它以数学公式的面貌显现，但同数学抽象的性质截然不同。经济人是某一确定经济形态的需要及经济活动的抽象，正如经济学家在其科学建构中提出的全部假说，只是以某一确定经济形态为基础的全部前提。可以从事一种有益的工作，系统地收集某些大“纯粹”经济学家如潘塔莱奥尼[①] 的“假说”，将

① 潘塔莱奥尼（1857—1924），意大利经济学家。

这些“假说”整理成恰恰是对一种特定社会形态的“描述”。

劳动与消费的人力分配

人们可以观察到，与生产力量相比，消费力量日益增长，经济上消极寄生的人口日益增长。然而，“寄生”概念应当十分精确。可能发生如下情况：业已证明内在寄生功能在现存条件下是不可或缺的，这使得寄生现象“雪上加霜”。恰恰当寄生现象“不可或缺”时，造成这种必然性的制度本身应当受到谴责。然而，不仅纯粹消费者人数增长，而且他们的生活方式也在改善。也就是说，他们消费（或破坏）的商品份额也在增长。若认真细致地观察，就会得出结论：领导阶级的每个成员的理想是创造让其后代无须劳动仅靠利息就可为生的条件。当人们劳动，为了能够不再劳动，该社会怎么可能是健康的？由于这种理想不可实现并且有害，意味着整个机构既无效又病态。一个社会说劳动为创造寄生虫，为靠所谓过去劳动生活（这一隐喻指其他人现在的劳动），事实上在摧毁该社会本身。

（B10，1932—1935）

〔“纯粹经济学”〕

对潘塔莱奥尼的《纯粹经济学原理》（1931 年新版）的几点意见。

（1）由于重读潘塔莱奥尼的这本书，可更好地理解乌戈·斯皮里托大量著述的动因。

（2）该书第一部分主要论述享乐原理，可能适合做一本精美烹调术手册的导言，或者做一本更精美的论情人地位手册的导言。很倒霉，烹调术作者没有研究纯粹经济学，因为凭借实验心理学实验室和统计学方法的帮助，可以完成关于庸俗传布东西的最完整、最系统的论著，同样可以说关于隐秘及秘传的科学活动——乐此不疲地构建性享乐的艺术。

（3）潘塔莱奥尼的哲学是在19世纪实证主义中发展了的18世纪感觉主义：他的“人”是一般的人，是抽象前提中的人，也就是说是生物人、痛苦的及快乐的感觉的整体，但每当从抽象过渡到具体，也就是每当人们谈论经济学及一般自然科学时，就变成某一特定社会形态的人。潘塔莱奥尼的书堪称在“正统”及科学含义上的“唯物主义作品”！

（4）这些“纯粹”经济学家提出经济科学源于坎特龙发现财富是劳动、是人类工业。然而，当他们自己尝试搞学术时，就忘记了这一渊源，并沉湎于根据其方法最初发现、最早发展的思想。他们没有把渊源发展成实际核心，而是发展成与当时文化界相连的哲学光环，虽然该文化界受到后继文化的批判和超越。

（5）在批判经济学和历史主义经济学中，什么应当代替“纯粹”经济学的所谓“享乐主义的公设”？对“特定市场”的描述，即对特定社会形态的描述，是对整体与部分比较的描述，是对在一定程度上决定自动主义的整体的描述，是经济科学尝试以最大准确性与完整性描述的一致性及规律性。可以证明这样定位的经济科学是对“纯粹”经济学的超越吗？可以说享乐主义公设不是抽象的而是泛泛的，实际上它不仅不能成为经济的导言，而且不能成为可以称作“经济的”全部人类活动的导言，这样的“经济”活动大大扩展和泛化了经济概念，直至只凭经验就让其含义空泛，或让它同一种哲学范畴一致，正如克罗齐实际尝试所做的那样。

（B10，1932—1935）

关于潘塔莱奥尼的《纯粹经济学原理》

（1）有待精确确定“抽象”与“泛化”的区分点。经济代理人不能不置于抽象过程，从而同质性假设变成生物人，这不是抽象而是泛化或“不确定性”。抽象总是对确定历史范畴的抽象，恰恰鉴于它是范畴而不是形形色色的个性。经济人也是在历史上确定的，虽然整体上是不确定的：是一种确定的抽象。这一过程在批判经济学中发生，提出交换价值而不是使用价值作为价值，从而潜在地把使用价值变为交换价值，含义是交换经济也改变生理习惯、趣味心理等级、效用目的等级，它们显现为“上层建筑”，而不是最初经济学家提出的经济科学对象。

（2）需要确定特定市场的概念。在“纯粹”经济学中，在批判经济学中如何论述。在纯粹经济学中，特定市场是随意的抽象，该抽象对学究气及学院派分析的目的只具有约定俗成价值。相反，对批判经济学而言，特定市场是特定社会形态的具体经济活动的总和，在其一致性规律中，及在“抽象”规律中论述这些经济活动，但抽象仍然是历史地确定的。当谈及资本家时，就不考虑现代社会经济代理人形形色色的个性，但该抽象恰恰在资本主义经济的历史环境中，而不是在一般经济活动的历史环境中，这种一般经济活动在其范畴内不考虑在世界历史上出现的经济代理人，把他们一般地、不确定地沦为生物人。

（3）人们可以发问：纯粹经济学是一门科学还是“其他什么”，但“其他什么”凭借一种方法可以展开，该方法也具有其科学严谨性。神学业已证明存在此类活动。神学还从某种假设出发，从而在这些假设上构建结构严谨、推断严密的学说大厦。然而，因此神学就是科学吗？埃诺迪（参阅“再论撰写经济定理历史的方法”，刊于1932年5—6月的《社会改革》上）写道：经济学是“一种具有数学及物理学相同特征的学说（人们发现，该断言同另一断言没有必然联系：在其研究中应用数学工具不可或缺或有益）”，但该断言很难一致地、严格地加以证明。克罗齐表述过相同观点（1931年1月的《批判》），他写道：“经济学没有改变性质，正如社会体制，无论是资本主义的还是社会主义的，同样算术没有改变性质，虽然有待计算的事物千差万别。”因此，我认为不要把数学和物理学相提并论。数学可以称作纯粹“工具”的科学，是对所有“数量”自然科学的补充，相反物理学是一门直接“自然”科学。形式逻辑可以和数学相比较，此外，高等数学在许多方面和形式逻辑相一致。对纯粹经济学也可以这样说吗？在这方面，讨论仍很活跃，似乎并未结束。此外，在所谓纯粹经济学家那里已经不存在严格缜密性。对某些人来说，纯粹经济学仅仅是一种假说，它根据“假设……”进行论证，也就是说纯粹经济学把历史上提出的所有经济问题抽象化或一般化。相反，对另一些人来说，纯粹经济学只是能从经济原则或享乐主义公设推演出的经济学，也就是说完全忽略任何历史性，并且假设在时空中存

在相同的一般“人性”。然而，如果了解了埃诺迪致贝尼尼的公开信（不久前刊于《新研究》上），就可以看出纯粹经济学家的立场是摇摆不定的和不坚定的。

（B10，1932—1935）

阿涅利的观念

（参阅 1933 年 1—2 月的《社会改革》。）对阿涅利和埃诺迪提出问题方式的几点初步看法：（1）由于技术进步不是每次“进化”一点，因此可以超越一定限度预见：在某些领域特定推力促使进步。如果确如埃诺迪这样推理，就会得出极乐世界的假说，在那里人们无须劳动就能获得所需商品。（2）其后，最重要的问题是食品生产问题：没有想到“至今”在技术上或多或少进步的劳动水平的多样性，工资曾是“弹性的”，仅仅因为在一定限度内，食品尤其是某些食品（关乎生活水平的那些食品）的再分配（除食外，还应添加衣和住）。现在，在食品生产中，劳动生产率的局限比在加工制造商品生产中更明显（不言而喻，食品的“总数量”不是其商品学意义上的变化，此种变化并未增加食品数量）。超越某些限度的“懒惰”（埃诺迪理解的）可能性，是由食品数量倍增的可能性造成的，而不是由生产率造成的，并且“土地面积”连同季节管理制度等导致“铁的”局限，虽然有待承认在达到这些局限前还有很长路程。

阿涅利-埃诺迪类型的论战让我们想到一种心理学现象：当人们饥肠辘辘时，想得最多的是美味佳肴。说得轻一点，这种论

战是冷嘲热讽式的。与此同时，争论在心理上是错误的，因为倾向于让人相信目前失业是“技术性的”，但这是骗人的。“技术性”失业同一般失业相比微不足道。此外，推理是虚假的，仿佛社会是由“劳动者”和“企业家”（狭义的、技术劳动的雇主）构成的，这同样是骗人的，并导致虚幻的推理。若真是如此，鉴于企业家需求有限，问题实际很简单：用附加薪水或绩效奖金酬劳企业家的问题不值一提。没有一个有见识者会拒绝思考：平等的狂热不是由给予能干企业家的“奖金”造成的。事实是：鉴于一般条件，劳动的技术进步创造的较大利润导致产生新寄生虫，即只消费不生产的人，他们不是用劳动“交换”劳动，而是用自己的“懒惰”（贬义上的）交换他人的劳动。鉴于前面指出的技术进步与食品生产的关系，发生对食品消费者的选择，在实际劳动者之前，尤其在潜在劳动者（即目前失业者）之前，寄生虫就被列入名单。正是这种形势造成“平等狂热”并持续地“狂热”，即极端、非理性的倾向，只要这种形势没有改变。人们发现这种狂热消失，发现至少人们劳动让这种形势消失或减弱。

“工业社会”不仅由“劳动者”和“企业家”构成，而且还由闲散“股东”（投机者）构成的事实干扰了阿涅利的推理：如果技术进步促使产生更多边际利润，那么这种利润不会理性地或总是非理性地分配给股东和类似人士。今天还不能说存在“健康的企业”。所有企业都变得不健康，而道德主义的或论战性的偏见不这样说，但客观上确实如此。是巨大的股票市场制造了不健康：股票持有者人数众多，他们服从“从众”规律（恐慌等，有其专门技术术语“暴涨”“走势”等），并且投机变成一种技术需要，比工程师和工人的劳动更重要。

恰恰对美国 1929 年大危机的观察揭示出这一点：存在不可扼制的投机现象，就是“健康”企业也卷入其中，因此可以说“健康”企业不再存在。可以使用“健康”这一词语，但须提及历史：“在过去含义上”，也就是说存在某些一般条件，它们使得某些一般现象不仅在相对含义上而且在绝对含义上产生（关于此内容的许多评注，有待阅读萨尔泰尔的著作《重建：如何结束危机》，米兰，邦皮亚尼出版社 1932 年版，共 398 页）。

（B10，1932—1935）

埃诺迪将危机年代发表的论文汇编成册。埃诺迪反复提起的动因是：当人们的创造性恢复一定活力时，将会走出危机。从任何观点看，这一论断都不准确。千真万确，经济力量发展时期的特点是发明创造，但最近时期发明创造质量欠佳、数量不够？不是如此，至多可以说，这些发明没有给人留下深刻印象，恰恰因为前一时期类型相似但更为独特。整个合理化过程就是“发明”的过程，就是应用新技术和新组织方法的过程。埃诺迪似乎把发明只理解为导致引入新商品类型的那些发明，即使从此观点看，他的论断也不准确。事实上，本质的发明是引起成本下降的那些发明，从而扩大了消费市场，把越来越多的群众联合起来。从此观点看，哪个时期比合理化时期更具“创造力”？看起来，似乎特别有创造力，直至发明销售网并人为创造民众消费新需求。真理是，似乎不可能创造有待满足的新“需求”，凭借完全独创的新工业，不足以确定一个和大工业发展时期相一致的新经济文明时期。或者这些“需求”恰恰是社会非本质人口阶层的，这种需求的传播是病态的（比较：“人造蚕丝”的发明满足资产阶级中间阶层表面奢华的需求）。

（B15，1933）

乌戈·斯皮里托及同伙

指责传统政治经济学是“自然主义的”和“决定论的”构想。这一指责没有根据，因为古典经济学家不应当特别关注决定论的“形而上学”问题，并且其所有推论及计算都基于“假设……”的前提。这种“假设”是何物？扬纳科内在《社会改革》上评论乌戈·斯皮里托的书，将“假设”界定为“确定市场”，根据古典经济学家的语言，这是正确的。然而，什么是“确定市场”，并且恰恰被什么确定？它将由正在分析的社会的基本结构确定，于是必须分析这种结构，并且鉴别哪些相对恒定因素决定市场，而哪些“变化不定并在发展中”的因素决定经济危机，直至那些相对恒定因素也改变，就会发生有机危机。

古典经济学只在其抽象及数学语言的外观下，才是“历史主义的”。而乌戈·斯皮里托恰恰消解历史主义，并用话语和抽象的洪水淹没经济实在。然而，由乌戈·斯皮里托及其团伙代表的倾向是“时代的标志”。要求“按计划的经济”，不仅在本国国土上，而且在世界范围内，本身就饶有兴味，即使其辩护词是纯粹口头的：是“时代的标志”；是对发展中的条件的乌托邦式的表述，那些条件要求“按计划经济”。

显然，诸如乌戈·斯皮里托的作家目前兴趣更接近古典经济学的某些作家（比如埃诺迪）。埃诺迪论危机的文章，尤其是发表在1932年1—2月《社会改革》上的那些文章，往往是智力衰竭者的“妙语”。埃诺迪重抄了一个世纪前的经济学家的段落，却没有发现“市场”已经变化，“假设”的东西也不再是以前那些。国际生产以如此规模发展，市场同样变得复杂，从而其某些推理显得确实幼稚。或许在这几年没有诞生新工业？只需指出人造蚕丝和制铝工业足矣。一般来看，埃诺迪的话正确，因为意味着过去的危机业已克服：（1）扩大了资本主义市场的世界地区；（2）提高一定阶层的生活水平，或相对来说提高所有阶层的生活水平。然而，埃诺迪不懂得经济生活越来越倚靠大规模生产，而这种生产处于危机之中。控制这种危机不可能，恰恰由于危机的广度和深度，达到量变质的程度。也就是说是有机危机，而不是偶发危机。埃诺迪的推理适合偶发危机，因为他想否定存在有机危机，但有机危机是“直接政治”，不是科学分析，是“信仰意志”“心灵良药”，并且仍然以幼稚可笑方式在起作用。

（B8，1931—1932）

路易吉·埃诺迪与乌戈·斯皮里托关于国家的论战

有待同埃诺迪与贝尼尼的论战相联系（参阅1931年9—10月的《社会改革》。）然而，在论战中，埃诺迪和乌戈·斯皮里托都歪曲了对手：他们提及不同的事物，并使用不同的语言。贝尼尼与埃诺迪的论战澄清前述论战。在这两次论战中，埃诺迪都持相同立场：在同克罗齐论战时，竭力限制实践哲学的科学功能。埃诺迪立场的坚定性在“智力上”值得钦佩：他懂得对对手在理论上的任何让步，即使仅仅是智力上的，也会导致自己的大厦崩塌。

关于国家概念，埃诺迪想到政府对经济事实的干预，它作为市场的“司法”调节器，也就是作为给予特定市场合法形式的力量，在该市场中，所有经济代理人以平等司法条件活动，它作为经济特权的创造者，作为有利于特定集团的竞争扰乱者去进行政府干预。相反，乌戈·斯皮里托提及思辨的国家观，从而个体与国家同一。然而，无论在前者还是在后者，该问题的第三方面不言自明，由于国家和某一个社会集团同一，从而国家干预不仅以埃诺迪提及的方式发生，或者以乌戈·斯皮里托设想的方式发生，而且是任何集体经济活动的初步条件，是特定市场的因素，若不是特定市场本身的话，由于是一种特定商品（劳动）初步贬值现象的政治-司法表述，该商品处于竞争力低下的条件，为整个特定制度付出代价。这一点被贝尼尼指明，当然不是一种发现；但饶有兴味的是贝尼尼认识到并如何认识到。由于贝尼尼根据古典经济学原理认识到这一点，这恰恰令埃诺迪恼火。

然而，埃诺迪在《新研究》上发表的信中，提及瓦伊拉蒂介绍经济原理（或许还有哲学原理）的“神奇能力”，以及他用科学发展历史过程产生的不同科学语言解析的“神奇能力”，也就是他不言明地承认哲学语言的相互可译性。贝尼尼恰恰这样做了，他用自由经济的语言介绍已被实践哲学语言介绍的经济事实，虽

然带有此种情况下的所有局限和谨慎（贝尼尼的情况有待接近乌戈·斯皮里托在费拉拉大会上的情况）。在这方面请记住恩格斯的论断：从边际价值说出发，也能得出同批判经济学相同的结论（虽然以庸俗的形式）。恩格斯的论断必须在所有结论中进行分析。我觉得其中一个是，如果人们想要捍卫经济学的批判观，必须坚定不移地坚持这一事实：正统经济学用另一种语言研究相同问题，表明被研究问题的同一性，并且表明批判性解决是高级的。总之，文本应当是“双语的”——原始文本和“通俗”（或自由经济学）译本，邻页对照或隔行排印。

（B10，1932—1935）

个人和国家的同一

为了显现乌戈·斯皮里托集团及同伙的“思辨经济学”重新陈述的咬文嚼字，提及个人与国家的同一也是国家与个人的同一足矣。显然，一个词语在书写及发音顺序上在先或在后，并未改变其性质。因此，若在这些词语中事物没有改变的话，说必须让个人与国家同一是一句一钱不值的废话，是纯粹的空谈。若个人意味着“卑污的犹太人的”[①]、狭义的“利己主义”，同一只是强调个人的“社会”因素的暗喻方式，也就是断言经济含义上的“利己主义”意味着某种不同于“狭隘利己主义”的东西。我觉得，在此种情况下，主要是缺乏对国家概念的清晰陈述，缺乏对国家

① 摘自马克思在《关于费尔巴哈的提纲》中的表述。

中市民社会与政治社会、专政与领导权之间区分的清晰陈述。

（B10，1932—1935）

自由和“自动性”或理性

自由和所谓的自动性是对立的吗？自动性同意志对立，而不同自由对立。自动性是集团的自由，它同个人意志相对立。当李嘉图说“确定这些条件”时，就拥有经济学的这些结论，并未使经济学本身沦为“决定论的”，也没有使其观念变成“自然主义的”。他注意到一个社会集团的团结、协同的活动确定后，该集团通过为一定目的（自由地）约定而接受的某些原则行动，从而产生可称作“自动性”的发展，并且可以设想作为应用精确科学方法可识别、可离析的某些规律的发展。在每一时刻都有自由选择，并且根据对大量个体或个人意志都同一的指导方针进行，因为这些个人意志在确定的伦理-政治氛围中变成同质的。但不能说所有人都同样地活动：个人意志形形色色，但同质部分占优势并成为“所谓法律”。若意志普遍化，就不再是意志，而是“自动性”的基础位移——新理性。自动性往往是理性，但在词语“自动性”中，尝试给一个概念剔除任何思辨光环：很可能词语“理性”最终在人类活动中归因于自动性，而词语“自动性”将重新指示机器的运动，在人类干预后，机器变成“自动的”，并且这种自动性仅仅是口头隐喻，正如提及人类活动。

（B10，1932—1935）

经济史研究

请记住当《历史唯物主义和马克思主义经济学》第4版（含1917年新序言）面世时，埃诺迪和克罗齐的论战（埃诺迪在《社会改革》上）。研究不同国家如何形成社会-经济史研究的不同学派，以及那些学派如何装模作样，将饶有兴味。在英国存在一个经济史学派，该学派的确同古典经济学有关，但其进一步发展是否受到历史唯物主义的影响？（塞利格曼的著作属于该学派，恰恰由于表达该学派需要清算历史唯物主义？）同样，在法国存在经济司法学派，该学派对历史唯物主义进行阉割（基佐[①]、梯叶里[②]、米涅），但其后反过来受其影响（皮雷纳及现代法国人亨利·塞、奥塞尔等）。在德国存在同古典经济学联系最紧密的学派（同李斯特[③]），但桑巴特接受历史唯物主义的影响，等等。在意大利存在同历史唯物主义联系最紧密的学派（但受罗马尼奥西和卡塔内奥的影响）。

（B8，1931—1932）

论格拉齐亚代伊

为了了解格拉齐亚代伊的道理，需要上溯到经济科学的基本概念。（1）必须确定经济科学从假设一个特定市场出发，或者从

① 基佐（1787—1874），法国政治家和历史学家。
② 梯叶里（1795—1856），法国历史学家。
③ 李斯特（1789—1846），德国经济学家。

纯粹竞争、纯粹垄断的假设出发，其后确定哪些变化让从未“纯粹”的实在的这个或那个因素恒定不变。（2）研究实际新财富的生产，而不研究现有财富的再分配（只要人们不想研究这种再分配），也就是研究价值的生产，而不研究以特定生产为基础已分配的价值的再分配。

其后，应当对格拉齐亚代伊的政治及学术生平进行研究。他关于智利硝酸盐的著作：他未能思考氮合成生产方法的可能性，这种生产方法业已打破智利的垄断。重读他对这种垄断的不容置疑的断言饶有兴味。出于他的政治立场，他在 1908—1909 年回答《跋涉者》的问卷。格拉齐亚代伊是更右倾的机会主义分子。论工团主义的小册子：格拉齐亚代伊先信奉英国工党原则，后成为党的清算者。他在战后的立场，显现为知识分子心理的奇怪现象，他在“理智上”确信政治改良主义愚昧至极，并因此脱离政治改良主义，甚至反对政治改良主义。然而，抽象智慧是一码事，实践与行动的智慧是另一码事。1922 年后，他在科学领域找到撤退的地方，并回到战前的立场。人们发问：为目前的论战批判某人的错误，在过去探寻其所犯的所有错误，这种做法合法吗？人难道不犯错误？甚至不是通过错误才形成目前科学家的品格吗？每人的传记难道不是大部分反对并超越过去的斗争吗？如果今天某人是无神论者，记起他曾经受过洗，直至在一定年龄时遵守礼拜规则合法吗？然而，格拉齐亚代伊的情况截然不同。他曾提防批判和超越自己的过去。在一定时期内，在经济学领域他曾保持沉默，或者鉴于农村资本集中速度，认为“目前实际”证明其理论有道理（根据分益耕种制比资本主义集中企业优越的理论，同样，

他说手工业比工业制度优越，他以罗马涅[1]甚至以伊莫拉[2]为基础得出此结论。他不了解在1901—1910年间债务人几乎消失，正如1911年人口普查的结果。他尤其不了解政治-保护主义因素决定波河河谷的形势：意大利资本匮乏，广泛应用于农业实属奇迹）。

在政治上，他摆脱困境，诡辩地断言他是“历史主义者”或“见机行事者”（如果刽子手统治的话，必须让他当刽子手的助手，这就是格拉齐亚代伊的历史主义），也就是说，他从未有过原则：在1895—1914年间“必须”是工党分子，战后必须是反工党分子，等等。请记住格拉齐亚代伊曾顽固坚持赞同“非生产性军费”，现在却吹嘘自己一贯反对“非生产性军费”，说它愚蠢至极和蛊惑人心：当他拥护政府行径时，看他是如何反对的。由此可见，必须指出他认为大批“意大利人”悲观失望、夸夸其谈，个个毫无性格、胆小如鼠、文明程度低下等，这全是些愚蠢的、平庸的失败主义观念，是反修辞的形式，却是不折不扣沉闷的修辞形式，是虚假狡诈的类型，是戴着愚蠢可笑面具的马基雅维利类型。千真万确，在意大利存在特别令人厌恶的小资产阶级阶层，但全意大利就只有此阶层吗？愚蠢的普遍化，此外，该现象也有历史根源，绝对不是意大利人的致命性质。格拉齐亚代伊的历史唯物主义类似于费里、尼切福罗、隆布罗索、塞尔吉的历史唯物主义，并且了解归于南方人（甚至卑鄙下流者）的“野蛮”生物学观念在意大利领导阶级政治中发挥什么历史作用。

（B7，1930—1931）

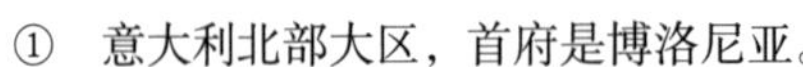

① 意大利北部大区，首府是博洛尼亚。

② 罗马涅大区的一座城市。

格拉齐亚代伊的极乐国

35 年后，格拉齐亚代伊在其著作《工会与工资》中终于想起提及对极乐国的评论，这篇评论是克罗齐在“目前对马克思主义价值理论的解释”一文（《历史唯物主义和马克思主义经济学》第 4 版，第 147 页）中献给他的。他说克罗齐对所举例证的分析“相当粗劣”。实际上，格拉齐亚代伊设想不靠剩余劳动、只靠不劳动就存在利润的社会，在格拉齐亚代伊的全部著述中非常典型，并且恰好让鲁达斯在《价格与超价格》的开头部分加以引述（我记不清鲁达斯是否把此本质价值归于他）。格拉齐亚代伊的全部思想基于这种乱七八糟的原则：机器和物质的组织（自为地）产生利润，即价值。在 1894 年（其刊于《社会批判》上的文章被克罗齐分析），他的假设是整体的（无须任何劳动创造全部利润）；现在，他的假设是部分的（不是全部利润都靠劳动产生），但“低劣性”（优雅的委婉语将最初假设称作“低劣”）仍然部分存在。整个思维方式是“低劣的”，他像个庸俗的讼棍，而不像个经济学家。恰恰由于格拉齐亚代伊，必须遵循经济学的基本原理、经济学的逻辑：格拉齐亚代伊是强词夺理和诡辩决疑法的小逻辑大师，但绝不是经济学的或任何其他思维科学的大逻辑大师。

格拉齐亚代伊的极乐国原理本身似乎源于引入海关保护政策，作为边际利润、边际工资的“创造”因素。其实，业已证明（查阅反保护主义文献）该政策没有产生任何“价值”，也未做到不让一位工人劳动（只有女打字员们在劳动，她们书写不存在的股票证书）就能获取丰裕利润并能分配高额红利（例如，参阅埃诺迪和吉雷蒂的“连锁股份有限公司”，刊于 1931 年 1—2 月的《社

会改革》上）。有待考察经济科学是否应当关注此种“经济”活动（即使是克罗齐所说的“经济”活动，正如土匪行径、卡莫拉[①]等），或许刑法机关应当关注。

记起格拉齐亚代伊和内格罗在《社会批判》上展开的论战（我觉得，是在1900年以前），在论战中内格罗指出格拉齐亚代伊业已认为企业家对他们活动的公开肯定是“正确的”，并能作为科学思辨的基础。

（B7，1930—1931）

在帕皮尼[②]的《歌革》[③]中考察（对福特的采访，第24页）归于福特的话：“在没有任何工人的情况下，制造数量日益增多的成本极低的物品。”

（B7，1930—1931）

〔关于批判经济学纲要〕

有待思考这一点：现代怎样能够并应当编辑批判经济学纲要，让它再现过去及以往世代由卡菲耶罗、德维尔、考茨基、阿维林、法别蒂所代表的纲要类型，它要比博尔夏特的纲要更现代，

① 那不勒斯地区的黑社会组织。

② 帕皮尼（1881—1956），意大利作家。

③ 《歌革》（*Gog*）是帕皮尼1931年的作品。歌革，指《圣经》里，由撒旦统治的一股敌对势力，世界末日一到，他们即将显现。

此类型和学院派传播的经济学文献截然不同，此种文献在西方语言中由拉比杜斯及奥斯特罗维蒂阿诺夫的《政治经济学原理》代表，但在原初语言中它应当由不同类型、不同篇幅的纲要代表，这要根据不同的读者对象而定。我们有待观察：（1）鉴于批判经济学不同作品的评论版业已出版，重写其纲要的问题必须科学地解决。（2）博尔夏特的纲要，由于不仅仅根据《政治经济学批判》[①]第2卷，而是根据全部3卷撰写的，显然超过德维尔、考茨基等人的纲要（目前，姑且不提不同论著的内在价值）。（3）现代纲要的类型应当比博尔夏特的纲要更丰富、更广泛，因为应当理解同一作者[②]的全部经济学论著，并且应当作为批判经济学整个学说体系的概论和陈述，而不仅仅作为某些作品（即使是基本作品）的简述。（4）叙述方法不应当由特定文献来源确定，而应根据现实的批判及文化的需要确定，人们想要科学地、有机地解决现实问题。（5）因此，无疑要避免缺乏独立精神的、材料性的简述，全部材料应当根据“教学上”利于学习及深化的模式，以“原创”方式，系统地、更好地重新组织——融为一体。（6）所有例证和具体事实应当适应时代，而重提原始文本中的例证及具体事实，仅限于纲要所写国家的经济史及司法的范围，而不提供不同历史过程、不同发展中相同的东西或不显著、不生动的东西。（7）叙述应当是批判性的

---

① 指《资本论》。葛兰西在《狱中札记》中所说的《政治经济学批判》多指《资本论》。因《资本论》副标题为“政治经济学批判”，马克思说“这部著作是我1859年发表的《政治经济学批判》的续篇”。《资本论》于1867—1894年分三卷陆续出版。《政治经济学批判》是马克思的第一部政治经济学专著，全书分为“序言”“商品”“货币或简单流通”三部分。

② 指马克思。

和论战性的，含义应当是回答（即使是不言明地或含蓄地）在特定国家由广为流传的经济学文化及官方顶尖经济学家提出的经济问题。从这一观点看，拉比杜斯和奥斯特罗维蒂阿诺夫的手册[①]是“教条主义的”，介绍其论断及发展，似乎未被任何人“否定”并彻底摒弃，仿佛在陈述一门科学，从它为成功并获胜开展斗争及论战的时期，就已进入其有机扩张的经典时期。显然，与此相反，这根本不是事实。纲要恰恰应当具有强烈论战性和极强战斗力，千万不要不做回答（在自己自主提出问题时，不言明地或含蓄地回答更好）就放过所有本质问题，以便把庸俗经济学从其所有隐蔽处和防御工事中驱逐出来，让它在青年一代学者面前名声扫地。（8）经济科学纲要不能同经济学说史教程分离。所谓《政治经济学批判》第 4 卷恰恰是经济学说史，并恰恰以此书名译成法文。批判经济学的全部思想都是历史主义的（这并不是说批判经济学应同所谓经济学历史学派混为一谈），并且其理论著述不能同经济科学史分离，经济科学史的核心除在所谓第 4 卷中，至少部分由分散地包含在独创性著作家的全部作品中的论述构成。（9）这样，不能不根据第 1 卷第 2 版[②]的序言要点，撰写一篇总导言（即使短小），以概述实践哲学及更重要、本质的方法论原则，要从其全部经济学作品中发掘它们，有的在理论著述中系统、完整，有的在介绍具体实例时分散提及。

（B10，1932—1935）

① 指《政治经济学原理》。

② 指马克思的《资本论》。

六、附录：书目及其他零散札记

哲学研究导言

这方面有待考察焦贝蒂的一本著作，其书名恰恰是《哲学研究导言》（第2版，由作者修订，布鲁塞尔，1844年，共4卷，8开本）。该书不是在技术上对学习哲学进行教学“引导”，而是百科全书式的工作，主张对文化界进行“革命”，细致入微地论述所有关于民族“文化”、民族世界观的论题。恰恰应当从这一观点研究焦贝蒂的作品。鉴于时代和历史环境，鉴于焦贝蒂的个性，人们的哲学活动不能封闭在职业知识分子模式内，哲学家和思想家不能脱离政治家和政党活动家。在这方面，焦贝蒂的历史个性可以说接近马志尼，但二者代表的不同目标及不同社会力量造成差异，恰恰是社会力量决定目标。我觉得，可以在费希特及其《对德意志民族的讲演》中找到原型。

（B10，1932—1935）

在泰尔图利亚诺那里（《论灵魂》），人们可以发现“自然是合理的”或“合理的是自然的”论断，这可能同黑格尔的“现实的都是合理的”断言有联系。泰尔图利亚诺的命题被焦贝蒂转抄并评论（《论意大利文明革新》第二部分，门齐奥改写，瓦莱基出版社再版，第227页）。

有待思考焦贝蒂曾求助于泰尔图利亚诺，以不用求助于黑格尔，因此恰恰必须考察泰尔图利亚诺确实想说什么，焦贝蒂是否未把黑格尔的含义强加给泰尔图利亚诺，以便他需要一个不可或缺的概念又不求助于黑格尔。

（B17，1933—1935）

吕西安·赫尔

在科伊雷的“关于法国黑格尔研究状况的报告”中顺便提及吕西安·赫尔。科伊雷说吕西安·赫尔将其生命中的25年投入黑格尔思想研究，现在离世了，却未能写出一部可与德尔博斯及莱昂比肩的著作，只留下一篇这方面的研究论文，刊于《大百科全书》的黑格尔条目，因其观点的明晰和透彻而引人注目。安德莱尔在1931年10月15日及其后的《欧罗巴》上发表“赫尔的道路”一文。安德莱尔写道：“40多年来，在所有法国科学工作中都有吕西安·赫尔的身影，他的行动对于法国社会主义的形成是决定性的”。

（B11，1932—1933）

吕西安·赫尔的著作——《著作的艰难》两卷本于1932年出版（巴黎），其中收录1890年为《大百科全书》撰写的黑格尔条目，以及吕西安·赫尔等到1893年才从事研究的论文片段。一个动因（在1933年1月的《批判》上克罗齐曾提及）可以成为恩格斯关于从必然王国向自由王国转化的思想基础，也是没有斗争及辩证对立的未来假说的基础，包含在那个片段内，吕西安·赫尔解释说（根据克罗齐的说法）“通过什么思想过程，那位德国哲学家[①]最终认为政治国家（和宗教一样）终结其进程，在其领域触及绝对性（正如通过基督教触及宗教），因此再没有革命和趋向革命的空间。人们进入沉思生活、哲学的时代：人们通过‘超世界’超越世界。在极端历史主义者黑格尔那里确实存在这种反历史的论断。”在索列尔致拉加德莱的信件（刊于1933年的《法西斯教育》上）中，提及吕西安·赫尔在法国民众运动中的作用。

（B15，1933）

亚历山德罗·莱维

有待研究其哲学及历史著作。正如蒙多尔福，亚历山德罗·莱维的思想渊源是实证主义（阿尔迪戈的帕多瓦学派）。作为亚历山德罗·莱维思维方式的识别标志，他关于朱塞佩·费拉里的研究论文中的一段饶有兴味（《新历史杂志》，1931年，第387页）：“不，我觉得，在我们的朱塞佩·费拉里那里没有某种‘确定的’历史唯物主义，甚至没有某种‘不确定的’历史唯物主义。相反，我觉得，他在说胡话，朱塞佩·费拉里的历史观及其所谓历史哲学和历史唯物主义有着天壤之别。正确理解历史唯物主

① 指黑格尔。

义，不是作为纯粹经济主义（说真话，即使纯粹经济主义，朱塞佩·费拉里的含糊痕迹比卡塔内奥的具体历史中都多），而是作为实在辩证法，它理解历史，用行动超越历史，并不让历史和哲学分离，从而让人们站立起来，让人们成为历史的自觉创造者，而不再是受命运摆布的玩偶，由于他们的原则，即他们的理想，从社会斗争中迸发出的火花，恰恰就是实践的动力。由于他们的行动，扭转了乾坤。朱塞佩·费拉里对黑格尔逻辑学的认识很肤浅，他是唯心辩证法的特别轻率的评论者，他旨在能用历史唯物主义的实在辩证法超越唯心辩证法。”

（B11，1932—1933）

安东尼奥·洛维基奥，《实践哲学和精神哲学》

（1928年，共112页。）从刊于《书写的意大利》上（1928年6月）由塔罗齐撰写的书评，可以得到如下启示：该书包含两部分，一部分实践哲学，另一部分论克罗齐思想，由于克罗齐对实践哲学的批判的贡献将二者联系起来。结论部分的题目是“马克思与克罗齐”。讨论的论题涉及实践哲学，尤其是拉布里奥拉、克罗齐、金蒂莱、蒙多尔福、巴拉托诺、波吉的实践哲学。他是一位克罗齐主义者（评论似乎很不到位）。塔罗齐写道，该书是草稿，充满形式上的严重缺陷（安东尼奥·洛维基奥是帕尔米[1]的一位医生）。

（B11，1932—1933）

① 帕尔米是意大利南部卡拉布里亚大区的一个市镇。

乔瓦尼·金蒂莱

关于金蒂莱的哲学，应当参阅《天主教文明》上的文章（“无知者的文化与哲学”，1930年8月16日），该文饶有兴味，用于发现经院哲学的形式逻辑如何能够批判行动唯心主义的庸俗诡辩论，后种唯心主义奢望优化辩证法。事实上，为什么“形式”辩证法应当高于“形式”逻辑？问题只涉及逻辑工具，一种优质老式工具胜过劣质现代工具，一艘好帆船胜过一艘坏内燃机船。无论如何，阅读新经院哲学家的文章对金蒂莱思想的批判饶有兴味（基奥凯蒂神父的著作等）。

可以说金蒂莱及其追随者沃尔皮切利、乌戈·斯皮里托等（有待考察《意大利哲学评论报》的合作者集团）业已形成“17世纪的”文学风格，由于他们在哲学中用妙语和成语代替了思想。然而，将此集团和在《神圣家族》中被讽刺的鲍威尔集团进行比较，最恰当不过，并且前者在文学上的发挥更恰当、更多彩（《新研究》为发展提供诸多多样性启示）。

（B11，1932—1933）

对金蒂莱“行动唯心主义”的判断

1930年11月23日的《文学意大利》上刊登了一篇布鲁诺·雷韦尔在第七届哲学大会上发表的文章：“行动唯心主义再次把历史介绍为证实的最高需求。同时注意到：这种历史自身充满所有普遍和积极的价值，它们以前惯于在本质和规范的超验王国里孤立存在。因此，这种内在论唯心主义在时间流逝中利用这些睿智的孤立及绝对化的价值（它们绝对地有效，只因为它们作为超验、纯粹的价值被肯定）来布道和讲授道德，却对其不可救药的相对主义和怀疑主义一无所知。由于社会进化（其特征是围绕工厂的组织扩大）倾向于铁一般的合理集中化、组织得很好，从而，行动唯心主义根据其国家理论，只把绝对荣耀、形而上学尊严给予这种进化。它认为这样就将一种绝对伦理性赋予现代国家偶发的工业必然性。”该文晦涩难懂并粗制滥造，其中看不到历史唯物主义的影响。

（B7，1930—1931）

朱塞佩·伦西

考察他的政治-思想的整体发展。他曾是《社会批判》的合作者（1898 年后也曾流亡到瑞士）。他目前的道德主义及伤感的态度（参见几年前他在《新历史杂志》上发表的文章）有待同其 1921—1923 年的文学及新闻作品进行比较，在这些作品中，他为恢复奴隶制辩解，还对马基雅维利做了玩世不恭的愚蠢解释。1926 年在米兰召开的哲学家大会后，他和金蒂莱在《意大利人民报》上展开论战：他大概在克罗齐起草的所谓知识分子宣言[1]上签名。

（B11，1932—1933）

① 指 1925 年 5 月 1 日在《世界报》及其他大报上发表的《意大利反法西斯知识分子宣言》，该宣言是克罗齐应反对派领袖阿门多拉之邀起草，以反击由金蒂莱起草、墨索里尼定稿的《意大利法西斯知识分子宣言》。

意识形态，心理主义，实证主义

在 19 世纪文化思潮中研究这种转化：感觉论 + 环境导致心理主义，环境学说由实证主义提供。在文学中的布兰代斯[①]、泰纳等。

（B5，1930—1932）

亚历山德罗·基亚佩利

（1931 年 11 月离世。）大约在 1890—1900 年这十年的中期，当安东尼奥·拉布里奥拉和克罗齐的论文问世时，亚历山德罗·基亚佩利撰写了论实践哲学的著作。他大概写过《社会主义的哲学前提》的专著或论文；有待查阅书目。

（B11，1932—1933）

〔《试金者》〕

下面是 1933 年 5 月 1 日的《法西斯评论》上刊登的对《试金者》观点的概述："我们在……绝对客观主义领域。唯一真理标准是试验，思想内在性存在于实际已知东西中。（1）思想与实在之间的唯一中介是科学。（2）人们实际想要的只是在其历史生活中能做的和正做的，其历史生活是由发展提出的具体任务所确定的受环境制约的联合生活。（3）国家是对这种历史中实现的人类活动的控制和计量。国家在绝望个人的飘忽不定的幻想和历史认可

① 布兰代斯（1842—1927），丹麦文学批评家、学者。

的有效立场之间实际地加以区分，国家将后者统一起来，并让其在集体创造中持续存在。”〔（1）或许在于实际地生活过，也就是说在于理论与实践的统一？（2）但科学不也是思想吗？不是科学，而是技术，技术是科学与实在之间的唯一中介。（3）但国家意味着什么？只是国家机器或整个组织起的市民社会？或许是政府权力和市民社会的辩证统一？〕

《试金者》集团的观点饶有兴味，由于表明不能容忍咬文嚼字的哲学体系，但它本身却是某种不确定、无条件的东西。然而，却是现代文化充满实践哲学实在论概念的文件。有待指出当代（参见《法西斯评论》上的同一篇文章）所谓“探寻上帝”如何兴盛不衰：“金蒂莱在其近作中用行动主义的论题提供上帝存在的证据”（有待考察金蒂莱想要说什么，他是否在玩弄辞藻）；“卡利尼教授在《生活与思想》上同奥尔加蒂阁下，就新经院哲学、唯心主义和唯灵论，换言之，关于上帝问题，展开长期论战（现在论战已经汇编成册）”。在1933年3月的《列奥纳多》上，卡利尼教授对一系列论“上帝问题”的著作进行评论，尤其对那些法文著作。

（B15，1933）

〔天主教的世界观〕

参阅利佩尔特的《天主教的世界观》（佩泰诺利译，本迪肖利作序，布雷西亚，1931年，共190页）。阅读该书，既要阅读利佩尔特的正文，因为他是德国耶稣会士最著名的作家之一，也要阅读本迪肖利的序言。该书已纳入由德里施和申格尼茨主编的《形而上学与世界观》丛书。利佩尔特作为德国耶稣会士，关注满足现代主义基础的需求，却未陷入背离正统的危险之中，而那些背离恰恰是现代主义的特征，因为这样提出天主教问题没有任何内在论痕迹。利佩尔特和德国耶稣会士凭借亚里士多德-托马斯主义哲学的形而上学及逻辑的帮助，没有远离教会的系统教条，也没有对这种帮助做出新解释，而是为现代人用现代哲学术语进行翻译，“给永恒实在披上百变形式的外衣”——利佩尔特字斟句酌地说。

（B10，1932—1935）

〔托马斯主义，唯物主义，黑格尔主义〕

（1）天主教徒（耶稣会士）把存在于“普遍认同”的东西称作证明可能存在上帝的“最低证据”。1933 年 9 月 2 日的《天主教文明》在评论德斯科奎斯神父的作品（《自然神学教程》第 1 卷，《论可认识的上帝》，巴黎，1933 年，部分用拉丁文、部分用法文撰写，并且可以视为关于上帝存在的所有看法的书目）时写道：“事实，即‘信仰’上帝的道德普遍性，在人种学及宗教史的最可信研究指导下，业已严格地、科学地确定。由于让人们接触此问题的重要性及普遍性，这种确证在自然神学初期具有很高的价值。然而，德斯科奎斯神父不认为，仅凭这种确证本身就能提供上帝存在无可置疑的严格证据；虽然由这种确证推导出的证据具有极强说服力，即使通过其他途径已证明上帝存在之后，它仍然是一种神奇的确证。”

（2）约德尔的《唯心主义批判》（朱塞佩·伦西翻译并注释，

罗马，图书之家出版社 1932 年版，共 274 页）。1933 年 9 月 2 日的《天主教文明》上刊登的简短评论饶有兴味，因为表明圣托马斯的哲学如何能够同庸俗唯物主义结盟。约德尔从机械主义及自然主义观点（外部世界的实在性问题）批判唯心主义，这种批判令耶稣会士十分高兴，只要不从中推演出无神论的结论："为何像约德尔和朱塞佩·伦西这样睿智的头脑，不能在基督教哲学中，尤其在圣托马斯[①]的哲学中，感知为维护物质世界实在性所必需的体系，又没有贬低精神的需求及首要性？当约德尔归根结底把世界解释成规律及偶然的作用时，没有发现已陷入空洞的词句？当他确信悖论——唯心主义者的目标是支持教会神学（想到克罗齐，想到布伦斯维克及其他众人！），最终提出他的理想'地上的天堂'，却没有发现放在该书结尾处的这句格言不是只能意味着取消任何天堂？"《天主教文明》正确地批判约德尔"将唯心主义和柏拉图主义等量齐观"，"似乎从康德到金蒂莱，超验理念并非唯心主义者用来吓鸟的稻草人"。约德尔的这本书（正如朱塞佩·伦西的著作）可能饶有兴味，表明目前阶段"庸俗唯物主义"不能消灭任何形式的唯心主义，因为它不能懂得唯心主义只是尝试将哲学历史化的草稿。卡利尼和奥尔加蒂的论战——《新经院哲学、唯心主义和唯灵论》（米兰，生活与思想出版社 1933 年版，共 180 页）及德·鲁杰罗刊于 1933 年 3 月《国民教育》（隆巴尔多·拉迪切主编）上的文章，不能用来证明唯心主义支持教权主义，但个别唯心主义者在其哲学中没有找到思想及

① 即托马斯·阿奎那。

生活信仰的巩固阵地（关于这一论战，还可参见同一期《天主教文明》上的文章“探寻信仰”及以后各期《天主教文明》发表的文章）。

（3）从焦贝蒂的《论意大利文明革新》第二部分第十一章摘抄哲学史的一个段落：“人道主义同以前的哲学学说相结合，并且成为笛卡尔心理主义的最终表述，人道主义在法国和德国走着不同道路，却实现相同结果。因为人道主义被洛克和康德改造成经验的和思辨的感觉论，凭借逻辑的力量缓慢产生后期孔狄亚克主义者的物质无神论和新黑格尔主义者的精致无神论。费希特业已从批判学派的原则出发，将上帝和人合二为一，正如其后谢林将上帝和自然混为一谈；黑格尔接受他们的笔风，并交织在一起，把人的精神视为绝对的顶峰；人的精神从理念抽象点出发进入自然具体，再越过精神那点，在自身获得自我意识并变成上帝。新黑格尔主义者接受了该结论，抛弃泛神论绝对的不成立假设和前提的虚幻结构；从而，他们没有和大师一起断言精神是上帝，而讲授上帝概念是对精神的空洞想象和虚幻幽灵。”焦贝蒂的评论饶有兴味：德国古典哲学和法国唯物主义应用不同语言表述相同内容，云云。焦贝蒂的这一评论接近《神圣家族》中的论述，在那本著作中论述了法国唯物主义（请记住：在《神圣家族》中，“人道主义”的含义和焦贝蒂的相同——非超验，其哲学的作者想要称作“新人道主义”）。

（B17，1933—1935）

〔**南方知识分子传统**〕

根据论文的广度，对南方知识分子传统（尤其是政治的及哲学的思想）进行概述或许必要，要同意大利其他地区，尤其要同托斯卡纳地区形成鲜明对照，正如直至克罗齐（及朱斯蒂诺·福尔图纳托）这代人所认为的那样。鲁索关于德·桑克蒂斯和那不勒斯大学的著作或许受益匪浅，还可用来考察因德·桑克蒂斯南方传统达到理论–实践的发展程度。与这种程度相比，克罗齐的立场代表落后，而金蒂莱比克罗齐更多地投入实践活动。由于其他原因，不能认为金蒂莱继续了德·桑克蒂斯的活动。关于托斯卡纳和南方之间的文化对立，可记住索菲奇（出于好奇心）的讽刺诗《百叶菜》（我认为刊于《博尔多报》）。索菲奇大致写道，托斯卡纳的百叶菜不似那不勒斯的那样惹眼和诱人，而是粗糙、质硬、多刺、多毛。然而，当你们剥去托斯卡纳百叶菜外皮，再把外层不可食用的木质叶扔掉后，美味部分越来越多，最后发现中间的核心肉质鲜美、耐人寻味。当你们拿起那不勒斯百叶菜，外层叶子就可食用，但缺汁乏味，你们继续剥叶味道依旧，在中心只是乏味的草质空洞。这就是托斯卡纳人的实验及科学的文化和那不勒斯人的思辨文化的对比。今天托斯卡纳在民族文化中未起特殊作用，却傲慢地沉浸于对过去的回忆。

（B10，1932—1935）

〔**《看门狗》**〕

有待阅读保罗·尼赞的《看门狗》（巴黎，1932 年）；这是反对现代哲学的论战，似乎支持实践哲学。关于这本书，可参见在1933年2月1日的《法西斯评论》上刊发的格拉纳达和纳斯蒂的两篇文章。由于格拉纳达写过，实践哲学恰恰“偏离唯心主义体系并显然比其他哲学都抽象”，纳斯蒂注重让人知道“如果格拉纳达使用‘唯心主义体系’想暗指从黑格尔到金蒂莱的唯心主义哲学，他在重复断言：在当代某些人出于天真目的要洗刷该哲学的恶名”，云云；“马克思认为他从黑格尔开始，这有很大可能；但我们应当承认他除把纯粹形式的、逻辑的机械主义作为有益或合适的工具应用于其存在（非存在）、生成辩证法观念外，仍是唯心主义哲学的演变或与它有本质联系，我们觉得这是一个毫无根据的大错”。

（B10，1932—1935）

索列尔致克罗齐的信

在索列尔致克罗齐的信札中可以把握“洛里亚的”或“洛里亚主义的”因素。例如，阿尔图罗·拉布里奥拉[①]在毕业论文中写道，人们是否认为马克思的《资本论》是根据法国的经济经验而非根据德国的经济经验撰写的。

（B1，1929—1930）

---

① 阿尔图罗·拉布里奥拉（1873—1959），意大利政治家和经济学家，是意大利的革命工团主义的主要代表。代表作为《卡尔·马克思的价值理论》（*La teoria del valore di Karl Marx*）。

〔常识〕

参见卡拉梅拉的《常识、理论与实践》（巴里，拉泰尔扎出版社 1933 年版，共 176 页）。该书包括三篇论文：（1）“常识”批判；（2）理论与实践的关系；（3）意大利哲学史中的世界性与民族性。

（B15，1933）

〔数目〕

参阅马里兰大学数学教授丹特齐格的著作《数目》（巴黎，1931 年或 1932 年），该书叙述数、方法连续形成、概念及数学研究的历史。

（B11，1932—1933）

经济学

格罗斯曼的著作《资本主义体制的积累和破产》（莱比锡，1931 年，共 628 页）。1931 年 3 月的《经济学》上刊登了一篇萨莫格伊撰写的该书评论。这篇评论平淡无味，或许不应总相信他的概述（萨莫格伊毫无差别地使用“有倾向性的”“倾向于”“崩溃”来指示灾难，并且引入只让阿里亚斯欣然接受的伪理论论断，等等），然而从中可以获得某些启示（谨防对格罗斯曼文本的未来修正）。

（B7，1930—1931）

哲学–意识形态，科学–学说

参见皮罗乌的《社会学说与经济科学》（各章如下：经济科学与社会主义，科学与经济学说，合作主义的新面貌，法国经济科学的现状，价值基础与交换规律，潘塔莱奥尼与经济理论）。作者把用以解释经济事实的理论（经济科学）同用以改变经济事实的理论（经济科学）区分开，把用以改变经济事实的理论（经济科学）同用以改变经济与社会事实的理论（他称作“社会学说”）区分开。其后他研究人们想要在社会学说与经济科学之间建立的关系，尤其一次次地考察被自由主义和马克思主义自诩的进军——同科学和谐一致，相反并非如此。“在我们看来，真相是科学和学说在不同层面上运行，在未来，学说也不是进化曲线的简单延长，或是科学教诲的强制推论。”当与索列尔联系起来时，作者写道：“学说不应当作为以公式表现的真理被研究，而应当作为付诸行动的力量被研究。”从一个书目提要中，（刊于 1930 年 3 月 31 日的《政治经济学》上）我摘录了以上内容。德·彼得里–托内利从此提要上溯到其政治经济学教程，并在此教程中做了同样的区分，还有区分出“付诸行动的力量”，这种区分和他的冲动理论相一致。

科学与生活之间关系的问题。马克思主义不是纯粹的社会学说，根据皮罗乌的区分，由于甚至“提出奢望”解释“科学”，也就比“科学”还科学。哲学–意识形态 = 科学–学说的问题中，还包含政治或实践环节的“原初性”或“不可约性”问题。意识形态 = 具有强化教育特征的科学假说，这种假说受到历史实际发展的确证和批判，也就是让其变成体系化的科学（真实假说）。

（B4，1930—1932）

安东尼奥·拉布里奥拉和黑格尔主义

有待研究拉布里奥拉如何从赫尔巴特[①]及反黑格尔的立场出发，过渡到历史唯物主义。总之，研究在安东尼奥·拉布里奥拉那里的辩证法。

（B8，1931—1932）

① 赫尔巴特（1776—1841），德国哲学家、心理学家、教育家。

人名对照表

Adler, Alfred　阿德勒
Adler, Max　马克斯·阿德勒
Agnelli, Giovanni　阿涅利
Alberti, Leon Battista　阿尔贝蒂
Alessandro, Magno　亚历山大大帝
Amedeo Ferdinando di Savoia, Aosta　阿马代奥·迪·萨沃伊
Anassagora　阿那克萨戈拉
Andler, Charles　安德莱尔
Angeli, Diego　安杰利
Anzilotti, Antonio　安齐洛蒂
Ardigò, Roberto　罗伯托·阿尔迪戈
Arias, Gino　阿里亚斯
Aristotele　亚里士多德
Aveling, Edward　阿维林

Baggesen, Jens　巴格森
Baratono, Adelchi　阿代尔基·巴拉托诺
Barbagallo, Corrado　巴尔巴加洛
Barbaro, Umberto　巴尔巴罗
Barbera, Mario　马里奥·巴尔贝拉
Barras, Maurice　巴雷斯
Bauer, Bruno　布鲁诺·鲍威尔
Bauer, Edgar　埃德加·鲍威尔
Bauer, Otto　奥托·鲍尔

Benda, Julien　本达
Bendiscioli, Mario　本迪肖利
Benini, Rodolfo　鲁道夫·贝尼尼
Bergson, Henri　柏格森
Berkeley, George　贝克莱
Bernheim, Ernest　伯恩海姆
Bernstein, Eduard　伯恩施坦
Bertoni, Giulio　贝尔托尼
Bismarck, Otto von　俾斯麦
Bissolati, Leonida　比索拉蒂
Boffto, Giuseppe　博菲托
Bohm-Bawerk, Eugen　柏姆-巴维克
Bonaparte, Carlotta　卡洛塔·波拿巴
Bonaparte, Giuseppe　约瑟夫·波拿巴
Bonaparte, Napoleone Luigi　路易·波拿巴
Bonomi, Ivanoe　博诺米
Bontempelli, Massimo　邦滕佩利
Borchardt, Julian　博尔夏特
Bordiga, Amadeo　阿马德奥·波尔迪加
Borgese, Giuseppe Antonio　博尔盖塞
Botero, Giovanni　博特罗
Bottai, Giuseppe　博塔伊
Bourget, Paul　布尔热
Brandes, Georg　布兰代斯

Eddington, Arthur　爱丁顿
Einaudi, Luigi　路易吉·埃诺迪
Einstein, Albert　爱因斯坦
Ekehorn, Gosta　戈斯塔·埃凯霍恩
Engels, Friedrich　恩格斯
Erasmo da Rotterdam　伊拉斯谟
Ercole, Francesao　埃尔科莱

Fabietti, Ettore　法别蒂
Fanelli, Giuseppe Antonio　法内利
Feiler, Arthur　费伊莱尔
Ferrabino, Aldo　费拉比诺
Ferrari, Giuseppe　朱塞佩·费拉里
Ferrari, G. C.　费拉里
Ferrero, Guglielmo　列尔莫·费雷罗
Ferri, Enrico　费里
Feuerbach, Ludvtig　费尔巴哈
Fichte, Johann Gottlieb　费希特
Flora, Francesco　弗洛拉
Ford, Henry　福特
Fortunato, Giustino　朱斯蒂诺·福尔图纳托
Francesco, di Assisi　方济各
Francesco Ⅱ　弗朗切斯科二世
Freud, Sigmund　弗洛伊德
Fulop-Miller, Rene　富洛帕–米勒
Fustel de Coulanges, Numa-Denis　德·库朗日

Galilei, Galileo　伽利略
Gemelli, Agostino　杰梅利
Gentile, Giovanni　金蒂莱
Gide, Charks　纪德
Gioberti, Vincenzo　焦贝蒂
Giolitti, Giovanni　焦利蒂
Giordani, Pietro　焦尔达尼
Giretti, Edoardo　吉雷蒂
Giulietti, Giuseppe　朱列蒂
Giusti, Giuseppe　朱斯蒂
Gobetti, Piero　戈贝蒂
Goethe, Wolfgang　歌德
Gouhier, Henri　亨利·古耶
Govi, Mario　马里奥·戈维
Granata, Giorgio　格拉纳达
Graziadei, Antoni　格拉齐亚代伊
Groethuysen, Bernard　格罗杜森
Grossmann, Henryk　格罗斯曼
Gualino, Riccardo　瓜利诺
Guicciardini, Francesco　圭恰迪尼
Guizot, Francois　基佐

Halevy, Daniel　阿莱维
Hauser, Henri　奥塞尔
Hegel, Georg　黑格尔
Heine, Heiinrich　海涅
Helvetius, Claude-Adrien　爱尔维修
Herbart, J. F. 赫尔巴特
Herr, Lucien　吕西安·赫尔

James, William　詹姆斯
Jannaccone, Pasquale　扬纳科内
Jaures, Jean　饶勒斯
Jemolo, Arturo Carlo　耶莫洛
Jodl, Friedrich　约德尔

Kant, Immanuel　伊曼努尔·康德
Kautsky, Karl　考茨基
Korff, Hermann August　科尔夫
Koyre, Alexandre　科伊雷

Labanca, Baldassarre　拉班卡
Labriola, Antonio　安东尼奥·拉布里奥拉
Labriola, Arturo　阿尔图罗·拉布里奥拉
Lagardelle, Hubert　拉加德莱

蒂阿诺夫

Pantaleoni, Maffeo　潘塔莱奥尼
Paolo, di Tarso　保罗
Papini, Giovanni　帕皮尼
Pareto, Vilfredo　帕累托
Pascarella, Cesare　帕斯卡雷拉
Pavolini, Corrado　帕沃利尼
Pellizzi, Camillo　佩利齐
Peternolli, Ernesto　佩泰诺利
Petty, William　配第
Philip, Andre　菲利普
Pio X　庇护十世
Pirenne, Henri　皮雷纳
Pirou, Gaetan　皮罗乌
Platone　柏拉图
Plechanov, Georgij Valentinovic　普列汉诺夫
Poggi, Alfredo　阿尔弗雷多・波吉
Polidori　波利多里
Prampolini, Camillo　普兰波利尼
Prato, Giuseppe　普拉托
Presutti, Enrico　普雷苏蒂
Prezzolini, Giuseppe　普雷佐利尼
Proudhon, Pierre-Joseph　蒲鲁东

Quinet, Edgar　奎内特

Racca, Vittorio　拉卡
Radek, Karl Berngardovic（Karl Sobelsohn）拉狄克
Raimondo, Orazio　拉伊蒙多
Rava, Adolfo　拉瓦
Reinach, Joseph　雷纳克
Reinhold, Karl Leonhard　莱因霍德
Renan, Joscph-Ernest　勒南
Rensi, Giuseppe　朱塞佩・伦西
Revel, Bruno　布鲁诺・雷韦尔
Ricardo, David　大卫・李嘉图
Richter, Julius　里希特
Rigola, Rinaldo　里戈拉
Rist, Gharles　里斯特
Riviere, Jacques　利维耶雷
Robbins, Lionel　罗宾斯
Robespierre, Maximilien　马克西米连・罗伯斯比尔
Rocco, Alfredo　罗科
Rodin, Auguste　罗丹
Romagnosi, Gian Domenico　罗马尼奥西
Rops, Daniel　达尼埃尔・罗普斯
Rosmini-Serbati, Antonio　罗斯米尼
Rudas, L.　鲁达斯

Russell, Bertrand　罗素
Russo, Luigi　鲁索
Rutherford, Ernest　卢瑟福

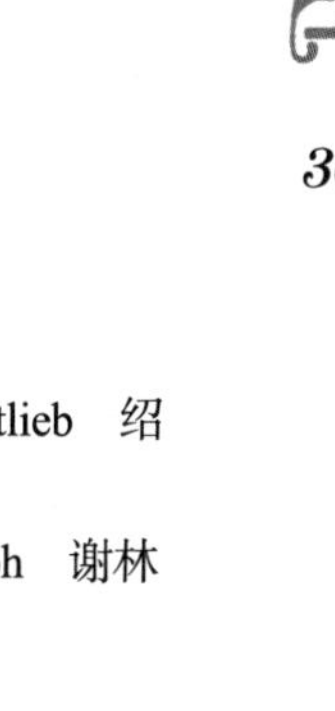

Salandra, Antonio　萨兰德拉
Salter, Arthur　萨尔泰尔
Samogyi, Stefano　萨莫格伊
San Gennaro　圣杰纳罗
Schaumann, Johann Christian Gottlieb　绍尔曼
Schelling, Friedrich Wilhelm Joseph　谢林
Schiavi, Alessandro　斯基亚维
Schignitz, Werner　申格尼茨
Schlegel, Friedrich von　施莱格尔
Schmidt, Heinrich　施密特
Schopenhauer, Arthur　叔本华
See, Henri　塞，亨利
Seligman, Edwin Robert Anderson　塞利格曼
Sergi, Giuseppe　塞尔吉
Serrati, Giacinto Menotti　塞拉蒂
Shaftesbury, Anthony Ashley Cooper　沙

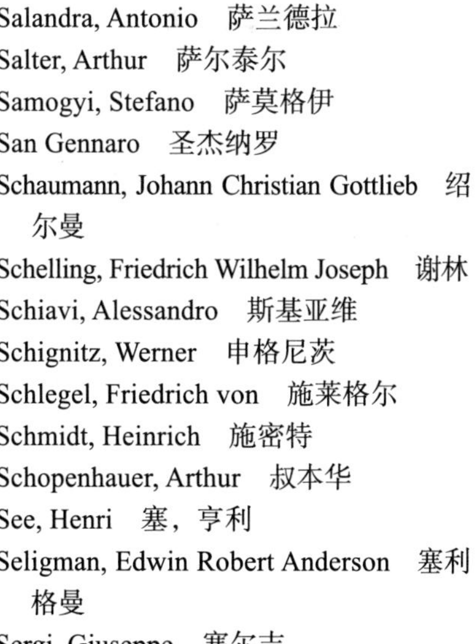

译 后 记

早在1994年，我在中国驻意大利使馆任职时，葛兰西研究所所长朱塞佩·瓦卡（Giuseppe Vacca）教授就将《狱中札记》专题六卷本中文版版权授予我。

2007年10月，我在葛兰西研究所出席《狱中书简》中译本发布会，葛兰西基金会主席朱塞佩·瓦卡教授问我："你准备何时翻译《狱中札记》呢？"我回答："既然意大利要出《狱中札记》国家版，那么耐心等待2012年出齐后再说。"然而，直至2015年，国家版《狱中札记》仍未问世，为了适应国内学术界的紧迫需要，我决定改变计划，根据1979年联合出版社专题六卷本移译《狱中札记》。

第一卷译稿于2017年8月完成，其中一部分《对〈社会学通俗教材〉尝试的批注》刊发在《世界哲学》2016年第3期。

好事多磨。其后，多家出版社有兴趣出版《狱中札记》中译本；但因种种原因（人事变动、编辑力量不足等原因）均半途而废。

我要感谢商务印书馆的大力支持，在国际共产主义运动处于低潮、图书市场又不景气的当下，出版马克思主义理论译著需要勇气、胸怀和社会责任感。

我还要感谢南开大学马克思主义学院罗科·拉科尔特（Rocco Lacorte）教授，在校改《狱中札记》译文过程中，是他耐心细致地为我解惑答疑。

田时纲

2023年4月15日

图书在版编目(CIP)数据

狱中札记.第1卷,历史唯物主义和克罗齐哲学/(意)安东尼奥·葛兰西著;田时纲译.—北京:商务印书馆,2024
(汉译世界学术名著丛书:120年纪念版:珍藏本:增订本)
ISBN 978-7-100-23744-4

Ⅰ.①狱… Ⅱ.①安…②田… Ⅲ.①葛兰西(Gramsci,Antonio 1891-1937)—哲学思想 Ⅳ.①B546

中国国家版本馆CIP数据核字(2024)第077822号

汉译世界学术名著丛书
(120年纪念版·珍藏本·增订本)
狱中札记
(第一卷)
历史唯物主义和克罗齐哲学
〔意〕安东尼奥·葛兰西 著
田时纲 译

商 务 印 书 馆 出 版
(北京王府井大街36号 邮政编码100710)
商 务 印 书 馆 发 行
北京市十月印刷有限公司印刷
ISBN 978-7-100-23744-4

2024年5月第1版 开本710×1000 1/16
2024年5月北京第1次印刷 印张25¼
定价:136.00元